INTRODUCTION
à l'HERMÉNEUTIQUE
et à la MÉTHODE
d'étude biblique

INTRODUCTION
à l'HERMÉNEUTIQUE
et à la MÉTHODE
d'étude biblique

Christopher Cone

230 rue Lupien,
Trois-Rivières (Québec)
Canada G8T 6W4

Édition originale en anglais sous le titre :
Prolegomena On Biblical Hermeneutics and Method (2nd Edition)
© 2012 par Christopher Cone. Tous droits réservés.
Publiée par Tyndale Seminary Press.

Pour l'édition française, traduite et publiée avec permission :
© 2015 Publications Chrétiennes, Inc.
230, rue Lupien, Trois-Rivières (Québec)
G8T 6W4 – Canada
Site Web : www.publicationschretiennes.com

Traduction : Angèle Germain

Tous droits réservés.

ISBN : 978-2-89082-259-7

Dépôt légal – 4ᵉ trimestre 2015
Bibliothèque et Archives nationales du Québec
Bibliothèque et Archives Canada

« Éditions Impact » est une marque déposée de Publications Chrétiennes, Inc.

À moins d'indications contraires, toutes les citations bibliques sont tirées de la Nouvelle Édition de Genève (Segond 1979) de la Société Biblique de Genève. Avec permission.

Un médecin pourrait tout aussi bien se départir de ses livres sur l'anatomie et les méthodes thérapeutiques qu'un prédicateur pourrait jeter ses livres sur la théologie systématique ; et puisque la doctrine est le squelette du corps de la vérité révélée, la négliger aurait comme conséquence un message caractérisé par les incertitudes, les inexactitudes et l'immaturité.

— Lewis Sperry Chafer
Théologie systématique, vol. I, Préface

À mon précieux Seigneur,

    Merci pour ta miséricorde. Puisses-tu confirmer le travail de mes mains, et permets que je t'honore et te glorifie. Merci pour ton amour. Je t'aime.

À ma charmante épouse, Catherine,

    Je t'aime. Merci infiniment pour ton amour incroyable et ton appui indéfectible. Plusieurs ont une conduite vertueuse, mais toi, tu les surpasses toutes.

À mes chères filles, Christiana et Cara Grace,

    Merci infiniment pour votre patience envers moi tout au long de ce projet. Je vous aime toutes les deux et je prie que vous puissiez continuer à grandir dans l'amour de notre Seigneur.

Table des matières

INTRODUCTION 11
    Définitions en théologie biblique 12
    Le but de la théologie biblique 13
    La théologie biblique comme fondement pour la philosophie ... 18
    La théologie biblique comme fondement pour la science 19
    La théologie biblique comme vision du monde 22
    La théologie biblique comme épistémologie 33

PILIER #1
L'EXISTENCE DU DIEU BIBLIQUE 41
    Personnel ou impersonnel 47
    Rationnel ou rationalisme 51
    Absolutisme ou relativisme 53

PILIER #2
L'AUTORITÉ DE LA RÉVÉLATION QUE DIEU DONNE DE LUI-MÊME À L'HOMME 57
    L'inspiration 59
    La canonicité 65
    La critique biblique 70
    La transmission 97

PILIER #3
**L'INCAPACITÉ DE L'HOMME NATUREL À COMPRENDRE
LA RÉVÉLATION DE DIEU** 105
    L'utilité du langage 105
    Les effets noétiques du péché 108
    L'oeuvre du Père, du Fils, et de l'Esprit 110

PILIER #4
UNE HERMÉNEUTIQUE COHÉRENTE 113
    Résultat #1 : soumission à l'autorité de l'Écriture 115
    Résultat #2 : la reconnaissance de la révélation cumulative ... 116
    Résultat #3 : la conscience de la centralité doxologique 121
    Résultat #4 : une conclusion normative dispensationnelle 123
    Résultat #5 : une distinction claire entre Israël et l'Église 134
    La méthode herméneutique biblique 137
    Un bref historique de la méthode herméneutique 145
    Approches contemporaines de base de l'herméneutique 150
        Postmodernisme : probabilité et réponse culturelle 150
        Évolutive/rédemptrice 156
        Allégorique 158
        Mystique ou spiritualisation 165
        Genre ou forme littéraire 167
        Canonique 173
        Complémentaire 176
        Théologique 179
        Autres considérations 181
        Grammatico-historique littérale 182
    Processus d'interprétation de base 187

DÉMARCHES EN THÉOLOGIE BIBLIQUE 195
    La démarche exégétique : la base de la théologie biblique 196
    Survol de la théologie biblique par la démarche synthétique ... 213
    Survol de la théologie biblique par la démarche systématique . 244

CONCLUSION **253**

BIBLIOGRAPHIE **255**

INTRODUCTION

Puisque l'Écriture est le produit d'un Esprit, il semble qu'une approche adéquate pour comprendre le message de l'Écriture aura nécessairement comme conséquence un système de théologie cohésif et cohérent qui représente Dieu précisément tel qu'il a choisi de se révéler. Ce travail vise à démontrer les fondements d'une telle approche – notamment la définition, le but, les prémisses (piliers), et la méthode – et à offrir un survol des conclusions de cette approche.

Comme introduction à la méthode théologique, ce travail sera établi sur une structure à quatre piliers, qui sont (1) l'existence du Dieu de la Bible, (2) l'autorité de sa révélation dans les Écritures, (3) l'incapacité de l'homme naturel à comprendre (ou apprécier spirituellement) la révélation, et (4) la nécessité (en approchant cette révélation) d'une approche herméneutique cohérente qui ne viole aucun des trois premiers piliers. La méthode grammatico-historique littérale sera présentée comme la seule méthode interprétative qui peut fonctionner dans ce cadre, et mènera ainsi naturellement à un processus exégétique inductif qui façonnera les processus synthétique et systématique, fournissant efficacement un échafaudage pour l'élaboration d'une théologie biblique.

Cette méthodologie théologique commence typiquement par l'épistémologie des présuppositions, et résulte nécessairement en des conclusions normatives dispensationnelles. Par conséquent, on suggère ici que le *dispensationnalisme présuppositionnel* soit la description la plus appropriée de ce système, soulignant ses éléments les plus distinctifs.

Définitions en théologie biblique

La théologie est un composé de *theos* (Dieu) et *logos* (parole, raison, ou idée), et représente un discours au sujet de Dieu[1] incluant généralement les (mais ne se limitant pas aux) branches suivantes : *La théologie biblique* se rapporte génériquement au développement des thèmes théologiques provenant directement et exclusivement des textes bibliques eux-mêmes, examinant typiquement la Bible une parcelle à la fois et un auteur à la fois[2]. La *théologie systématique* systématise de façon thématique l'information provenant exclusivement des textes bibliques[3]. La *théologie historique* s'intéresse au développement historique des doctrines théologiques. *La théologie dogmatique*, semblable aux définitions traditionnelles de la théologie biblique, tire son corps doctrinal exclusivement de l'Écriture, mais diffère de telles définitions en ce qu'elle traite la totalité de l'Écriture plutôt que des parties isolées. W. G. T. Shedd a utilisé ce terme pour distinguer sa théologie, d'une part de la pensée théologique libérale, et d'autre part d'une vue partielle de l'Écriture[4]. *La théologie naturelle* est l'observation forcément limitée d'informations sur Dieu qui sont révélées dans la nature (Ro 1.20). La *théologie pratique* traite de l'application pratique des doctrines théologiques.

1. Charles Hodge, *Systematic Theology*, Peabody, Mass., Hendrickson, 2001, vol. 1, p. 19.
2. W.G.T. Shedd, *Dogmatic Theology*, Nashville, Tenn., Thomas Nelson, 1980, vol. 1, p. 11.
3. Certains sont d'avis que la théologie systématique s'intéresse aussi à des informations provenant de sources externes aux textes bibliques (p. ex. *The Moody Handbook of Theology*), toutefois l'auteur de ce livre n'abonde pas dans ce sens. Ici, la théologie systématique est considérée comme un prolongement direct de la théologie biblique, trouvant sa source strictement dans les textes bibliques.
4. W.G.T. Shedd, *Dogmatic Theology*, Nashville, Tenn., Thomas Nelson, 1980, vol. 11, p. 11.

Ce texte s'occupe principalement des aspects fondamentaux de la méthode théologique et de la théologie comme étant dérivés exclusivement de l'Écriture sans que des considérations externes n'affectent la formulation de la méthode ou des résultats. Sur ce fondement, l'étude générale de la théologie sera appelée ici *théologie biblique*, non au sens traditionnel d'une étude partielle et isolée, ni en lien avec quelque mouvement libéral, mais plutôt dans le sens d'un *discours au sujet de Dieu qui est basé entièrement et exclusivement sur les textes bibliques*. Millard Erickson propose une excellente définition pour ce genre de théologie biblique, qui complète la signification donnée par ce texte au terme *théologie biblique* :

> L'expression « théologie biblique » signifie simplement et ultimement qu'on parle ici d'une théologie qui est biblique, c'est-à-dire qui est basée sur la Bible et qui est fidèle aux enseignements de la Bible. Dans ce sens, la théologie systématique rigoureuse sera une théologie biblique. Elle n'est pas simplement basée sur la théologie biblique ; elle *est* une théologie biblique. Ce que nous visons est la théologie biblique systématique[5].

LE BUT DE LA THÉOLOGIE BIBLIQUE

Dieu possède une gloire incomparable. Sa création est une expression de sa gloire (Ap 4.11). Il se révèle à sa création afin qu'elle soit remplie de sa gloire (No 14.21) et que tous lui rendent la gloire qui lui est due (1 Ch 16.28,29 ; Ps 29.1,2 ; 96.7,8). L'existence de toutes choses a pour but l'expression de la personne même de Dieu, c'est-à-dire sa propre gloire (Ro 11.36), de la même façon qu'une symphonie reflète le talent du compositeur, le chef d'œuvre reflète l'habileté du peintre, et les mots pénétrants reflètent le coeur du poète. Tel qu'il nous le révèle, l'objectif global de Dieu en toutes choses est de se glorifier. Psaumes 86.9,10 dit que les nations lui rendront gloire en raison des prodiges qu'il opère. Apocalypse 15.3,4 souligne que les oeuvres de

---

5. Millard Erickson, *Christian Theology*, Grand Rapids, Mich., Baker Books, 2001, p. 26.

Dieu démontrent sa sainteté et sa gloire. Tout ce que fait Dieu tend vers un seul et même dessein, son *objectif doxologique,* c'est-à-dire sa propre gloire[6]. L'objectif doxologique de Dieu est donc, comme Ryrie l'explique, « une conception fondamentale et fonctionnelle de l'objectif de Dieu comme étant Sa propre gloire »[7].

Toutes les grandes oeuvres de Dieu révélées dans l'Écriture visent l'objectif doxologique (Ps 86.9,10 ; Ap 15.4) ; en fait, l'Écriture n'identifie aucun objectif plus grand pour les œuvres suivantes : la prédestination et l'appel (Ép 1.5-12 ; 2 Pi 1.3) ; le ministère de Christ (Jn 13.31,32 ; 17.1-5 ; 21.19 ; 2 Co 1.20 ; Hé 13.21) ; la création (Ps 19 ; És 40 ; Ap 4.11) ; la préservation de sa Parole (Ro 3.1-7) ; le salut (Ps 79.9 ; Ro 15.7 ; 16.25-27 ; Ép 1.14 ; 1 Ti 1.15-17 ; 2 Ti 4.18 ; Jud 24,25) ; l'Église (1 Co 10.31 ; 2 Co 4.15 ; Ép 1.12 ; Ph 1.11 ; 2 Th 1.11,12 ; 1 Pi 4.11,16) ; le fruit porté par les croyants (Jn 15.8 ; 1 Co 10.31) ; le royaume de Dieu (Ph 2.11 ; 1 Th 2.12 ; Ap 1.6) ; la maladie, la mort et la résurrection (1 S 6.5 ; Lu 17.11-18 ; Jn 9.1-3 ; 11.4) ; le jugement (Ro 3.7 ; Ap 14.7) ; la délivrance d'Israël (És 60.21 ; 61.3) ; l'accomplissement des promesses et l'aboutissement de toutes choses (És 25.1-3 ; 43.20 ; Lu 2.14 ; Ro 4.20 ; 15.8,9 ; 2 Co 1.20 ; 2 Pi 1.3,4 ; Ap 19.7).

Cet objectif doxologique est au coeur de la révélation de Dieu à l'homme, et il n'y a donc aucun but plus élevé pour l'homme que de glorifier Dieu – c'est là en effet la raison d'être de l'homme[8]. Mais il faut ici être prudent, parce que cet objectif doxologique est non seulement l'appel le plus élevé de l'homme, mais c'est le dessein prévu pour tout ce qui est. Mettre l'emphase sur le rôle de l'homme dans la poursuite de ce but en excluant d'autres aspects de la création peut être anthropocentrique – détourner l'attention de Dieu et la placer sur l'homme. C'est donc cet objectif doxologique qui donne la continuité entre l'Ancien et le Nouveau Testament, les diverses

---

6. Du grec *doxa* (honneur, gloire) et *logos* (parole ou discours), parler de ou attester la gloire.
7. Charles Ryrie, *Dispensationalism Today*, Chicago, Ill., Moody Press, 1965, p. 48.
8. *Westminster Shorter Catechism*, Q. 1.

alliances, les dispensations, et tous les autres éléments révélés du plan de Dieu.

Le but de la théologie biblique est donc de communiquer la vérité au sujet de Dieu, dans la mesure où Dieu s'est révélé dans l'Écriture, et pour son propre objectif doxologique. Comprendre correctement l'importance capitale des desseins doxologiques de Dieu est donc une nécessité sans laquelle on ne peut prétendre à une théologie cohérente. Considérant cette primauté, Ryrie inclut l'objectif doxologique comme le troisième élément de son *sine qua non*[9] de la théologie dispensationnelle, l'identifiant comme une conception élémentaire et globale de l'objectif de Dieu comme étant sa propre gloire plutôt que comme étant l'unique objectif du salut[10].

Réalisant la dépendance des deux premiers éléments du *sine qua non* de Ryrie (la distinction entre Israël et l'Église et un principe d'interprétation constamment littéral) envers ce troisième élément, cet auteur propose que l'objectif doxologique uniformément compris et appliqué soit *le principe central* sur lequel une théologie véritablement biblique doit être fondée, parce qu'il fournit la base nécessaire à la reconnaissance de la réalité centrée sur Dieu et définie par Dieu. La juste compréhension de la révélation de Dieu sera accompagnée du sentiment de Jean 3.30 : « Il faut qu'il croisse et que je diminue. » Cela est antithétique à la méthodologie auto-exaltante du malin (Ge 3.1-5 ; És 14.13-16), et pose la question : Qui est au centre de la théologie – est-ce l'homme ou est-ce Dieu ? La réponse bibliquement correcte est évidente (Ps 16.5-11 ; 144.15 ; 86.9,12 ; És 12.2 ; Éz 39.13 ; Lu 2.10 ; Jn 17.3,4 ; Ro 11.36; 12.1,2 ; 1 Co 6.20 ; 10.31 ; Ép 2.8-10 ; Ph 4.4 ; 1 Ti 1.5 ; 1 Pi 4.11 ; És 6.3 et Ap 4.11 ; 21.3,4, etc.).

En dépit de cette clarté, cependant, et se basant sur une interprétation alternative de, par exemple, Jean 5.39, certains voient l'élément rédemptif de la christologie comme le centre de la révélation biblique. C'est un facteur significatif d'une importance

---

9. Latin : sans lequel il n'est pas, signifiant des aspects indispensables.
10. Charles Ryrie, *Dispensationalism Today*, Chicago, Ill., Moody Press, 1965, p. 48.

croissante dans la formation de cadres théologiques alternatifs (en particulier la théologie des alliances). Shedd dit de cette approche :

> « Tandis que cette méthode est intéressante parce qu'elle fait du péché et du salut le thème principal et place Christ le rédempteur au premier plan, cette méthode n'est pourtant ni naturelle ni logique. Dieu incarné est seulement l'une des personnes de la Trinité ; la rédemption est seulement l'une des œuvres de Dieu ; et le péché est une anomalie dans l'univers, et non un fait original et nécessaire. La méthode christologique est donc fractionnaire. »[11]

Les évidences bibliques suggèrent (selon Jn 17.4 et 1 Pi 4.11, par exemple) que le but de la christologie est principalement doxologique par le moyen de la rédemption. La rédemption accomplit la doxologie. La rédemption est un moyen de parvenir à une fin – la doxologie. De telles distinctions précises sont importantes et surgiront plus loin sur le parcours théologique.

En ce qui concerne le but de la théologie biblique qui est de présenter la vérité au sujet de Dieu, il est évident que même trois théories dominantes de la vérité démontrent le besoin de posséder certains axiomes ou présuppositions : la *théorie de correspondance* de la vérité identifie comme vérité ce qui correspond aux faits, étant objectif et absolu. Mais puisque certains éléments de la réalité ne sont pas empiriquement observables, c'est une théorie de la vérité insatisfaisante à moins qu'elle soit basée sur la présupposition que les faits commencent par Dieu (l'approche présuppositionnelle). Dans ce cas, la théorie de correspondance devient entièrement adéquate pour identifier la vérité. La *théorie de cohérence* pose comme principe que plus un système est cohérent, plus il est véridique. On peut démontrer par une épistémologie présuppositionnelle que le théisme biblique est le seul système entièrement cohérent, et donc, selon la définition de la théorie de cohérence, en utilisant la méthodologie présuppositionnelle, le théisme biblique serait considéré comme véridique. La *théorie pragmatique* suggère que ce qui fonctionne

---

11. W.G.T. Shedd, *Dogmatic Theology*, Nashville, Tenn., Thomas Nelson, 1980, vol. 1, p. 5.

est vrai. Tout comme dans les deux autres théories, une approche présuppositionnelle démontrera que le théisme biblique est la vérité, puisqu'il démontre que toutes choses fonctionnent ensemble pour la gloire de Dieu. Toute vérité est la vérité de Dieu, et la crainte du Seigneur est le commencement de la connaissance et de la sagesse (Pr 1.7 ; 9.10). Une juste attention devrait être accordée à la *théologie biblique* dans *toute* poursuite de la vérité, qu'elle soit philosophique, scientifique ou autre. Toute approche de l'étude ou de la connaissance qui ne tient pas compte en premier lieu des vérités de la *théologie biblique* entraînera une conclusion erronée au sujet de la nature de la réalité, et sera donc beaucoup moins constructive (sinon totalement destructive) que si elle avait commencé sur une base solide – la crainte du Seigneur. Comme Van Til l'observe, il n'y a rien en cet univers sur quoi les êtres humains peuvent avoir la pleine et vraie information à moins qu'ils tiennent compte de la Bible.[12]

Cette prémisse invite le non-croyant (celui qui adore la créature, c'est-à-dire lui-même) à approcher l'Écriture comme étant fondamentale et crédible afin de voir pendant un moment ce qu'est réellement son monde quand le voile de la fausseté et de l'arrogance athée est levé. La prémisse exige de même que le croyant (celui qui adore le Créateur en esprit et en vérité) demeure enraciné et fondé dans le théisme *biblique*, ne soumettant plus son intellect aux prétentions fallacieuses des postulats non bibliques.

La théologie biblique est le solide fondement qui supporte et donne corps à des études telles que la philosophie, la science, la vision du monde, l'épistémologie et l'éthique.

L'Écriture fournit de l'information claire et fondamentale au sujet de tous les faits et principes dont la philosophie et la science traitent. En philosophie ou en science, rejeter ou même ignorer

---

12. Cornelius Van Til, *Christian* Apologetics, Philipsburg, N. J., Presbyterian and Reformed Publishing, 2003, p. 20.

cette information conduit inévitablement à falsifier l'image qu'on donne du champ traité.[13]

LA THÉOLOGIE BIBLIQUE COMME FONDEMENT POUR LA PHILOSOPHIE

La théologie biblique fonctionne d'une manière ordonnée comme un système philosophique, ou devrais-je dire, comme *le seul vrai* système philosophique. Par définition, la philosophie est l'amour de la sagesse, et comme l'auteur des Proverbes nous l'indique, « le commencement de la sagesse, c'est la crainte de l'Éternel » (Pr 9.10). Ainsi, la poursuite philosophique bien ordonnée doit commencer par la crainte de Dieu. Plantinga conseille aux penseurs chrétiens de se rappeler cette clé, affirmant :

> Le philosophe chrétien doit commencer sa réflexion à partir de l'existence de Dieu, et la présupposer dans le travail philosophique, qu'il puisse ou non démontrer qu'elle soit probable ou plausible selon les axiomes admis par [...] les philosophes.[14]

L'accord de Plantinga avec la sagesse de Salomon dévoile ici un contraste entre seulement deux systèmes de pensée, s'opposant directement l'un à l'autre : l'un qui commence par Dieu, et l'autre qui commence sans Dieu. La théologie a été influencée à travers les siècles par des contributions philosophiques des deux systèmes de pensée. Actuellement, il semble que la théologie porte une marque trop grande de cette dernière approche, lorsqu'en fait la saine théologie devrait être le phare guidant la poursuite philosophique, et non l'inverse. Il est à noter que les divers champs de la philosophie travaillent souvent systématiquement ensemble pour fournir des réponses théologiques. Par exemple, les présuppositions que l'un examine du point de vue de la métaphysique orienteront des

---

13. Ibid., p. 61.
14. Michael Beaty, éd., *Christian Theism and the Problems of Philosophy*, Notre Dame, Ind., Notre Dame Press, 1990, p. 24.

systèmes de pensée en épistémologie (et vice-versa) et jetteront éventuellement des bases primordiales dans le domaine de l'éthique. L'influence malheureuse de la philosophie sur la pensée théologique est manifeste. En dépit de cette intrusion, il est profondément évident qu'une théologie bibliquement saine forme la base de la méthode philosophique correcte (toujours selon les prémisses de Salomon dans Pr 1.7 ; 9.10, etc.). La philosophie, *adéquatement définie* comme l'amour (et la poursuite) de la sagesse, doit fonctionner dans le cadre de la définition biblique du processus qui conduit à la sagesse. Si elle est correctement appliquée, la philosophie devrait alors être considérée comme un aspect de la théologie elle-même, poursuivant l'ultime objectif d'une plus grande connaissance de Dieu.

LA THÉOLOGIE BIBLIQUE COMME FONDEMENT POUR LA SCIENCE

La science, du latin *scientia*, signifiant *connaissance*, fait référence à la connaissance obtenue par l'étude. La *scientia* n'est pas au-dessus des allégeances présuppositionnelles. Il est évident que le cadre de la vision du monde adopté par le scientifique affecte profondément les conclusions tirées d'une étude (la vision du monde précède l'interprétation des observations). Un rapide examen de la division largement admise des trois ères scientifiques (prémoderne, moderne et postmoderne) fournit une illustration de l'impact de la présupposition sur la science.

Le monde prémoderne était celui des autorités traditionnelles – seigneurs féodaux et hiérarchie ecclésiastique – qui réglaient la société en tous points. De l'économie à l'éducation (dans la plupart des cas, le manque en ce domaine), l'individu n'avait pas d'influence, mais était plutôt un moyen d'arriver à une fin. Le problème, alors, n'en était pas un d'autorité, mais plutôt un d'autorités abusives, cruelles et faussement assumées.

Cependant, aux XVe et XVIe siècles, la base du pouvoir de ces autorités a commencé à céder, en bonne partie à cause de la réforme, commencée en 1517, et bien sûr des développements de la préréforme, incluant la presse de Gutenberg (1445) et son utilisation (illégale) par William Tyndale, ayant traduit le Nouveau Testament en langage usuel en 1526. Les citoyens anglais pouvaient pour la première fois lire la Bible dans leur propre langue, et ce qui a résulté fut une rapide prise de conscience du fait que le système religieux qui dominait leur société ne ressemblait aucunement à ce qui était décrit dans les pages du livre saint. Le voyage de Christophe Colomb, en 1492, fut également d'une importance capitale, car même s'il a rétréci le monde, il en a élargi d'autant l'horizon. Ce qui était auparavant impensable est devenu plausible. Le monde était en effet beaucoup plus grand qu'il avait semblé par le passé.

À la fin du XVIIIe siècle, sous l'inspiration marquante de la réforme et des progrès scientifiques de Galilée (1564-1642) et de Newton (1643-1727), le Siècle des lumières a apporté avec lui un nouvel élan menant à « une époque distincte du développement historique marquant l'inauguration des perturbations économiques et socioculturelles qui ont fondé le capitalisme industriel et l'État-nation ».[15] Le monde moderne est né, avec une vision pour le progrès de l'homme dans la connaissance et, dans une certaine mesure, dans la conquête du monde qui l'entoure.

La confiance collective avait dévié des autorités traditionnelles de la prémodernité vers la puissance de la raison individuelle dans l'ère moderne. Le *cogito ergo sum*[16] de Descartes a créé une épistémologie attrayante où la raison comblait les vides culturels et religieux. La grande espérance était désormais fondée sur l'idée du progrès collectif et de l'entente, principalement par le moyen de la raison. Mais même alors que les progrès technologiques s'accéléraient en vertu de la raison et de la méthode scientifique, la guerre mondiale, l'holocauste, et plusieurs autres échecs sociopolitiques, socio-économiques et religieux ont démontré que les deux idées du progrès et de l'entente sont hors d'atteinte de la mentalité moderne.

---

15. Robin Usher et Richard Edwards, *Postmodernism and* Education, New York, Rutledge, 1994, p. 8.
16. « Je pense donc je suis »

Dans la foulée de la subjectivité de Kierkegaard et du rejet des absolus par Nietzche, la période suivant la Seconde Guerre mondiale jusqu'aux années 1960 a amené une élaboration rapide des idées et de la méthodologie postmodernes, reconnaissant les échecs de l'ère moderne. Derrida (la déconstruction), Foucault (la société et le pouvoir), Lyotard (théorie littéraire et critique du métarécit) et Baudrillard (théorie sociale) sont quelques-uns des principaux pionniers du postmodernisme, et ils ont provoqué l'arrivée d'une nouvelle ère post-moderne.

Le postmodernisme est une manière de faire la science, d'interpréter le monde dans une ère de postmodernité. Il n'est décidément pas moderne et cherche à corriger les erreurs de la modernité. Comme le formule Vanhoozer, le postmodern(isme) est en grande partie une réaction à la distinction entre le sujet et l'objet et à sa supposition concomitante que la vérité peut être découverte par induction et déduction.[17]

Rozzi et autres fournissent une perspective scientifique séculière sur les délimitations entre les trois ères, en particulier dans le contexte de l'observation scientifique :

> L'ère prémoderne représente l'insistance sur l'observation du monde naturel commencée par les érudits vers la fin du Moyen Âge. L'ère moderne inclut le scientifique, qui ne perçoit plus les êtres naturels comme étant des processus en eux-mêmes, mais plutôt comme des phénomènes représentés dans son esprit, qui peuvent ou non correspondre au monde matériel « extérieur ». L'ère postmoderne souligne les influences du contexte social et culturel sur les observations et explications scientifiques (Rozzi et autres, 1998).

En raison de sa considération de facteurs précédemment négligés (à savoir le contexte social et culturel), le postmodernisme est perçu par ses adhérents comme étant nettement supérieur, enclin à utiliser les outils de la modernité, mais peu disposé à se soumettre

---

17. Kevin J. Vanhoozer, « One Rule to Rule Them All », Craig Ott et Harold A. Netland, éd., *Globalizing* Theology, Grand Rapids, Mich., Baker Books, 2006, p. 89.

aux idées modernes du progrès inévitable par la rationalité et la science,[18] et refusant certainement de s'assujettir à quelque vérité absolue en dehors des réalités relatives de l'impact culturel.

C'est ici que la postmodernité et le postmodernisme sont les plus faciles à distinguer, la postmodernité faisant référence à une époque spécifique de la pensée scientifique et le postmodernisme se définissant comme *un mode d'interprétation du réel à la fois large et quelque peu asystématique*. L'observation scientifique objective est et doit être empreinte de présuppositions et orientée par la méthodologie. La théologie biblique affirme être la vérité fondamentale ; elle doit être perçue comme régissant ultimement la science, fournissant ainsi un cadre approprié pour une vision du monde sur laquelle fonder l'étude scientifique.

La théologie biblique comme vision du monde

Sire définit une vision du monde comme :

> Un ensemble de présuppositions (hypothèses qui peuvent être vraies, partiellement vraies ou entièrement fausses) que nous tenons pour vraies (consciemment ou non, de façon cohérente ou non) au sujet de la réalité de notre monde.[19]

En utilisant la définition de Sire, au moins quatre éléments indispensables peuvent être identifiés comme prérequis pour le cadre et le contenu d'une vision du monde: la présupposition (la base de la vision du monde), la méthode (comment les présuppositions et les conclusions sont obtenues), la motivation (pourquoi la méthode est utilisée et les présuppositions tenues pour vraies), et l'autorité (sur quelle base les présuppositions, la méthode et la motivation sont utilisées).

Au commencement de toute vision du monde résident certains postulats sur la réalité, des bases autoattestées pour la validité de

---

18. Usher and Edwards, p. 9
19. James W. Sire, *The Universe Next Door*, Downers Grove, Ill., InterVarsity Press, 1988, p. 17.

la vision du monde. La réduction d'une présupposition à son point d'origine montrera la nécessité de s'élever au-delà de l'observable et de l'empirique vers l'historique, et même, dans une certaine mesure, vers la métaphysique. Voilà le domaine de la foi. À titre d'exemple, l'approche séculière de Freud est discutée. Dans son enseignement de 1933, « La question de la vision du monde[20] », Freud décrit la vision du monde comme :

> Une construction intellectuelle qui résout tous les problèmes de notre existence uniformément sur la base d'une hypothèse primordiale, qui ne laisse donc aucune question sans réponse et dans laquelle tout ce qui nous intéresse trouve sa place définie.[21]

C'est cette *hypothèse primordiale* qu'une vision du monde semble exiger, et elle doit être enracinée dans la présupposition. La vision du monde de Freud incluait des conclusions telles que le principe du plaisir et ses ramifications[22], et était basée sur le postulat qu'une compréhension du sens de la vie était inatteignable en dehors des forces observables de la nature. Mais cet axiome avait une présupposition plus profonde. Il a dit dans une lettre de 1939 : « Ni dans ma vie privée ni dans mes écrits ne me suis-je jamais caché d'être un non-croyant pur et dur. » Il a aussi clairement confirmé sa présupposition athée en appelant la religion une *névrose obsessionnelle universelle*, dépeignant la religion d'une manière semblable à Marx qui en parlait comme de l'*Opium des Volkes*.[23] Freud a dit aussi :

> Tandis que les différentes religions se disputent entre elles à savoir laquelle possède la vérité, selon notre point de vue, la vérité de la religion peut être entièrement rejetée. La religion est une tentative

---

20. « The Question of Weltanshauung ».
21. Sigmund Freud, « The Question of Weltanschauung », dans *New Introductory Lectures on Psycho-Analysis*, New York, Norton, 1965, Lecture XXXIV.
22. Freud a d'abord avancé que le désir d'assouvir les pulsions sexuelles imprégnait toutes les aspirations humaines ; plus tard, il a élargi sa vision de ces pulsions fondamentales pour y inclure notamment l'instinct de mort.
23. L'opium du peuple.

d'obtenir le contrôle du monde sensoriel, dans lequel nous sommes placés, au moyen d'un monde utopique, que nous avons développé à l'intérieur de nous en raison de nécessités biologiques et psychologiques. Mais elle ne peut atteindre son but. Ses doctrines portent la marque des époques au cours desquelles elles ont commencé, les jours de l'ignorance infantile de la race humaine. Ses consolations ne sont pas valables. *L'expérience nous enseigne que le monde n'est pas une pouponnière* [italiques pour souligner]. Les ordonnances éthiques, pour lesquelles la religion exerce une pression, requièrent un autre fondement que celui-là, parce que la société humaine ne peut pas se passer d'elles, et il est dangereux de lier l'obéissance à ces ordonnances avec la croyance religieuse. Si on essaie d'assigner à la religion sa place dans l'évolution de l'homme, elle ne semble pas être tant une acquisition durable qu'un parallèle à la névrose que l'individu civilisé doit traverser sur son chemin de l'enfance à la maturité.[24]

Freud commence donc par la croyance que Dieu n'existe pas. C'est là sa présupposition fondamentale. C'est là son *hypothèse primordiale*, et elle est basée sur (selon son affirmation) l'enseignement de l'expérience, même si pourtant l'expérience humaine est nécessairement limitée. Se confier dans cette expérience ultra-limitée comme base de l'hypothèse est un exercice de foi. Les observations de Freud de la nature humaine sont fortement influencées par sa vision athée, et il défend son athéisme avec ces mêmes observations.

Voilà un exemple de raisonnement circulaire qui illustre le vrai défi lorsque l'on formule une présupposition : une présupposition (fondamentale) commence avec un certain degré de raisonnement circulaire. Chaque hypothèse primordiale a pour fondement la foi. La base de l'*autorité* de Freud, tel qu'il l'affirme, est l'expérience ; sa *méthode* est l'empirisme ; sa *motivation* semble être un ordre universel charnel et sensuel, peut-être pour justifier certaines de ses propres expériences ; et sa *présupposition*, au cœur de sa vision du monde, est athée.

---

24. Sigmund Freud, « A Philosophy of Life », dans *New Introductory Lectures on Psycho-Analysis*, New York, Norton, 1965, Lecture XXXV.

Une vision du monde est une question de présupposition et donc de foi. La question n'est plus de savoir si la foi est appropriée ou même nécessaire (elle l'est), la question devient plutôt : « quelle sorte de foi est *la bonne* ? » Alors, avoir le bon point de départ devient le point crucial dans l'élaboration d'une vision du monde.

C'est seulement sur la base d'un point de départ correct qu'il est possible de fournir un fondement transcendantal pour la possibilité de l'expérience. Partir d'un faux énoncé mène inexorablement la pensée à se transformer en son contraire et à s'autodétruire.[25]

Exemple : Il n'y a aucune vérité absolue (un énoncé auto-invalidant, car l'affirmation est en soi une déclaration de vérité absolue).

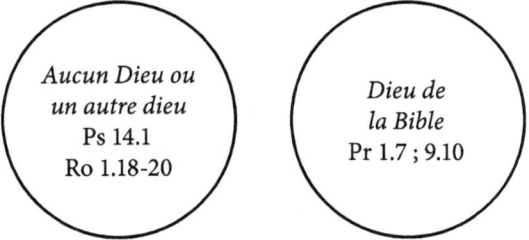

Deux cercles (et *seulement* deux) apparaissent à l'examen des différentes visions du monde sous cet angle : (1) celui commençant sans le Dieu de la Bible, et (2) celui commençant par le Dieu de la Bible.

Cercle #1 : Commencer sans le Dieu de la Bible : l'athéisme en particulier

Cinq présuppositions particulières dans ce cercle ont un impact significatif.

---

25. Robert Knudsen, « Progressive and Regressive Tendencies in Christian Apologetics », dans E. R. Geehan, éd., *Jerusalem and Athens: Critical Discussions on the Theology and Apologetics of Cornelius Van Til*, Philipsburg, N. J., Presbyterian and Reformed Publishing, 1980, p. 281.

(1) L'incompatibilité entre la science et la religion : Steven Jay Gould fait référence à ce concept comme le *NOMA* (Non-Overlapping Magisteria[26], c'est-à-dire le non-recouvrement des magistères) – également compris comme la distinction entre *mythos* (le mystique) et *logos* (le rationnel), ou entre la raison et la révélation. Cette dichotomie crée une déconnexion entre ces deux éléments, élevant habituellement la raison comme étant au-dessus de la révélation.

(2) Il n'y a pas de surnaturel ; l'élévation du matériel : L'évolutionniste Carl Sagan ouvre son *Cosmos* avec la déclaration de foi suivante : « le cosmos est tout ce qui est, a jamais été ou sera jamais »[27]. Sa supposition souligne l'inclination humaine de nier le surnaturel et d'attribuer à la création les caractéristiques divines du Créateur. Le professeur de recherche en zoologie de Harvard, Richard Lewontin, fait un aveu très audacieux concernant l'antisurnaturalisme (le matérialisme) comme présupposition fondamentale nécessaire :

> Notre volonté d'accepter les affirmations scientifiques qui sont contre le bon sens est la clef pour comprendre la vraie bataille entre la science et le surnaturel. Nous nous rangeons du côté de la science *en dépit* de l'absurdité manifeste de certaines de ses constructions, *en dépit* de son incapacité à remplir plusieurs de ses promesses exagérées de santé et de vie, *en dépit* de la tolérance de la communauté scientifique pour des histoires non fondées et dogmatiques, *parce que nous avons un engagement préalable, un engagement envers le matérialisme* [italiques ajoutés]. Ce n'est pas que les méthodes et les institutions de la science nous contraignent d'une façon ou d'une autre à accepter une explication matérielle du monde de la conscience, mais au contraire, c'est que nous sommes forcés par notre adhésion *a priori* aux causes matérielles à créer un dispositif de recherche et un ensemble de concepts qui produisent des explications matérielles, si contre-intuitives soient-elles, si aberrantes puissent-elles être pour les non-initiés. D'ailleurs, ce

---

26. Steven Jay Gould, *Rocks of* Ages, N. Y., Ballantine, 1999, vol. 5, p. 49-67.
27. Carl Sagan, *The* Cosmos, N. Y., Ballantine, 1980, p. 1.

matérialisme est absolu, parce que nous ne pouvons pas laisser ne serait-ce qu'un pied divin passer la porte.[28]

(3) La mort est arrivée avant le péché,[29] donc la mort est indépendante du péché. Ici, la mort est complètement distincte des réalités du péché et du jugement divin.

(4) Le darwinisme social et la montée de l'homme est la nouvelle tour de Babel (Ge 11), la manière humaine de créer un escalier jusqu'au ciel. Ici, l'homme n'est pas déclinant, mais il est plutôt sur un chemin ascendant (quoique parfois interrompu) vers la ressemblance à Dieu.

Quatre éléments caractéristiques de ce quatrième point sont évidents. D'abord, les créatures évoluent d'êtres brutaux et violents à des êtres raffinés et paisibles (un genre de postmillénarisme séculier). Il est intéressant de noter que les croyances de Charles Darwin lui-même concernant l'évolution de l'homme ont été guidées significativement par son observation des habitants non civilisés (il les appelle des sauvages) de la Terre de Feu et des régions plus à l'ouest. Il dit de ces habitants :

> Ces pauvres malheureux ont subi des retards de croissance, leurs visages affreux sont barbouillés avec de la peinture blanche, leur peau crasseuse et grasse, leurs cheveux hirsutes, leurs voix discordantes, et leurs gestes violents. En voyant de tels hommes, on a peine à croire qu'ils sont des hommes de la même nature que nous, habitants du même monde [...] Tout en regardant ces sauvages, on se demande, d'où viennent-ils ? Qu'est-ce qui a bien pu les attirer, ou quel changement a pu contraindre une tribu à laisser les belles régions du nord [...] ? Je crois, en cette partie extrême

---

28. Richard Lewontin, « Billions and Billions of Demons », *New York Review of Books*, 9 janvier, 1997.
29. Notez la déclaration opposée de Ge 2.15-17.

de l'Amérique du Sud, que l'homme vit à un plus faible niveau de progrès que n'importe où ailleurs dans le monde.[30]

Alors que Darwin observe des hommes vivre « comme des animaux », il déduit éventuellement qu'ils doivent dériver des animaux, de ce fait créant presque un cercle herméneutique, bien qu'il soit indépendant de l'observation ou de la réalité scientifique. Pourtant ses observations soulèvent une question intéressante au sujet de l'observation et de la perception de l'origine : alors qu'on pourrait observer des hommes vivre selon la progression décrite dans Romains 1.28-32, d'où sembleraient-ils venir ? Auraient-ils l'air de tirer leur origine d'un créateur saint ? Ou sembleraient-ils provenir d'une plus vile source ? En bref, Darwin semble évaluer les origines en se basant sur l'observation de la condition, alors que les textes bibliques mettent en évidence une distinction cruciale entre les deux en raison du péché. Si Darwin avait considéré le péché dans son équation, il aurait peut-être pu parvenir à une conclusion plus saine concernant les origines et le développement de l'homme. Mais puisqu'il ne l'a pas fait, il attribue même le progrès des nations à la sélection naturelle plutôt qu'à la bénédiction et la grâce divines. À ce sujet, Darwin dit :

> Le succès remarquable des Anglais comme colonisateurs par rapport à d'autres nations européennes [...] a été attribué à leur « énergie audacieuse et persistante » ; mais qui peut dire comment les Anglais ont acquis leur énergie. Il y a apparemment beaucoup de vérité dans la croyance que le progrès impressionnant des États-Unis ainsi que le caractère des gens sont les résultats de la sélection naturelle.[31]

Tristement, Darwin ne considère pas même ici la possibilité du surnaturel.

---

30. Charles Darwin, *The Voyage of the Beagle*, édité par Charles Eliot, New York, PF Collier and Sons, 1909, p. 228-246.
31. Charles Darwin, *The Descent of Man* [réimpr. 1871], New Jersey, Princeton University Press, 1981, p. 179.

En second lieu est l'idée utopique que le progrès est imminent. Erasmus Darwin emprunte à Hume, suggérant l'avancée non seulement de l'homme, mais de toutes choses :

> Le défunt M. David Hume [...] conclut que le monde lui-même pourrait avoir été généré plutôt que créé ; c'est-à-dire qu'il pourrait avoir été graduellement produit à partir d'éléments très petits, croissant par l'activité de ses principes inhérents, plutôt que par une évolution soudaine par décret du Tout-Puissant [...] Cela impliquerait que toute la nature existe dans un état d'amélioration perpétuelle par des lois appliquées sur les atomes de la matière par la grande cause des causes ; et que le monde pourrait être encore à l'aube de son existence et pourrait continuer à s'améliorer sans cesse, indéfiniment.[32]

Troisièmement, l'homme est présentement un animal hautement évolué et il lui est donc légitime de vivre comme un animal ; et quatrièmement, la vie se compose de matière et d'énergie, donc le surnaturel et le personnel sont niés.

(5) La négation pratique du Dieu biblique : l'athéisme – Le résultat pratique des autres présuppositions est l'athéisme, car tous les éléments du divin sont niés. En ce qui concerne la méthode, quatre tactiques sont utilisées ici.

La première tactique est la redéfinition des mots-clés (une technique employée par Satan, par exemple dans Genèse 3.4-6 : Smith considère l'athéisme comme n'étant pas une affirmation positive, mais plutôt l'absence d'une affirmation positive de l'existence de Dieu. Il défend sa position en disant :

> L'athéisme est donc l'absence de croyance théiste. Celui qui ne croit pas en l'existence d'un dieu ou d'un être surnaturel est correctement appelé un athée [...] L'athéisme, sous sa forme primaire, n'est pas une croyance : c'est l'absence de croyance. Un athée n'est pas

---

32. Erasmus Darwin, *Zoonimia*, New York, AMS Press, 1974, vol. 2, p. 245-246.

d'abord une personne qui croit qu'un dieu n'existe pas ; c'est plutôt une personne qui ne croit pas en l'existence d'un dieu.[33]

Et,

> Si on présente une croyance positive [...] on a l'obligation de présenter des preuves en ce sens. Le fardeau de la preuve appartient à la personne qui affirme la vérité d'une proposition. Si la preuve n'est pas suffisante, s'il n'y a pas de raisons valables pour accepter la proposition, elle ne devrait pas être crue [...] L'athéisme se réfère seulement à l'élément de l'incrédulité dans un dieu, et puisqu'il n'y a aucun contenu ici, aucune croyance positive, l'exigence de la preuve ne peut s'appliquer.[34]

Smith affirme commodément que son système de croyances n'est pas une affirmation positive et n'a ainsi aucune obligation d'offrir des preuves. Notez l'absurdité : Les croyants ne pourraient-ils pas carrément affirmer qu'ils sont des a-athées : ayant une *non*-croyance dans la *non*-existence de Dieu ? Qui aurait alors le fardeau de la preuve ?

Le *fondamentalisme* est un autre terme qui est redéfini. La définition de Karen Armstrong en est un bon exemple, offrant une nette distinction des utilisations plus traditionnelles du terme. Voici la caractérisation d'Armstrong :

> Les fondamentalistes n'ont pas de temps pour la démocratie, le pluralisme, la tolérance religieuse, le maintien de la paix, la liberté d'expression et la séparation de l'Église et de l'État. Les fondamentalistes chrétiens rejettent les découvertes de la biologie et de la physique au sujet des origines de la vie et insistent sur le fait que le livre de la Genèse est scientifiquement exact dans chaque détail.[35]

---

33. George Smith, *Atheism: The Case Against God*, New York, Promotheus Books, 1989, p. 7.
34. Smith, p. 15 et 16.
35. Karen Armstrong, *The Battle for* God, New York, Ballantine, 2000, xi.

(Notez la caractérisation implicite du christianisme biblique comme une menace.)

Voici une définition historique :

> Historiquement, le terme *fondamentalisme* a été utilisé pour identifier ceux qui tenaient ferme aux cinq principes fondamentaux de la foi adoptés par l'Assemblée Générale de l'Église presbytérienne des États-Unis en 1910. Les cinq principes fondamentaux étaient les miracles de Christ, la naissance virginale de Christ, l'expiation substitutive de Christ, la résurrection corporelle du Christ, et l'inspiration de l'Écriture.[36]

Une deuxième tactique utilisée dans la négation pratique de Dieu est la suppression de la vérité, tel qu'illustrée dans Genèse 3.4,5 et Romains 1.18-20. Dans les deux passages, ce qui est connu au sujet de Dieu est supprimé, pas par ignorance, mais par rébellion délibérée.

Une troisième tactique est la spéculation (Ge 3.1 ; Ro 1.21). Notez les commentaires de clôture de Darwin dans son *Origine des espèces* :

> Il y a de la grandeur dans cette vision de la vie, avec ses nombreuses puissances, ayant été à l'origine inspirées par le Créateur sous quelques formes ou alors une seule ; et que, alors que cette planète poursuit sa rotation selon la loi établie de la gravité, d'innombrables formes de vie, plus belles et plus merveilleuses les unes que les autres, ont évolué et continuent d'évoluer à partir d'un commencement si simple.[37]

Tandis que les conclusions biologiques de Darwin n'étaient pas un démenti catégorique de Dieu, elles ont fait office de dénégation de Dieu dans la pratique, au moyen de la spéculation (outil employé par Satan, Ge 3.1). La quatrième tactique est l'élimination des

---

36. Paul Enns, *Moody Handbook of Theology*, Chicago, Ill., Moody Press, 1989, p. 613.
37. Charles Darwin, *The Origin of Species* [réimpr. 1859], New York, Modern Library, 1993, p. 374.

absolus (Ge 3.4). Smith explique bien la conséquence naturelle de l'élimination de tels éléments fondamentaux en disant :

> Une fois que le théiste s'extirpe du cadre de la causalité naturelle et des principes généraux ou « lois » par lesquelles l'homme comprend l'univers, il renonce à son droit épistémologique au concept de l'explication et écarte la possibilité d'expliquer quoi que ce soit.[38]

S'il a ici raison, alors en cherchant à démontrer l'inutilité de l'existence de Dieu, il a logiquement réfuté sa propre thèse en déclarant que (a) il n'y a aucun besoin d'une cause primaire, (b) il n'y a donc pas de cause primaire, et (c) puisqu'il n'y a pas de cause primaire, l'explication théiste de la réalité n'est pas pertinente et donc fausse. Essentiellement, afin de détruire la position théiste, l'athée détruit ici même sa propre base pour expliquer la réalité. Avant même d'examiner les preuves, il a déjà tiré sa conclusion, qui est en fait une tautologie. La négation absolue d'une cause primaire définit le cercle de gauche illustré plus haut.

La motivation semble provenir d'un désir de supplanter Dieu, ou d'être comme Dieu d'une façon autoprescrite (Ge 3.1-6) ; étant imprégné de fausseté, disant en son cœur ce qu'on sait avec l'esprit ne pas être vrai (Ps 14.1) ; et cherchant à supprimer la vérité par impiété (Ro 1.18-20).

La base de l'autorité est anthropocentrique et tourne autour du culte de la création plutôt que du Créateur, tel qu'illustré par la conclusion de Sagan dans son livre *Cosmos* :

> [...] nous sommes l'incarnation locale d'un cosmos parvenu à la conscience de soi. Nous avons commencé à contempler nos origines : des particules d'étoiles réfléchissant sur les étoiles ; des assemblages organisés de dix milliards de milliards de milliards d'atomes considérant l'évolution des atomes ; traçant le long périple par lequel, ici du moins, la conscience a surgi. Nous sommes dévoués aux espèces et à la planète. Nous parlons pour la Terre. Nous avons

---

38. George Smith, p. 234.

le devoir de survivre, non seulement pour nous-mêmes, mais aussi pour ce cosmos, ancien et vaste, duquel nous sommes issus.[39]

Cercle #2 : Commencer par le Dieu de la Bible

Les présuppositions primaires ici sont que Dieu existe (Ge 1.1) ; et que Dieu s'est révélé avec autorité (2 Ti 3.16). Par conséquent, il ne suffit pas de dire que Dieu existe, mais si l'on veut être précis à ce sujet, nous devons en fait affirmer que le Dieu *biblique* existe.

Quant à la méthode, n'importe quelle quête de la connaissance doit commencer par un respect approprié envers lui (Pr 1.7 ; 9.10). Il découle de ce respect une soumission à l'autorité de sa Parole, l'interprétant littéralement, lui permettant par conséquent de parler plutôt que d'établir l'autorité de l'interprète (2 Ti 2.15).

De plus, la méthodologie appropriée semble facilitée par une motivation fondée sur la perspective appropriée de l'humilité de la part de l'investigateur (Jn 3.30), et sur un désir de connaître Dieu tel qu'il est (Jn 17.3).

En ce qui concerne l'autorité, en raison de la propre authenticité du texte biblique, seule l'Écriture fournit le solide fondement de cette vision du monde (2 Ti 3.16 ; Hé 1.1 [Jn 5.39] ; 2 Pi 1.20,21). Commencer par n'importe quelle autre base d'autorité aurait comme conséquence une contradiction flagrante et une incompatibilité irréconciliable.

LA THÉOLOGIE BIBLIQUE COMME ÉPISTÉMOLOGIE

Provenant des mots grecs *episteme* (connaissance) et *logos* (parole), l'épistémologie traite la question : « *Comment savons-nous ?* » L'Écriture définit la connaissance sur la base de la crainte[40] du Seigneur (Pr 1.7 ; 9.10). Seule une saine perspective

---

39. Sagan, p. 286.
40. De l'hébreu *yirah*, désignant la peur ou la terreur. Notez l'affirmation de Calvin sur la crainte de Dieu : « Il en découle l'effroi et la stupeur que l'Écriture attribue souvent aux saints qui sont frappés d'épouvante, atterrés lorsqu'ils se trouvent en présence de Dieu.

(correctement appliquée) de Dieu peut fournir l'élan pour une vision appropriée de tous les autres aspects de réalité.

Cette théologie suivra une approche présuppositionnelle de l'épistémologie, étant basée sur les déclarations objectives et la propre authenticité de l'Écriture.[41] Tandis que certains ont critiqué cette approche, la qualifiant de *fidéisme* (vérité basée sur la foi plutôt que sur la raison), il faut dire qu'il ne peut y avoir absolument aucune raison ni aucune vérité à moins que les vérités de l'Écriture qui s'authentifient elles-mêmes ne soient vraies (Pr 1.7 ; 9.10). Alors que le terme *fidéisme* n'est pas particulièrement souhaitable ici, la vérité *est* basée sur les déclarations de l'Écriture, adoptées par la foi, et non par la faculté de raisonnement de l'homme ; par conséquent, le théisme biblique est considéré comme étant la seule interprétation rationnelle de la réalité. L'homme naturel n'a aucune capacité d'évaluer correctement la réalité, et le théisme biblique ne sera pas soumis à de simples probabilités pour prouver sa réalité. On doit également affirmer que n'importe quelle épistémologie doit également être basée sur la foi, car certains éléments clés ne peuvent pas être observés mais doivent plutôt être crus. En vérité, toute épistémologie pourrait, en toute honnêteté, être qualifiée de *fidéisme*.

Le fondationnalisme

> Philips définit le fondationnalisme comme :

> La vision qu'une croyance est une croyance rationnelle seulement si elle se réfère de manière appropriée à un ensemble de présuppositions qui constituent les fondements de ce que l'on croit. Cela suppose, d'entrée de jeu, que la croyance en Dieu n'est pas parmi ces propositions fondamentales.[42]

Essentiellement, le fondationnalisme exige qu'afin de croire quoi que ce soit, il doit d'abord y avoir des preuves suffisantes pour justifier

---

41. James Emery White, *What Is Truth?*, Nashville, Broadman and Holman, 1994, p. 44.
42. D. Z. Phillips, *Faith After* Foundationalism, London, Routledge, 1988, p. 3.

la croyance. En ce qui concerne l'existence de Dieu, A. B. Davidson a reconnu que les auteurs bibliques n'étaient certainement pas fondationalistes dans leur approche, observant qu'il n'est jamais venu à l'esprit d'aucun prophète ou auteur de l'Ancien Testament de prouver l'existence de Dieu.[43]

Soit que le fondationnalisme discrédite l'axiome de la révélation biblique (qui présuppose l'existence de Dieu), ou alors la révélation biblique démontre la fausseté de l'approche fondationaliste. Je suggère cette dernière proposition. Néanmoins, cette épistémologie fallacieuse est prépondérante dans la pensée de beaucoup de théologiens, ayant pour résultat des conclusions fallacieuses telles que l'évolution théiste, l'antisurnaturalisme, la théologie de remplacement, et une approche de la vérité fondée sur les preuves.

Les présuppositions de la théologie biblique

Toutes les visions du monde doivent nécessairement commencer par un raisonnement circulaire, donc par une foi quelconque. L'athée peut prétendument faire remonter son origine au Big Bang, pourtant si on lui demande d'identifier l'origine des substances initiales étant entrées en collision, il n'a aucune explication plausible de la cause primaire (qu'une cause primaire soit ou non nécessaire dans cette vision du monde n'a aucune importance), et donc il doit accepter par une foi délibérée que ces choses sont venues à l'existence.

Le défunt évolutionniste Carl Sagan amorce son livre notoire avec la déclaration de foi que le Cosmos est tout ce qui est, a jamais été ou sera jamais.[44] Sagan ne tente aucunement de justifier cette affirmation ; c'est plutôt le cercle définitoire par lequel il commence. En raison de sa présupposition, naturellement le Cosmos devient l'objet du culte, et son système s'insère dans la catégorie de ceux – nombreux – qui adorent la créature plutôt que le Créateur, tel qu'illustré par les commentaires finaux de Sagan dans le *Cosmos*. L'ironie ici est que Sagan cherche à adorer, mais ne cherche pas à

---

43. A. B. Davidson, *Theology of the Old* Testament, Edinburgh, 1904, p. 30.
44. Carl Sagan, *The Cosmos*, p. 1.

reconnaître Dieu. Par conséquent, son cercle définitoire le mène à métamorphoser le *créé* en créateur.

L'athée George Smith nie le besoin de cause primaire, puis affirme qu'il n'y a aucune preuve de l'existence de Dieu, et que l'absence de preuve indique qu'il n'existe pas.[45] Mais pourquoi nier de façon présuppositionnelle le besoin d'une cause primaire ? Smith a répondu à la question, fournissant un moyen par lequel « le concept de l'explication » est supprimé.[46]

Si Smith a raison, alors en cherchant à démontrer l'inutilité de l'existence de Dieu, il réfute logiquement sa propre thèse en déclarant qu'il n'y a aucun besoin d'une cause primaire, il n'y a donc pas de cause primaire, et puisqu'il n'y a pas de cause primaire l'explication théiste de la réalité est sans pertinence et donc fausse. Essentiellement, afin de détruire la position théiste, l'athée détruit même la base de sa propre explication de la réalité. Avant d'examiner les évidences, il a déjà tiré sa conclusion, qui est en fait une tautologie. Le rejet absolu d'une cause primaire est ici le commencement du cercle définitoire.

Nous ne devrions pas critiquer l'utilisation par les athées de principes primaires, ou de cercles définitoires (présuppositionnels), parce que le théiste biblique les utilise aussi comme fondement. La simple identification de Dieu comme Créateur rend nécessaires les présuppositions concernant la réalité de Dieu lui-même, la création, et son contrôle souverain de cette création. C'est le commencement du cercle définitoire pour le christianisme biblique.

Tous les systèmes de pensée – épistémologies, philosophies, systèmes religieux – commencent par des cercles définitoires. Il n'y a en soi rien d'illogique dans le fait de commencer par un cercle, parce qu'on ne peut commencer autrement. Les failles de n'importe quel système, cependant, sont révélées quand il est démontré que le cercle définitoire des présuppositions est incohérent, contradictoire, ou impossible. Knudsen illustre l'importance de l'enjeu :

---

45. George Smith, *Atheism: The Case Against God*, New York, Promotheus, 1989, p. 223-225.
46. Ibid., p. 234.

C'est seulement sur la base d'un point de départ correct qu'il est possible de fournir un fondement transcendantal pour la possibilité de l'expérience. Partir d'un faux énoncé mène inexorablement la pensée à se transformer en son contraire et à s'autodétruire.[47]

En cherchant à commencer au *bon* point de départ, la méthode théologique devrait débuter par un cercle définitoire présuppositionnel très simple. Les éléments essentiels qui composent ce cercle, selon cet auteur, fournissent les bases du système théiste biblique. Il est à noter qu'en identifiant les éléments essentiels ou les présuppositions nécessaires pour comprendre la théologie biblique, je ne veux absolument pas dire que l'homme dans son état naturel corrompu peut parvenir à la foi qui sauve (la foi *en* Jésus-Christ) simplement en postulant ces présuppositions, parce qu'il est clair que l'esprit non régénéré, bien qu'intellectuellement capable de comprendre, ne peut acquérir l'intelligence spirituelle nécessaire.

Tout de même, en présupposant ces éléments essentiels, même l'esprit non régénéré peut intellectuellement comprendre l'Écriture comme un message unifié qui proclame la gloire de Dieu avec puissance. « C'est le plan de Dieu, l'interprétation globale qu'a Dieu des faits qui les définit. »[48] Par conséquent, si l'esprit non régénéré cherche une perspective fondamentale véridique de la réalité, il doit commencer par le début.

Que Dieu ajoute ou non à cette perspective fondamentale la foi qui sauve dans le coeur et l'esprit du non-croyant (faisant donc de lui un croyant) ne concerne que lui-même (Jn 6.44), et peut être accompli seulement par sa propre volonté (Ro 9.14-18 ; Ép 2.8,9), par sa conviction (Jn 16.8,9), par sa puissance (Ro 1.16,17), et par sa régénération (Tit 3.5), comme l'a dit Calvin :

---

47. Robert Knudsen, « Progressive and Regressive Tendencies in Christian Apologetics », dans E. R. Geehan, éd., *Jerusalem and Athens: Critical Discussions on the Theology and Apologetics of Cornelius Van Til*, Philipsburg, N. J., Presbyterian and Reformed Publishing, 1980, p. 281.
48. Van Til, *Christian Apologetics*, p. 27.

[...] c'est une chose de sentir que le Dieu qui nous a créés nous soutient par sa puissance, nous dirige par sa providence, nous nourrit de sa bonté, et prend soin de nous avec toutes sortes de bénédictions ; c'en est une autre de s'approprier la grâce de la réconciliation qui nous est offerte en Christ.[49]

Reconnaître des vérités telles que le dessein intelligent, la providence et la subsistance exige une conscience très développée des vérités théistes bibliques, même si la reconnaissance de ces vérités provient simplement des pages de la théologie naturelle (la révélation générale de Dieu dans la création). Ce n'est pas en reconnaissant la vérité qu'on reçoit la vie spirituelle, mais plutôt en croyant *en la Vérité* même.

De plus, en présupposant ces éléments essentiels, le croyant peut éviter de se conformer en pensée au modèle de ce monde – éviter d'être souillé par le mythe de la neutralité et le mythe de l'objectivité en dehors de la conclusion nécessaire de Dieu et de ses lois. En évitant ces mythes, le croyant, par l'illumination du Saint-Esprit à travers l'Écriture, peut voir tout le conseil de Dieu dans son contexte comme la révélation divine et délibérée de Dieu à propos de lui-même, et peut ainsi éviter de permettre aux fondements fallacieux de la pensée humaine d'envahir son épistémologie, sa mentalité (Col 3.1-4) et, ultimement, sa conduite et sa marche.

Tout comme Van Til percevait deux fondements présuppositionnels de base pour une apologétique chrétienne (que les hommes doivent présupposer Dieu dans toute leur pensée et que l'homme naturel résistera de toutes ses forces à cette nécessité), il semble également y avoir pas moins de *quatre piliers essentiels indispensables à une théologie véritablement biblique : (1) l'existence du Dieu de la Bible, (2) l'autorité de la révélation que Dieu donne de lui-même à l'homme, (3) l'incapacité de l'homme naturel à comprendre la révélation de Dieu, et (4) une herméneutique cohérente pour interpréter cette révélation.*

---

49. John T. McNeill, éd., Ford Lewis Battles, trad., John Calvin, *Institutes of the Christian Religion*, Philadelphia, Penn., Westminster Press, 1940, vol. 1, p. 38-39.

Sans ces piliers, la vision biblique du monde comme fondement pour une théologie biblique est compromise, laissant le non-croyant avec une confiance injustifiée dans sa propre raison et dans sa capacité à parvenir à ce qu'il doit comprendre par ses propres facultés et sa propre administration, et laissant de même le croyant avec l'illusion d'un substitut pratique (l'objectivité humaine) à l'esprit hérité de Christ, entravant ainsi l'obéissance du croyant à l'impératif de Colossiens 3.1-4 :

> *Si donc vous êtes ressuscités avec Christ, cherchez les choses d'en haut, où Christ est assis à la droite de Dieu. Attachez-vous aux choses d'en haut, et non à celles qui sont sur la terre. Car vous êtes morts, et votre vie est cachée avec Christ en Dieu. Quand Christ, votre vie, paraîtra, alors vous paraîtrez aussi avec lui dans la gloire.*

PILIER #1
L'existence du Dieu biblique[50]

Un bref examen des Écritures dévoilera, notamment, l'acceptation primordiale de l'existence de Dieu (Ge 1.1 ; Ps 14.1 ; etc.). Les Écritures ne cherchent jamais à prouver son existence ; elles présentent plutôt sa réalité comme point de départ fondamental de la théologie biblique. À la lumière de ceci, il faut également comprendre que les Écritures ne plaident pas pour une divinité en général, mais plutôt pour une divinité spécifique, révélée en Dieu lui-même et expliquée dans la mesure où Dieu choisit de le faire dans les Écritures.

Par conséquent, le théisme au sens large ne définit pas convenablement la réalité présentée par la théologie biblique, parce que ce terme ne va pas assez loin – aussi loin que les Écritures – dans sa définition de Dieu lui-même. La théologie biblique est construite plutôt sur la réalité fondamentale du théisme *biblique*, ou l'existence du Dieu *biblique* ; et donc une recherche efficace (c'est-à-dire qui dépeindra une image exacte de son sujet) sur la révélation de Dieu dans les Écritures exige, en premier lieu, une certaine croyance dans le Dieu des Écritures.

---

50. Le concept des quatre piliers discuté ici est adapté de l'article de Christopher Cone, « Presuppositional Dispensationalism », dans *The Conservative Theological Journal*, 10/29 (Mai/Juin 2006).

Kuyper admet la centralité de cette vérité, disant que « la foi dans l'existence de l'objet à l'étude est la condition indispensable de toute recherche scientifique ».[51] Augustin a avancé que l'homme reconnaît l'empreinte du divin sur l'homme :

> Nous pouvons identifier en nous-mêmes une image de Dieu, dans le sens d'une image de la Trinité. Bien sûr, il s'agit simplement d'une image et, en fait, d'une image très lointaine. Il n'y a aucune question d'identité ni de coéternité ni, en un mot, de consubstantialité avec lui. Néanmoins, c'est une image qui par nature est plus proche de Dieu que toute autre chose dans la création, une image qui, transformée par la grâce, peut parvenir à une ressemblance plus exacte encore.[52]

Calvin de même a affirmé que l'homme possède une conscience innée de la Divinité, disant :

> Il y a dans l'esprit humain, et en effet par instinct naturel, la conscience d'une divinité. Nous considérons que ce fait est au-delà de toute polémique. Pour empêcher quiconque de se réfugier dans la prétention de l'ignorance, Dieu a implanté dans chaque humain une certaine compréhension de sa majesté divine.[53]

Il a mis la pensée de l'éternité dans notre cœur (Ec 3.11), et tous en sont conscients, et donc sans excuse parce qu'il s'est révélé à tous les hommes (Ro 1.18-32).

Si l'existence de Dieu n'est pas absolu, comme premier et dernier point de référence concernant la réalité, l'homme ne pourrait en appeler aux lois de la logique (qui incluent tel qu'on le conçoit généralement (1) la loi de l'identité — toute chose est ce qu'elle est, et cela peut être affirmé ; (2) la loi de la non-contradiction — toute

---

51. Abraham Kuyper, *Principles of Sacred Theology*, Grand Rapids, Baker Book, 1980, p. 48.
52. Augustine, *City of God*, 11:26, trad. par Marcus Dods, dans *Nicene and Post-Nicene Fathers of the Christian Church*, édité par Philip Schaff, réimpr. 1886, Grand Rapids, Eerdmans, 1988, vol. 2, p. 220.
53. John Calvin, *Institutes of the Christian Religion*, vol 1, p. 43.

chose n'est pas ce qu'elle n'est pas, et cela peut être affirmé ; (3) la loi de l'exclusion — de deux propositions contradictoires, l'une doit être fausse et l'autre vraie, donc si l'une est affirmée, l'autre doit être niée ; et (4) la loi de la raison et de la résultante — le raisonnement logique est suivi d'une résultante logique, ce qui se rapporte au lien de cause à effet. Ces quatre principes fondamentaux requièrent la vérité absolue, que l'athée nie soit en théorie, soit dans la pratique, soit les deux.

De même les appels à l'intellect et à la moralité requièrent ultimement que Dieu soit le premier et dernier point de référence, puisque ces éléments sous leur forme absolue doivent aussi tirer leur origine de Dieu. L'athée présuppose ces éléments (logique, intellect et moralité), mais pourtant les interprète à la lumière de sa propre volonté. Ainsi, il reconnaît certains axiomes bibliques incontournables, tout en rejetant leur concepteur. Comme Van Til le fait remarquer,

> [...] si Dieu ne s'explique ni se suffit par lui-même, alors il n'est plus le point de référence ultime dans l'affirmation humaine. Alors Dieu et l'homme deviennent des partenaires dans un effort d'expliquer leur environnement commun. Les faits ne sont pas ce qu'ils sont, dans la dernière analyse en vertu du plan de Dieu ; ils le sont en partie, mais ils existent en partie par leur propre puissance.[54]

Ultimement, le fait même de chercher à prouver l'existence de Dieu est imprégné d'humanisme, puisque la créature cherche à sonder le créateur en le mesurant contre une norme empirique plus grande que lui-même. En cela, la créature a une illusion d'autorité par la neutralité de la raison, lorsqu'en fait une telle neutralité n'existe pas.

Le prolongement logique de la présupposition théiste biblique tient également pour acquis la véracité des Écritures comme révélation de Dieu, puisque c'est le Dieu biblique que nous cherchons à comprendre. Car la seule existence d'un dieu au sens abstrait ne

---

54. Cornelius Van Til, *A Christian Theory of* Knowledge, Philipsburg, N. J., Presbyterian and Reformed, 1969, p. 12.

suffit pas pour répondre aux questions qui sont présentées[55], et l'idée d'un dieu abstrait ne colle pas non plus au caractère attribué au Dieu biblique des Écritures. C'est donc un prérequis de la théologie biblique que de comprendre que Dieu existe, et qu'il est la source de toute connaissance, non seulement à propos de lui-même spécifiquement, mais aussi au sujet de toute vérité. Il ressortira que toute vérité, après tout, est la vérité de Dieu.

Concernant l'existence de Dieu, Greg Bahnsen a dit :

> Nous pouvons prouver l'existence de Dieu par l'impossibilité du contraire. La preuve transcendantale de l'existence de Dieu est que sans lui il est impossible de prouver quoi que ce soit.[56]

La déclaration de Bahnsen souligne l'importance des fondements de l'épistémologie dans l'approche de l'existence de Dieu, et conclut ultimement que le théisme biblique est le seul point de départ valable d'une épistémologie cohérente. La prémisse de base ici est que la réalité de Dieu est indéniable et tout à fait nécessaire comme point de départ pour toute pensée véritablement rationnelle. Ultimement, la position athée, menée à sa conclusion logique, détruit complètement toute raison et toute science.

Il est utile ici de considérer les conclusions épistémologiques afin de (1) démontrer l'abîme immesurable entre les pensées du Dieu tout-puissant et les élucubrations de l'esprit humain (És 55.8-11) et (2) reconnaître que l'homme se rebellera constamment contre la connaissance de la vérité (Jn 3.19), et que même s'il devait chercher Dieu, il ne possède pas, dans son état déchu, la capacité d'évaluer correctement les choses spirituelles (1 Co 2.14) ; par conséquent, Dieu seul peut amener l'homme à la connaissance expérientielle de sa personne (Jn 6.44).

---

55. Il s'agit essentiellement de l'accusation de David Hume voulant que tout argument basé seulement sur la théologie naturelle ne prouve pas l'existence du Dieu de la Bible.

56. « The Great Debate: Does God Exist? », Dr Greg Bahnsen contre Dr Gordon Stein à l'Université de Californie, Irvine, 1985.

Il n'y a donc pas d'épistémologie cohérente en dehors de celle qui présuppose l'existence du Dieu biblique. En fait, il n'y a pas de vérité, de logique, ou de fait sans l'existence du Dieu biblique. Comme Van Til le suggère, « à moins de croire en Dieu, vous ne pouvez logiquement croire en rien d'autre ».[57] Tout argument en faveur de l'existence de Dieu qui ne commence pas par son existence est erroné.

Historiquement, divers arguments concluant en faveur de l'existence de Dieu ont été présentés. Cependant, la plupart de ces arguments ont la même faille dans leurs prémisses de base.

La preuve ontologique suggère que puisque l'homme possède l'existence et l'idée de Dieu, alors Dieu doit exister. Anselme de Cantorbéry (1033-1109), dans son *Proslogion*, a affirmé que Dieu est « celui dont on ne peut imaginer un plus grand que lui ». John Frame décrit cet argument comme suit :

> Prémisse 1 : Dieu a toutes les perfections.
> Prémisse 2 : L'existence est une perfection.
> Conclusion : Par conséquent, Dieu existe.[58]

Dans cet argument, l'idée même de l'existence atteste l'existence de Dieu.

La preuve cosmologique affirme qu'une cause primaire est nécessaire à l'existence de toute chose finie, et logiquement la cause première est Dieu. Thomas d'Aquin a présenté, dans son ouvrage *Summa theologica*, cinq « preuves » de l'existence de Dieu, les trois premières étant cosmologiques.

La preuve panthéistique perçoit Dieu comme étant tout et en tout. Son existence est nécessaire pour qu'il existe quoi que ce soit. C'est un type d'argument ontologique utilisé notamment par Parménide, Spinoza et Hegel.

---

57. Cornelius Van Til, *Why I Believe in* God, Philadelphia, Presbyterian and Reformed, s.d., p. 20.
58. John Frame, *Apologetics to the Glory of* God, Philipsburg, N. J., Presbyterian and Reformed, 1994, p. 114.

La preuve téléologique est la preuve métaphysique de la conception. L'ordre dans l'univers fournit la preuve qu'il y a un concepteur. Le fait, notamment, que des entités dénuées de pensée puissent fonctionner de façon harmonieuse semble être une preuve solide pour l'existence d'un concepteur.

La preuve morale, la preuve provenant de l'existence de la moralité, met en évidence l'existence de principes moraux absolus, ce qui révèle donc un moraliste premier.

Ces arguments n'ont pas de fondement épistémologique solide. Tandis qu'au mieux ils servent à démontrer la grande probabilité de l'existence de Dieu, dans le pire des cas, à défaut de reconnaître la définition de Salomon de la saine épistémologie, ils donnent de la crédibilité aux arguments athées qui identifient habilement les failles logiques dans les arguments théistes. Essentiellement, en cherchant à prouver l'existence de Dieu, le problème ici est de penser que Dieu doit être soumis à une norme empirique. Logiquement, si une norme existait à laquelle Dieu devait être soumis, c'est alors cette norme elle-même qui devrait être plus grande que Dieu. Apparemment, ce serait là un plus grand argument pour la non-existence de Dieu que pour son existence. Il existe un argument qui ne présente pas de ces failles intrinsèques :

La preuve transcendantale cherche à démontrer la réalité et la nécessité de l'existence de Dieu en soulevant, notamment, l'impossibilité du contraire. C'est le seul argument de base construit *à partir de* l'existence de Dieu plutôt que *vers* son existence. Tandis que les autres arguments suggèrent la probabilité de Dieu, seul celui-ci exige la nécessité de Dieu. Knudsen résume adéquatement l'utilisation de Van Til de la preuve transcendantale et son approche présuppositionnelle :

> L'apologétique de Van Til était orientée dans deux directions à la fois. Elle visait à prouver que c'est seulement sur la base des présuppositions chrétiennes qu'un discours sensé est possible. Elle cherchait aussi à prouver que l'incapacité de la pensée non chrétienne d'atteindre le point de départ véritable de la pensée signifie qu'elle se trouve devant un dilemme grave. Sa tentative de

tout interpréter selon un critère acceptable pour l'homme autonome signifie qu'elle est inexorablement conduite à l'opposé, à savoir, vers un irrationalisme dans lequel le discours sensé est devenu impossible. Quelles que puissent en être les difficultés, considérées dans le détail, il est possible d'avoir une approche sensée de la pensée et de la vie seulement en étant fermement enraciné dans une expression plénière de la position théiste chrétienne. Alors, la méthode à suivre n'est pas de construire une position théiste complète à partir d'un point de vue en dehors de celle-ci, mais de se tenir à l'intérieur même de la position théiste chrétienne.[59]

Une approche présuppositionnelle de l'existence de Dieu révèlera plusieurs dichotomies dans l'univers : premièrement, le personnel et l'impersonnel ; deuxièmement, l'unité et la pluralité ; troisièmement, le rationnel et le rationalisme ; et quatrièmement, l'absolu et le relatif. Ces dichotomies opposent des principes du théisme biblique d'un côté, et toutes les autres conclusions philosophiques et religieuses de l'autre. Ces dichotomies ne fournissent pas la preuve de l'existence de Dieu. Ce ne sont pas des arguments en faveur de son existence. Elles illustrent plutôt d'une manière pratique la clarté de la preuve transcendantale. Dans un sens, ces dichotomies démontrent où mènent les deux philosophies opposées (celle commençant par Dieu, et celle commençant sans lui).

Personnel ou impersonnel

L'explication de Schaeffer de la dualité entre le personnel et l'impersonnel offre un éclairage précieux sur l'épistémologie du commencement :

> L'enjeu est la réalité du Dieu personnel dans toute l'éternité par opposition à « l'autre » philosophique ou « le tout » impersonnel qui est souvent le concept de Dieu du théologien du xxe siècle. L'enjeu est la réalité du Dieu personnel par opposition à un premier moteur

---

59. Robert Knudsen, « Progressive and Regressive Tendencies in Christian Apologetics », dans E. R. Geehan, éd., *Jerusalem and Athens*, Philipsburg, N. J., Presbyterian and Reformed, 1980, p. 340.

immuable et théorique, ou la protection purement subjective de la pensée de l'homme [...]
Un commencement impersonnel, cependant, soulève deux problèmes insolubles que ni la pensée orientale ni l'homme moderne n'ont été près de résoudre. D'abord, il n'offre pas de vraie explication pour le fait que le monde extérieur non seulement existe, mais a de plus une forme particulière [...]
En second lieu, et surtout, si nous commençons par un univers impersonnel, il n'y a alors aucune explication du concept de personnalité. En vérité, la question primordiale pour toutes les générations – mais à plus forte raison pour l'homme moderne – est, « Qui suis-je ? » [...]
En bref, un commencement impersonnel n'explique ni la forme de l'univers ni la personnalité de l'homme. Par conséquent, il ne donne aucune base pour comprendre les relations humaines, bâtir des sociétés justes, ou s'engager dans quelque type d'effort culturel.[60]

L'approche de Schaeffer souligne l'importance de comprendre le Dieu personnel comme instigateur de tout, car sans la présupposition de son existence, il ne reste que des questions sans réponses et des lignes de pensée illogiques. Qu'il y ait un univers formé d'une manière ordonnée dans un but personnel est un fait au sujet duquel David s'exclame en disant : « les cieux racontent la gloire de Dieu, et l'étendue manifeste l'œuvre de ses mains. » (Ps 19.2). Une présupposition impersonnelle ne donne aucune explication de la réalité ; au contraire plutôt, elle affirme négativement que Dieu n'est pas au cœur de la réalité. C'est le relativisme qui est à la base d'une présupposition impersonnelle et le résultat en est l'humanisme – l'élévation de l'homme à la position la plus élevée en tant que divinités individuelles autonomes et responsables de leurs propres vies, éliminant de ce fait dans l'esprit de ses adhérents un quelconque besoin de Dieu. Schaeffer voit l'approche impersonnelle

---

60. Francis Schaeffer, *The Complete Works of Francis Schaeffer, Vol 2: Genesis in Time and* Space, Wheaton, Ill., Crossway Books, 1982, p. 9 et 11.

comme étant, à cause de sa négation d'un Dieu personnel, lourde de répercussions et grandement efficace dans son résultat :

> Ceux qui soutiennent le concept de matière-énergie-hasard de la réalité [...] non seulement ne connaissent pas la vérité de la réalité finale, Dieu, mais en plus ils ne savent pas qui est l'homme. Leur concept de l'homme est ce que l'homme n'est pas, tout comme leur concept de la réalité finale est ce que la réalité finale n'est pas.[61]

Par conséquent, selon l'approche de Schaeffer, il n'y a aucune base pour une saine épistémologie – ni même pour quelque solide raisonnement. L'approche impersonnelle ne fournit « aucune base suffisante pour la société ou la loi »,[62] tandis que l'approche personnelle fournit une épistémologie saine, basée sur un Dieu personnel, et en vertu de cela, offre la seule explication logique aux questions du monde externe et de la personnalité.

Unité ou pluralité
(Le problème de l'Un et du multiple)

Plotin concevait l'Un comme étant

> le principe premier, l'origine de l'existence, la cause de tout ce qui est bon [...] tout émane de l'Un sans le diminuer ou le changer, parce qu'il ne peut donner de sa substance.[63]

> Diogène d'Apollonie (vers 460 av. J.-C.) avait précédemment suggéré que tout ce qui existe est créé en transformant la même chose, et ultimement tout *est* réellement la même chose.[64] C'est là

---

61. Francis Schaeffer, *The Complete Works of Francis Schaeffer, Vol 5: A Christian Manifesto*, Wheaton, Ill., Crossway Books, 1982, p. 428.
62. Ibid.
63. P. Zachary Hayes, *The General Doctrine of Creation in the Thirteenth* Century, Germany, Verlag Ferdinand Schoningh, 1964, p. 63.
64. Rousas John Rushdoony, « The One and Many Problem – the Contribution of Van Til », dans E. R. Geehan, éd., *Jerusalem and* Athens, Philipsburg, N. J., Presbyterian and Reformed, 1980, p. 340.

le problème de trouver l'unité au milieu de la pluralité de choses,[65] ou plus spécifiquement l'incapacité des conceptions du monde non chrétiennes à relier adéquatement l'unité de l'univers à la diversité et à la pluralité que l'on y trouve. La difficulté du problème a été bien énoncée par Rushdoony :

> [...] poursuivre le problème de l'unité de façon logique en termes du caractère ultime de l'unité mène au monisme, un courant suivi par de nombreuses philosophies orientales. Le résultat en a été la désillusion ; l'unité a été affirmée, mais le triomphe de l'unité a été le triomphe du non-sens. En conséquence, le bouddhisme et d'autres philosophies ont proclamé la suprématie du néant. Mais si le multiple est affirmé, le résultat d'une telle philosophie est de passer du dualisme vers l'atomisme et l'anarchie [...][66]

Van Til avance que la présupposition biblique du Dieu trinitaire offre la seule explication valable tant dans le domaine de l'éternel que du temporel. En ce qui concerne l'éternel, Dieu était, il est et il sera. Il est à la fois pluralité (voir l'utilisation constante du pluriel hébreu *elohim* pour désigner Dieu, de même que la doctrine toujours présente de la Trinité [És 48.12,16]) et unité (voir le *schéma* de De 6.4) : « [...] l'Éternel, notre Dieu, est le *seul* Éternel ». C'est sur la base de ce principe que Van Til dit :

> C'est seulement dans la doctrine chrétienne du Dieu trinitaire, qu'il nous incombe de croire, que nous avons vraiment un *universel concret*.[67]

En ce qui concerne le temporel, l'Un et le multiple sont donc (tels que démontrés par l'Un et le multiple éternels) créés par Dieu, et trouvent ainsi l'unité et la pluralité devant Dieu.

---

65. Cornelius Van Til, *The Defense of the Christian Faith*, Phillipsburg, N. J., Presbyterian and Reformed Publishing, 1967, p. 24.
66. Rousas John Rushdoony, « The One and Many Problem – the Contribution of Van Til », p. 341.
67. Cornelius Van Til, *The Defense of the Christian Faith*, p. 26.

Ainsi on peut dire à cet égard que l'Un et le multiple créés sont égaux l'un à l'autre ; ils sont également issus et également dépendants de Dieu qui les soutient tous deux. Les détails ou les faits de l'univers agissent et doivent agir conformément aux lois universelles. Ainsi l'univers créé est ordonné [...] il y a donc une égalité fondamentale entre le un créé et le multiple créé, ou entre les divers aspects de la réalité créée. Par contre, il y a une relation de subordination entre eux tel que Dieu l'a ordonné [...] c'est de cette subordination d'un fait et d'une loi à d'autres faits et lois dont il est question dans les Écritures lorsqu'il parle de la domination de l'homme sur la nature.[68]

Selon Van Til, cela explique l'ordre dans l'univers (entre l'Un et le multiple), et donne ainsi à la vision biblique du monde un avantage de plus sur la vision non biblique du monde pour expliquer la réalité.

Le rasoir d'Ockham[69] s'applique ici. Dans ce contexte, l'explication la plus simple est habituellement la meilleure, et le Dieu biblique est la solution la plus simple du problème de l'Un et le multiple.

Rationnel ou rationalisme

La déclaration platonique du rationalisme disant que « la connaissance par la raison est la fin de toutes choses » contraste dramatiquement avec la vision biblique du monde qui veut que les effets noétiques du péché ont laissé une telle tache sur l'humanité qu'on ne peut absolument pas se fier à la raison humaine. La sagesse de l'homme est folie pour Dieu (1 Co 1.20). La révélation de Dieu a été donnée à l'homme et elle a été comprise et clairement vue (Ro 1.19,20), pourtant l'homme, dans sa sagesse finie, réprime la vérité de ce qu'il sait (Ro 1.18). Pourquoi ? À cause de sa présupposition – il a préféré les ténèbres à la lumière (Jn 3.19). La raison de l'homme le conduit à ignorer la vérité dans ce contexte en vertu d'une herméneutique trompeuse de la révélation. Le cœur de l'homme est tortueux

---

68. Ibid., p. 27.
69. La pluralité ne doit pas être présumée sans nécessité.

(Je 17.9). Toutes les pensées de son cœur se portent continuellement vers le mal (Ge 6.5). L'esprit orienté vers la chair agit donc à l'opposé de ce qu'il voudrait (Ro 8.6), tout comme l'obéissance aux tromperies de Satan a produit l'effet contraire de ce qu'Ève attendait – la mort plutôt que la ressemblance à Dieu (Ge 3.4,5).

C'est avec ce handicap sévère que le rationalisme cherche la vérité, et c'est en raison de ce handicap sévère qu'une approche rationaliste – ou toute autre approche de la vérité centrée sur l'homme – ne peut la découvrir. Ramm identifie l'essence du rationalisme comme étant l'affirmation fondamentale que tout ce qui n'est pas en harmonie avec la mentalité *instruite* doit être rejeté.[70] Le rationalisme ne considère pas les répercussions noétiques du péché, et sa définition de l'instruction est donc inadéquate.

En revanche, l'approche biblique est plutôt simple. Nul ne cherche Dieu (Ps 14.1-3 ; Ro 3.11) ; même ceux qui semblent chercher sa faveur accomplissent des œuvres sans valeur qui ne plaisent pas à Dieu (És 64.5). L'homme ne peut, par sa propre volonté, s'approcher de Dieu ; Dieu doit l'attirer à lui (Jn 6.44). L'impuissance de la raison humaine laisse l'homme sans moyens devant son créateur, mais en vertu de son amour (Jn 3.16), Dieu a donné le cadeau du salut (Ép 2.8-10) – offrant même le moyen essentiel pour le recevoir, soit la foi (1 Pi 1.5). Par conséquent, la réponse biblique est complètement à l'opposé de la mentalité rationaliste humaniste :

> Le chrétien n'est pas rationaliste ; il n'essaie pas de commencer par lui-même de façon autonome et d'établir un système sur cette base. Mais il est rationnel [...] cependant, il n'aboutit pas avec la rationalité seule, car en sa réponse à ce que Dieu a dit, sa personnalité entière est impliquée.[71]

Le rationalisme cherche à placer l'homme au centre, indépendant du créateur. La théologie biblique est quant à elle rationnelle parce

---

70. Bernard Ramm, *Protestant Biblical* Interpretation, Grand Rapids, Baker Book House, 1995, p. 63.
71. Francis Schaeffer, *The Complete Works of Francis Schaeffer*, Wheaton, Ill., Crossway Books, 1982, vol. 1, p. 124.

qu'elle identifie correctement la situation critique de l'homme et offre une solution en dehors des efforts humains, incluant pourtant la personne entière dans le plan de la rédemption. Ces deux approches sont contradictoires ; il est donc nécessaire d'en choisir une seule. Mais il faut absolument en choisir une, parce que ces deux options englobent l'épistémologie. Soit la connaissance réelle vient de l'homme (une conclusion totalement illogique), ou alors la connaissance réelle vient de quelque chose ou de quelqu'un d'autre que l'homme (une conclusion pour laquelle la meilleure explication est la révélation du théisme biblique). Il n'y a aucune autre option. Le théisme biblique est la seule interprétation véritablement rationnelle de l'univers.

Absolutisme ou relativisme

Protagoras, en raison de son affirmation que « l'homme est la mesure de toutes choses, pour celles qui sont, de leur existence ; pour celles qui ne sont pas, de leur non-existence »[72], est largement reconnu comme père du relativisme. Son principe a enseigné que l'homme est la référence de la vérité, et que la vérité peut changer d'un homme à l'autre. Bref, en raison de son épistémologie anthropocentrique, il a illogiquement conclu qu'il n'y a pas d'absolu, sauf pour l'absolu que toutes les choses sont relatives à l'homme. Platon l'a cité en disant : « la manière dont je vois les choses est la manière dont elles existent pour moi ; et la manière dont tu vois les choses est la manière dont elles existent pour toi »,[73] énoncé qui illustre la nature contradictoire de la croyance – selon cette vision, la vérité est relative à chaque homme ; donc à celui qui tient le relativisme pour faux, il est faux, et il devient ainsi un argument qui s'annule lui-même. Le théisme biblique, par contre, offre la seule explication de l'absolu. Christ affirme être « le chemin, la vérité et la vie » (Jn 14.6). En conséquence,

---

72. Kathleen Freeman, *Ancilla to the Pre-Socratic Philosophers* [réimpr., 1952], Cambridge, Harvard Univ Pr., 1983, p. 125.
73. *Theaetetus* 152a.

la déclaration absolue de Jésus qu'il est le chemin, la vérité et la vie signifie catégoriquement que tout ce qui contredit son affirmation est par définition faux.[74]

Encore une fois, il faut choisir. Soit que l'homme supprimera la vérité du Christ absolu, soit que Dieu, dans sa miséricorde, lui permettra de venir à la connaissance salvatrice de sa personne.

Est-il présomptueux de tirer la conclusion que seul le théisme biblique est l'explication plausible de la vérité absolue alors que d'autres religions prétendent la même chose ? Le Coran, par exemple, déclare avec conviction que « la seule vraie foi selon Dieu est l'Islam ».[75] Un survol de la théologie biblique démontrera que le Dieu qui est révélé dans l'Ancien Testament (plus ancien que le Coran de 1200 à 2200 ans) est le même Dieu qui est révélé dans le Nouveau Testament en Christ, qui s'attribue exclusivement la divinité, contredisant ainsi les déclarations du Coran, ce qui a pour résultat deux systèmes opposés et incompatibles. Un examen du théisme biblique par opposition à n'importe quel autre système prétendant être la vérité absolue aura le même résultat que celui-ci, parce que la révélation biblique de Dieu est exclusive (Jn 14.6 ; Ac 4.12 ; etc.). Warfield l'exprime habilement :

> La religion de la Bible s'annonce ainsi, non pas comme le produit de la recherche de Dieu par les hommes, comme si par bonheur ils pouvaient soupirer après lui et le trouver, mais plutôt comme une création dans les hommes par le Dieu de grâce, s'étant formé un peuple afin qu'il le loue pour sa grandeur. En d'autres termes, la religion de la Bible se présente distinctivement comme une religion révélée. En fait, pour parler plus exactement, elle s'annonce comme la religion révélée, comme la seule religion révélée ; elle se positionne ainsi contre toutes les autres religions,

---

74. Ravi Zacharias, *Can Man Live Without God*, Word Publishing, 1994, p. 101.
75. *Qur'an*, Sura 3:19.

qui sont représentées en tant que produits, ce qu'elle-même n'est pas, de l'art et de l'invention de l'homme.[76]

En raison de cette exclusivité, il y a de nouveau seulement deux options – supprimer la vérité et embrasser le relativisme (et le côté humaniste des dualismes universels), ou être conduit par le Père vers une compréhension et une connaissance justes et personnelles du Christ absolu – le chemin, la vérité et la vie.

L'attribut de Dieu qui lui est le plus catégoriquement accordé, autant dans l'hébreu que dans le grec, est la sainteté (És 6.3 ; Ap 4.8), qui à la base fait référence à Dieu comme étant *totalement distinct et au-dessus* de ce qu'il a créé (Os 11.9*b*). Il est donc logique que le théisme biblique soit en conflit direct avec toutes les formes de philosophie, de religion et de pensée humaines, et que tous les accords de ces humanismes avec le théisme biblique soient dus au fait que dans un contexte particulier ils se rallient à la vision biblique du monde. Toute vérité est vérité de Dieu, et l'homme, dans sa dépravation et sa suppression de la vérité, tentera de s'accrocher à quelque vérité qu'il puisse trouver, persistant néanmoins à supprimer la vérité qu'il connaît au sujet de son créateur.

Ces suppressions humanistes de la vérité (les épistémologies impersonnaliste, pluraliste, rationaliste et relativiste) illustrent l'amour de l'homme pour les ténèbres et son désir d'éviter la soumission à la vérité de Dieu. Ils démontrent jusqu'où l'homme ira afin de maintenir l'équivalent philosophique du garçon pensant qu'il peut se cacher du danger imminent en se cachant simplement les yeux. L'homme laissé à ses propres desseins est au mieux un athée. Psaumes 14.1 qualifie l'athée d'insensé. Non simplement un insensé dans le sens d'une personne imprudente, mais dans le sens d'un individu qui est sinistre et odieux dans ses attitudes envers Dieu.

Insensé est un terme des Écritures signifiant un homme méchant ; il était aussi utilisé par les philosophes païens pour désigner une personne cruelle, le substantif *nāḇāl* provenant du verbe *nāḇēl* qui

---

76. B. B. Warfield, *The Works of Benjamin Warfield Vol. 1, Revelation and Inspiration*, Grand Rapids, Baker Book House, 2003, p. 4.

signifie l'extinction de la vie dans les hommes, les animaux et les plantes ; ainsi le verbe *nābēl* indique une plante ayant perdu toute la sève qui la rendait belle et utile. Un insensé est donc quelqu'un qui a perdu sa sagesse, sa compréhension de Dieu et des choses divines qui ont été communiquées à l'homme par la création ; quelqu'un qui est mort dans le péché ; quelqu'un qui possède des facultés rationnelles, mais dont les raisonnements sont dépourvus de la grâce de Dieu ; quelqu'un qui ne manque pas de raison, mais qui abuse de sa raison.[77]

Ce genre d'insensé ne rejette pas la notion d'un être suprême abstrait, mais plutôt la notion de Dieu tel que révélée dans les Écritures.

Il n'y a pas de Dieu [...] ce n'est pas Jéhovah, nom qui signifie l'essence de Dieu, comme être principal et suprême ; mais Eloahia, nom qui signifie la providence de Dieu, Dieu en tant que recteur et juge. Ce n'est pas qu'il nie l'existence d'un être suprême qui a créé le monde, mais plutôt son droit de regard sur ses créatures, sa gouvernance du monde, et par conséquent les récompenses qu'il réserve aux justes et les punitions aux méchants.[78]

Le contraire de ce type de folie n'est pas simplement le théisme, mais bien le théisme biblique. Une théologie biblique doit donc être établie non sur la simple présomption de l'existence d'*un* dieu, mais doit plutôt s'appuyer fermement sur la présupposition exigée de l'existence du *seul vrai* Dieu, comme il se révèle dans les Écritures.

Il faut comprendre que les Écritures n'essaient jamais de prouver l'existence de Dieu mais l'assument plutôt. En conséquence, les impératifs apologétiques des Écritures se concentrent sur l'Évangile lui-même – afin que nous soyons prêts à défendre l'Évangile (Ph 1.7,16 ; 1 Pi 3.15).

---

77. Stephen Charnock, *Discourses Upon The Existence and Attributes of* God, Grand Rapids, Mich., Baker Book House, 1993, p. 23.
78. Ibid., p. 24.

PILIER #2
L'AUTORITÉ DE LA RÉVÉLATION QUE DIEU DONNE DE LUI-MÊME À L'HOMME

Dieu, pour se faire connaître à l'homme se révèle lui-même à lui. Salomon le reconnaît dans Ecclésiaste 3.11 : « Il fait toute chose belle en son temps ; même il a mis dans leur cœur la pensée de l'éternité, bien que l'homme ne puisse pas saisir l'œuvre que Dieu fait, du commencement jusqu'à la fin. » Dieu s'est dévoilé par

> une révélation qu'il donne de lui-même, le but étant, par l'intervention dans l'histoire et la communication par le langage, d'appeler les hommes à la communion avec lui.[79]

Cela ne veut pas dire que son objectif divin en toutes choses soit centré sur l'homme – nous comprenons que son objectif divin est doxologique : se glorifier lui-même, c'est-à-dire de manifester son caractère – mais cela veut plutôt dire que dans ses desseins concernant la *révélation*, il appelle les hommes à une relation avec lui.

Dieu s'est divinement révélé dans une *révélation générale (naturelle)* (Ac 14.14-17) par (1) l'œuvre créatrice elle-même (És 40), (2) d'autres activités divines merveilleuses utilisant la création

---
79. Clark Pinnock, *Biblical Revelation*, Chicago, Moody Press, 1971, p. 29.

(Ex 15.1-21), et (3) dans la création elle-même (Ps 19.2-7 ; Ro 1.20). Cependant, la révélation générale fournit juste assez d'information de la part de Dieu pour que chaque homme soit sans excuse (Ro 1). La révélation générale ne présente pas le contenu nécessaire pour une réponse ayant pour résultat la régénération. Par conséquent, une révélation supplémentaire est nécessaire.

Dieu s'est également révélé, en plusieurs parcelles et de plusieurs manières (Hé 1.1), à travers des hommes mus par le Saint-Esprit de Dieu (2 Pi 1.21), dans une *révélation spéciale (surnaturelle)* par la révélation progressive de l'Écriture inspirée de Dieu (2 Ti 3.16). Cette Écriture est infaillible (c'est la parole de vérité, 2 Ti 2.15) dans son texte original et fait autorité pour tous les domaines de la vie, puisqu'elle constitue l'autorité finale (étant la révélation écrite de Dieu) pour la vie en lui. Elle est donc suffisante pour présenter Dieu comme il souhaite être présenté, et elle est claire et précise dans cette présentation.

Cette révélation spéciale souligne ultimement sa *révélation personnelle* (Jn 5.39) en son Fils, Jésus-Christ (Jn 1.18 ; Hé 1.1). Christ, comme révélation personnelle de Dieu, est à la fois celui qui le représente (Col 1.13-18 ; Hé 1.3) et celui qui le manifeste pleinement (Jn 1.18).

> Puisqu'il s'explique lui-même, Dieu parle évidemment avec une autorité absolue. C'est Christ en tant que Dieu qui parle dans la Bible. Par conséquent, la Bible ne fait pas appel à la raison humaine afin de justifier ce qu'elle affirme. Elle se présente à l'être humain avec une autorité absolue.[80]

Tous les éléments de sa révélation demandent une réponse de l'homme, et l'homme est tenu responsable de sa réponse. Chafer identifie l'acceptation de l'inspiration et de l'autorité de l'Écriture comme la première de ses conditions essentielles pour l'étude théologique.[81]

---

80. Cornelius Van Til, *A Christian Theory of Knowledge*, p. 15.
81. Lewis Sperry Chafer, *Systematic* Theology, Grand Rapids, Mich., Kregel, 1993, vol. 1, p. 7.

L'INSPIRATION

« *[Dieu a]* autrefois, à plusieurs reprises et de plusieurs manières, parlé à nos pères par les prophètes [...] » (Hé 1.1*b*). Bien que les méthodes aient changé, celui qui donne la révélation est toujours le même. La déclaration de l'inspiration (2 Ti 3.16) concerne (1) l'origine de l'Écriture – sortant de la bouche de Dieu (il y a plus de 150 références dans l'Écriture disant « le Seigneur a parlé » ou « Dieu a parlé », et plus de 400 disant « ainsi parle le Seigneur » ; voir aussi Col 3.16 ; Hé 1.1,2, etc.) ; et (2) le but de l'Écriture – pour la formation afin d'être compétent pour le ministère. L'Écriture est la révélation de Dieu, donnée par l'inspiration de Dieu. La révélation est ce que Dieu a dit ; l'inspiration est l'instrument de la révélation.

La révélation de l'Ancien Testament a été livrée aux prophètes, bien que non exclusivement, comme Kuyper l'observe :

> La parole divine n'est pas limitée à la prophétie. Dieu a aussi parlé à d'autres que des prophètes, par exemple Ève, Caïn, Agar, etc. Recevoir une révélation ou une vision ne fait pas de quelqu'un un prophète, à moins qu'elle ne soit accompagnée de l'ordre de la communiquer à d'autres. Le mot « nabi », le terme scripturaire pour *prophète*, ne désigne pas une personne qui reçoit quelque chose de Dieu, mais une personne qui apporte quelque chose au peuple. Par conséquent, c'est une erreur que de confiner la révélation divine à l'office prophétique.[82]

Tout ce qui est révélé dans l'Écriture est une révélation divine, et est inspiré, ou insufflé de Dieu *(theopneustos)* par le Saint-Esprit. Il y a deux catégories distinctes de révélation identifiées dans l'Ancien Testament : les paroles et les rêves/visions/transes.

En ce qui concerne la Parole comme outil de révélation, une comparaison de Ésaïe 6.1-10 et Actes 28.25 indique que le Saint-Esprit est l'égal de Dieu et est celui qui parle. Il est essentiel de comprendre que l'interprétation littérale de cette méthode exigerait

---

82. Abraham Kuyper, *The Work of the Holy* Spirit, Grand Rapids, Eerdmans, 1975, p. 70.

la communication audible dans une terminologie linguistique compréhensible par le destinataire – en d'autres termes, l'utilisation de la langue humaine et des mots (voir Ex 19.9 et 1 S 3.1-14).

Les rêves, les visions et les transes étaient des méthodes valides, bien que secondaires pour recevoir la révélation (Ge 20.3-7 ; 31.10-13,24 ; 37.5-20 ; 40.5-16 ; 41.11-13,15-32 ; 42.9, etc.). Dieu a spécifiquement identifié les rêves comme méthode valable de révélation (No 12.6). Contrairement aux rêves, les visions étaient des révélations données normalement pendant que le destinataire était éveillé (1 R 22.19 ; És 1.1 ; 6.1 ; Éz 1.3, etc.). Les transes étaient simplement une condition créée par Dieu pour faciliter la révélation par l'intermédiaire d'un rêve ou d'une vision.

Dans le Nouveau Testament, il y a quelques buts et limitations spécifiques identifiés dans le plan de révélation de Dieu : (1) la personne de Christ est le comble de la révélation de Dieu (Hé 1.1,2) et l'ensemble de l'œuvre de révélation du Saint-Esprit est orienté vers lui (Jn 5.39 ; 15.26). (2) La révélation à travers l'Écriture – au moment où a été complété le texte du Nouveau Testament (1 Co 13.10 ; Ép 2.20,21 ; 4.12,13 ; Hé 2.2,3 ; Ap 22.18,19), le travail de révélation du Saint-Esprit en cette dispensation, en termes de *nouvelle* révélation – est complète.

Tandis que *la révélation est la teneur du message, l'inspiration est la manière d'enregistrer le message.* En ce qui concerne l'Écriture, l'inspiration se réfère à la qualité d'être *insufflé de Dieu* – de la bouche même de Dieu. Il faut rappeler ici que c'est en effet l'Écriture elle-même qui est inspirée (2 Ti 3.16), alors que les hommes qui ont écrit les mots étaient conduits par le Saint-Esprit, et ont donc prononcé les oracles de Dieu (És 59.21 ; Jé 1.9 ; 2 Pi 1.20,21). Christ a confirmé le rôle du Saint-Esprit dans la révélation et dans l'inspiration (Mt 22.42,43 ; Mc 12.36), de même que l'ont fait les apôtres (Ac 1.16 ; 4.25 ; 28.25 ; Hé 3.7 ; 9.6-8 ; 10.15). Les apôtres affirment donc l'autorité de leurs écrits (voir les déclarations de Paul dans 1 Co 2.13 ; 14.37 ; Ga 1.7,8 ; 1 Th 4.2,15 ; 2 Th 3.6,12,14).

Sans le travail d'inspiration du Saint-Esprit, nous ne pourrions pas connaître la révélation de Dieu, et toute étude de l'identité, du caractère et des œuvres de Dieu serait purement spéculative. Dans les faits, nous avons une révélation de Dieu qui fait autorité, par l'inspiration de l'Écriture par le Saint-Esprit. *L'inspiration plénière et verbale* semble la description la plus précise de cet instrument. L'inspiration est *verbale* dans le sens où le Saint-Esprit a fortement influencé le choix des mots mêmes employés par les auteurs humains, utilisant leurs personnalités et leur vocabulaire, tout en évitant l'intrusion de l'erreur.[83] L'inspiration est *plénière* (du latin *plenus*, signifiant complètement) dans le sens où l'inspiration inclut chaque aspect (non seulement les éléments doctrinaux), y compris les mots mêmes de l'Écriture.

Excursus : Un aperçu de la prophétie comme instrument de l'inspiration par le Saint-Esprit

Dieu a parlé

(1) Le contenu est une révélation spéciale (Ps 19.8-12 ; Hé 1.1), qui est la révélation par Dieu, via le Saint-Esprit, de son Fils (Jn 5.39) qui glorifie le Père.

(2) La méthode est l'inspiration (2 Ti 3.16).

(3) La forme finale est l'Écriture (2 Ti 2.15 ; 3.16).

(4) Le messager est le Saint-Esprit.
    (a) Les interactions impliquaient la direction des hommes par le Saint-Esprit (2 Pi 1.20,21).

    (b) Les personnes impliquées étaient les apôtres et les prophètes (Jn 4.26 ; Ép 3.5).

    (c) Le contenu était la vérité et le souvenir de Christ, à la gloire du Père (Jn 14.26 ; 15.26,27 ; 16.13).

    (d) Les descriptions incluaient l'épée de l'Esprit (Ép 6.17 ; Hé 4.12), ainsi que le témoignage et les paroles du Saint-Esprit

---

83. Chafer, p. 71.

(És 59.21 ; Za 4.6 ; Ac 21.11 ; 1 Ti 4.1 ; Hé 3.7 ; 9.8 ; 10.15 ; Ap 2.7,11,17,29 ; 3.6,13,22).

Ères prophétiques dans l'Ancien Testament
(1) L'ère préabrahamique impliquait la révélation directe au lieu de messages à livrer à un auditoire (p. ex., Adam et Ève, Caïn, Énoch, Noé, etc.).

(2) L'ère abrahamique incluait la révélation directe de la bénédiction personnelle et de l'alliance.

(3) L'ère mosaïque a été caractérisée par la révélation directe avec un message particulier à livrer à des auditoires spécifiques.

(4) La période des juges incluait la révélation directe occasionnelle (1 S 3.1) ; les noms des prophètes ne sont généralement pas écrits (sauf pour Débora, Jg 4.4).

(5) Pendant les ères de la monarchie, de la captivité et postexilique, la révélation était considérable, et principalement dans le contexte des messages à livrer : messages de jugement, de restauration et d'espoir messianique.

Le ministère de Christ
(1) Christ se disait être prophète (Mt 13.57 ; Mc 6.4 ; Lu 4.24 ; 13.33).

(2) Il a été reconnu comme prophète (Mt 21.46 ; 21.11 ; Mc 6.15 ; Lu 7.16 ; 24.19 ; Jn 4.19 ; 6.14 ; 7.40 ; 9.17).

(3) Il est à la fois le prophète qui transmet la révélation et la révélation elle-même (Jn 5.39 ; Col 1.15 ; Hé 1.1-3 ; 2.2,3).

(4) Il est le prophète qui avait été annoncé (De 18.15-19 ; Ac 3.19-26).

L'ère apostolique
(1) Les apôtres et les prophètes ont été envoyés pour être ultimement persécutés et tués (Lu 11.49-51, *notez l'implication ici que le ministère prophétique normatif prendrait fin avec cette génération*).

Concernant la priorité dans l'Église, les apôtres étaient en premier, et les prophètes en deuxième (1 Co 12.28).

(2) Des hommes ont été désignés par Dieu dans l'Église comme prophètes (1 Co 12.28).

(3) Ils devaient parler au nom du Seigneur (Ja 5.10).

(4) Ils devaient prophétiser d'une manière ordonnée (1 Co 14.29-32).

(5) Les apôtres et les prophètes étaient significativement liés (Ép 3.5 ; 2 Pi 3.2 ; Jean, par exemple, était à la fois apôtre et prophète, voir Ap 22.9), mais tout de même distincts (Ép 4.11).

(6) Les apôtres et les prophètes sont *donnés* à l'Église comme des fondements (Ép 2.20 ; 3.5 ; 4.11), bâtis sur le roc qu'est Christ (Mt 16.18 ; 1 Co 3.11).

(7) Ils ont été authentifiés par des signes, des miracles, des prodiges, tous des dons du Saint-Esprit (2 Co 12.12 ; Hé 2.3,4).

(8) Le ministère fondamental de la prophétie, dans le contexte de la connaissance révélée, sera aboli lors de la venue de ce qui est parfait (1 Co 13.10).

Le mot traduit par parfait, ou complet dans 1 Corinthiens 13.10 est *teleion*, un terme neutre (notez l'article *to* au lieu de *ton*), un adjectif qui ne se rapporte pas à Christ, mais plutôt à une chose. La préposition *ek* (v. 9) dénote « du partiel » (littéralement division ou section), *ek merous* (d'une division), et est en contraste avec *to teleion* (non pas avec *nepios*). Certaines personnes suggèrent que *to teleion* se rapporte à l'état éternel, à l'avènement de Christ, ou au perfectionnement de l'Église. Toutefois, dans le contexte, l'accomplissement de la révélation spéciale est le sujet traité. (Notez le concept miroir de 1 Co 12.13 ; 2 Co 3.14-16 ; et Ja 1.23). Contrastant avec *partiel*, le mot *complet* (plutôt que parfait) est la meilleure traduction.

(9) Certains sont identifiés comme apôtres, y compris Paul, Christ (Hé 3.1), Pierre, les douze (Mt 10.2), Matthias (Ac 1.26), Barnabas (Ac 14.14), Jacques (Ga 1.19), Silas (Sylvain) et Timothée (1 Th 1.1 ; 2.6, etc.).

(10) Certains sont identifiés comme prophètes, y compris Agabus, d'autres d'Antioche (Ac 11.27), Barnabas, Siméon (Ac 13.1), Jude, Silas (Ac 15.32), et Agabus (Ac 21.10).

Faux apôtres et faux prophètes

(1) De faux apôtres et de faux prophètes sont apparus (2 Co 12.11-15 ; 2 Pi 2.1 ; 1 Jn 4.1).

(2) De faux apôtres et de faux prophètes se présenteront encore (Mc 13.22), et la fausse doctrine sera désirée (1 Ti 4.1,2 ; 2 Ti 3.1-8).

L'époque de la tribulation

(1) Les deux prophètes reçoivent l'autorité nécessaire pour prophétiser (Ap 11.3-10).

(2) Le faux prophète assiste la bête pendant la tribulation (Ap 16.13), faisant des prodiges pour séduire (19.20), puis il est saisi et jeté vivant dans l'étang de feu et de soufre (19.20 ; 20.10).

Prophètes, apôtres et inspiration

Les prophètes et les apôtres étaient les outils du Saint-Esprit pour la révélation. Les définitions ont à cet égard un grand impact sur les doctrines de l'inspiration, de l'inerrance, de l'infaillibilité, et donc de l'autorité de l'Écriture. Si ces rôles donnés par Dieu sont mal représentés, ultimement l'autorité de l'Écriture est minée, laissant le lecteur avec soit un texte teinté par l'humanisme, ou encore un canon malléable, influencé par les groupes œcuméniques ou par les personnages pseudo-inspirés qui sur un caprice offrent une nouvelle révélation. Si ces rôles donnés par Dieu sont correctement compris, le lecteur peut par conséquent saisir la nécessité de l'étude pour apprendre à manier habilement l'épée divine, et il abandonnera peut-être le labeur inutile d'essayer de l'aiguiser.

Autres théories de l'inspiration

Le libéralisme enseigne que la Bible contient la Parole de Dieu. La néo-orthodoxie enseigne que la Bible devient la Parole de Dieu (selon Karl Barth). La théorie de la dictée suggère que Dieu a dicté les mots sans utiliser aucunement la personnalité de l'auteur. La théorie de l'inspiration partielle ou du concept affirme que l'inspiration concerne seulement la doctrine et nie l'inerrance dans les autres aspects. La théorie de l'inspiration du talent soutient que Dieu a inspiré l'auteur plutôt que les mots. Chacune de ces théories est réfutée par une interprétation littérale de 2 Timothée 3.16 et 2 Pierre 1.21. Puisque l'Écriture est inspirée de Dieu, elle est à la fois irréfutable (exempte d'erreur) et infaillible (incapable d'erreur), et est ainsi l'autorité ultime pour toute chose.

LA CANONICITÉ

La canonicité traite de la *reconnaissance* par l'Église de l'autorité divine des livres de la Bible. En ce sens, la canonicité elle-même n'assure pas l'autorité de l'Écriture (c'est le rôle de Dieu), mais lui rend plutôt témoignage :

> La signification originale du mot canon peut être retracée jusqu'aux Grecs de l'Antiquité, qui l'utilisaient dans un sens littéral : un *kanon* était une canne, une baguette, une règle ou un bâton. Le mot grec *kanon* est probablement dérivé de l'hébreu *kaneh* (roseau), un terme de l'Ancien Testament qui désignait une règle [...] (Éz 40.3 ; 42.16) Galates 6.16 est plus près de la signification théologique du mot, lorsque Paul dit : « Paix et miséricorde sur tous ceux qui suivront cette règle [*kanon*] ».[84]

Pendant les premières générations de l'Église, l'idée du canon faisait principalement référence à la règle de la vérité ou à la règle de la foi[85]

---

84. Geisler and Nix, *A General Introduction to the Bible*, Chicago, Moody, 1986, p. 203-204.
85. F. F. Bruce, *The Canon of Scripture*, Downers Grove, Ill., Intervarsiy Press, 1988, p. 18.

reconnue comme provenant du Christ et des apôtres. Peu de temps après et aussi plus récemment, le terme en est venu à faire référence à la liste de livres considérés comme l'Écriture inspirée.

L'idée d'un canon fermé est soulignée dans plusieurs contextes : Deutéronome 4.2 et 12.2 mettent en lumière le caractère complet de la loi ; Amos 8.11 relève une interruption de nouvelles révélations pendant une période prolongée ; 1 Corinthiens 13.9-12 évoque la fin éventuelle des dons de révélation ; et Apocalypse 22.18,19 souligne l'exhaustivité parfaite de la révélation de Dieu à l'homme. F. F. Bruce souligne la réalité d'un canon fermé :

> Les mots « à quoi rien ne peut être ajouté [...] et à quoi rien ne peut être retranché » semblent certainement impliquer le principe d'un canon fermé [...] Un tel langage au sujet de l'interdiction d'ajouter ou de retrancher quoi que ce soit est utilisé par rapport aux différentes parties des deux Testaments.[86]

Il y a beaucoup de preuves pour démontrer la validité du canon, mais celle qui est probablement la plus significative et la plus forte est le sceau d'approbation de Christ sur les deux Testaments :

L'Ancien Testament

L'Ancien Testament hébreu, qui compte 24 livres, est connu comme la TaNaKh (un acronyme pour la Torah, les Nevi'im, et les Ketouvim). La Torah (la loi) est composée de la Genèse, de l'Exode, du Lévitique, des Nombres et du Deutéronome (De 31.24-26 indique que la Loi est complète [les cinq livres de Moïse], et il y est fait référence dans Jos 8.31 ; Né 8.1 – 9.38, etc.). Les Nevi'im (les prophètes) se composent de deux groupes : (1) les premiers : Josué, Juges, Samuel, Rois ; (2) les derniers : Ésaïe, Jérémie, Ézéchiel, et les douze (petits prophètes) qui incluent Osée, Joël, Amos, Abdias, Jonas, Michée, Nahum, Habakuk, Sophonie, Aggée, Zacharie, Malachie. (Les prophètes ont reconnu l'autorité d'autres prophètes : Zacharie cite les premiers prophètes [1.4 ; 7.7], soit les prophètes d'avant l'exil ; notez aussi Jé 7.25 ; Éz 38.17.

---

86. Ibid., p. 22.

Daniel 9.2 indique qu'au VIᵉ siècle av. J.-C., il y avait une collection de livres prophétiques.[87] Les Ketouvim (écrits) incluent trois groupes : (1) les Psaumes, les Proverbes et Job ; (2) les Megillot (rouleaux) : le Cantique des cantiques, Ruth, les Lamentations, l'Ecclésiaste, et Esther ; (3) Daniel, Esdras, Néhémie, et les Chroniques.

Le témoignage de Jésus dans Luc 11.50,51 indique que cette structure de base de la Bible hébraïque de Genèse à Chroniques était reconnue au temps de Jésus. Bien que le livre des Chroniques ne soit pas chronologiquement le dernier livre de l'Ancien Testament (les événements d'Esdras-Néhémie sont ultérieurs à ceux des Chroniques), ce fut apparemment le dernier livre à être ajouté au canon. Notez l'observation de Jésus : « qu'il soit demandé compte à cette génération du sang de tous les prophètes qui a été répandu depuis la création du monde, depuis le sang d'Abel jusqu'au sang de Zacharie, tué entre l'autel et le temple » (Lu 11.50*b*,51*a*). Abel fut le premier identifié dans l'Écriture (Ge 4.8) comme ayant été tué pour sa fidélité ; Zacharie, bien que n'étant pas le dernier chronologiquement, est le dernier énuméré dans les Chroniques (2 Ch 24.20-22), qui était traditionnellement le dernier livre de l'Ancien Testament hébraïque. Jésus souligne donc, par sa déclaration, la responsabilité de la génération d'alors pour tous les martyrs de l'Ancien Testament. Les propos de Wenham sur la validation par Christ de l'Ancien Testament sont particulièrement utiles :

> Jésus traite constamment le récit historique de l'Ancien Testament comme un relevé exact de faits. Il fait référence à Abel (Lu 11.51), Noé (Mt 24.37-39 ; Lu 17.26,27), Abraham (Jn 8.56), l'institution de la circoncision (Jn 7.22 ; voir aussi Ge 17.10-12 ; Lé 12.3), Sodome et Gomorrhe (Mt 10.15 ; 11.23,24 ; Lu 10.12), Lot, (Lu 17.28-32), Isaac et Jacob (Mt 8.11 ; Lu 13.28), la manne (Jn 6.31,49,58), le serpent dans le désert (Jn 3.14), David mangeant du pain consacré (Mt 12.3,4 ; Mc 2.25,26 ; Lu 6.3,4), David comme auteur des psaumes (Mt 22.43 ; Mc 12.36 ; Lu 20.42), Salomon (Mt 6.29 ; 12.42 ; Lu 11.31 ; 12.27), Élie (Lu 4.25,26), Élisée (Lu 4.27), Jonas

---

87. Ibid., p. 39.

(Mt 12.39-41 ; Lu 11.29,30,32), et Zacharie (Lu 11.51). Le dernier passage fait ressortir la profonde compréhension qu'avait Jésus de l'unité de l'histoire et de son ensemble. Son œil survole le cours entier de l'histoire depuis « la création du monde » jusqu'à « cette génération ». Il fait souvent référence à Moïse comme à celui qui a donné la loi (Mt 8.4 ; 19.8 ; Mc 1.44 ; 7.10 ; 10.5 ; 12.26 ; Lu 5.14 ; 20.37 ; Jn 5.46 ; 7.19). Il mentionne fréquemment les souffrances des prophètes (Mt 5.12 ; 13.57 ; 21.34-36 ; 23.29-37 ; Mc 6.4 [voir aussi Lu 4.24 ; Jn 4.44] ; 12.2-5 ; Lu 6.23 ; 11.47-51 ; 13.34 ; 20.10-12) et commente la popularité des faux prophètes (Lu 6.26). Il appose le sceau de son approbation sur des passages significatifs tels que Genèse 1 et 2 (Mt 19.4,5 ; Mc 10.6-8). Ces citations sont prises par notre Seigneur plus ou moins au hasard dans différentes parties de l'Ancien Testament, et certaines périodes de son histoire sont couvertes plus que d'autres. Pourtant, il est évident qu'il connaissait bien [...] l'Ancien Testament et qu'il considérait toutes ses parties au même titre comme des faits historiques.[88]

(Voir aussi 2 S 23.2 ; Éz 2.2 ; 8.3 ; 11.1,24 ; Mi 3.8 ; Mt 22.43 ; Ac 1.16 ; 4.25 ; 28.25 ; Hé 3.7 ; 9.6-8 ; 10.15 ; Lu 24.44, etc.) La validité de l'Ancien Testament tourne autour de l'autorité et du témoignage de Jésus-Christ.

Le Nouveau Testament

Christ, en promettant la venue du Saint-Esprit, a précisé son rôle de révélation et d'inspiration des écrits du Nouveau Testament (Jn 16.12–15), et mandaté les apôtres de témoigner de la vérité qu'il révélerait (Mt 10.14,15 ; 28.19 ; Lu 10.16 ; Jn 13.20 ; 15.27 ; 16.13 ; 17.20 ; Ac 1.8 ; 9.15-17 ; comparez Ex 4.15 et 1 Co 14.37 ; Ap 22.19). Les apôtres déclarent donc que leurs écrits sont inspirés (voir les affirmations de Paul dans 1 Co 2.13 ; 14.37 ; Ga 1.7,8 ; 1 Th 4.2,15 ; 2 Th 3.6,12,14). Ceux qui sont spécifiquement désignés comme apôtres sont auteurs de la majeure partie des écrits du Nouveau Testament.

---

88. John Wenham, « Christ's View of Scripture », dans *Inerrancy*, Norman Giesler, éd., Grand Rapids, Mich., Zondervan, 1980, p. 6-7.

Auteur	Livre(s) du N. T.	Identifié comme apôtre
Matthieu	Évangile de Matthieu	Mt 9.9
Jean	Évangile de Jean, 1, 2 et 3 Jean, Apocalypse	Mc 1.19
Paul	Romains, 1 et 2 Corinthiens, Galates, Éphésiens, Philippiens, Colossiens, 1 et 2 Thessaloniciens, 1 et 2 Timothée, Tite, Philémon	Ac 9.4-6
Jacques	Épître de Jacques	Ga 1.19
Pierre	1 et 2 Pierre	Mt 4.18

Cependant, ce ne sont pas tous les livres du Nouveau Testament qui ont été écrits par des apôtres. Les auteurs qui n'avaient pas le statut d'apôtre ont toutefois certainement reçu le don de prophétie (tel qu'indiqué dans 1 Co 13.8-13), et chacun a eu un ministère significatif en association directe avec les apôtres.

Auteur	Livre(s) du N. T.	Identifié avec apôtre(s)
Jean Marc	Évangile de Marc	Paul, 2 Ti 4.11
Luc	Évangile de Luc Actes des Apôtres (Hébreux ?)	Paul, 2 Ti 4.11
Apollos Barnabas ? Luc ?	Hébreux	Paul, 1 Co 16.12 les apôtres, Ac 4.36 ; Paul (Saul) Ac 11.24-26 ; *Voir ci-dessus*
Jude	Jude	Jacques, Jude 1 ;

Puisque les livres de la Bible portent le sceau de l'autorité divine et qu'ils ont été reconnus comme inspirés dès le commencement, et éventuellement par l'Église, le Nouveau Testament sous sa forme actuelle a finalement été reconnu par le troisième Concile de Carthage (397 apr. J.-C.). Bahnsen reconnaît l'importance de ce sceau divin :

> La foi chrétienne est basée sur la révélation que Dieu donne de lui-même, et non sur les opinions contradictoires ou les spéculations douteuses des hommes. Comme l'apôtre Paul l'a écrit :

« que votre foi soit fondée, non sur la sagesse des hommes, mais sur la puissance de Dieu » (1 Co 2.5). Le monde dans sa propre sagesse ne pourra jamais comprendre ou chercher Dieu (Ro 3.11) mais ne peut que supprimer ou tordre la vérité à cause de son impiété (Ro 1.18,21). Ainsi Paul a conclu que « le monde, avec sa sagesse, n'a point connu Dieu » (1 Co 1.21), et il souligne le contraste entre « les paroles que la sagesse humaine enseigne » et celles que « Dieu nous a révélées par l'esprit » (1 Co 2.10,13). À la lumière de ce contraste, nous devons voir que le message apostolique n'est pas issu des discours persuasifs de la sagesse ou de la perspicacité humaine (1 Co 2.4). La lumière de la connaissance de la gloire de Dieu sur la face de Christ était, telle qu'ils l'ont dit, « de Dieu et non de nous-mêmes » (2 Co 4.6,7). Paul a remercié Dieu de ce que les Thessaloniciens ont reçu son message « non comme la parole des hommes, mais, ainsi qu'elle l'est véritablement, comme la parole de Dieu » (1 Th 2.13). Comme Pierre l'a écrit, « ce n'est pas par une volonté d'homme qu'une prophétie a jamais été apportée, mais c'est poussés par le Saint-Esprit que des hommes ont parlé de la part de Dieu » (2 Pi 1.21). Paul a dit des écrits sacrés qui nous rendent sages à salut que chacun d'entre eux est « insufflé de Dieu », inspiré par Dieu (2 Ti 3.15-17). C'est pour cette raison que l'Écriture est utile pour notre doctrine, notre correction, et notre instruction.[89]

LA CRITIQUE BIBLIQUE

La critique biblique/textuelle examine les preuves internes et externes afin d'arriver à des conclusions telles que les dates d'écriture et l'identité de l'auteur des livres, ainsi que la légitimité des lectures textuelles. Tandis que la critique biblique/textuelle peut être un outil valable pour la compréhension du contexte dans lequel les livres de la Bible furent écrits, certains l'utilisent pour miner l'autorité de l'Écriture, ayant des motifs malhonnêtes et employant des méthodes tordues avec pour résultat une suppression de l'autorité de l'Écriture. Cette approche est généralement appelée la *critique libérale*, et n'a pas

---

89. Greg Bahnsen, « The Concept and Importance of Canonicity », dans *Antithesis*, vol. 1, n° 5.

comme objectif simplement de comprendre les livres, mais cherche plutôt à détruire complètement l'autorité des livres. Il y a généralement deux écoles de critique biblique : la haute critique, s'intéressant aux questions d'authentification d'auteurs et de contexte, etc., et la basse critique, traitant des manuscrits eux-mêmes.

Quelques éléments de la haute critique[90]

(1) Au sujet de la Torah

Le statut de Moïse comme auteur de la Torah (le Pentateuque – les cinq premiers livres de la Bible) est confirmé dans toute l'Écriture ; ainsi le littéraliste biblique conclura que Moïse en est effectivement l'auteur.[91] Il y a dans la Torah de nombreuses affirmations de la paternité de Moïse, comme d'autres livres de l'Ancien Testament contiennent des propos de même nature,[92] et Christ lui-même a identifié Moïse comme auteur des cinq premiers livres à plus de 15 occasions répertoriées.[93] Notamment, dans Luc 24.44, Il se réfère à l'Ancien Testament en entier, divisé – comme les Juifs de cette époque le reconnaissaient – en trois catégories : « la loi de Moïse, les prophètes, et les psaumes. »

C'est seulement ces dernières années que certains ont remis en question la paternité de Moïse de ces livres, le plus significativement par Julius Wellhausen (1844-1918). Wellhausen a plaidé pour la théorie documentaire, également connue comme la théorie JEDP, qui suggérait que plusieurs hommes étaient responsables de la rédaction de la Torah :

« J » est pour « Jahviste », puisque ce supposé auteur a semblé préférer employer le nom Jéhovah (en hébreu, Yahweh) pour décrire Dieu. Cet auteur a écrit vers 850 av. J.-C. Exode 34.10-26 aurait

---

90. Cette section contient des extraits édités et adaptés du livre de Christopher Cone (*The Promises of God: A Bible Survey*, Arlington Exegetica, 2005).
91. Ex 17.14 ; 24.4 ; 34.27 ; No 33.1,2 ; De 31.9.
92. Jos 1.8 ; 8.31 ; 1 R 2.3 ; 2 R 21.8 ; Esd 6.18 ; Né 13.1 ; Da 9.11-13 ; Ma 4.4.
93. Mt 8.4 ; 19.7,8 ; Mc 1.44 ; 7.10 ; 10.3-5 ; 12.26 ; Lu 5.14 ; 16.29-31 ; 24.44 ; Jn 5.45,46 ; 7.19-22.

prétendument été écrit par « J », pourtant Exode 34.27 atteste clairement que l'auteur en est Moïse.

« E » est pour « Élohiste », car cet auteur a employé le mot hébreu Élohim pour désigner Dieu. Ses ouvrages ont été écrits autour de 750 av. J.-C. Exode 17.8-13 et 20.22 – 23.33 sont les exemples supposés du travail de cet auteur, néanmoins Exode 17.14 et 24.4 se rapportent à Moïse comme auteur.

« D » est pour « Deutéronomiste » – le rédacteur anonyme de l'an 650 av. J.-C., qui a édité et combiné les documents « J » et « E » pour arriver au récit deutéronomique. Deutéronome 5 – 30 et 32.1-42 tombent supposément dans cette catégorie, mais encore une fois Deutéronome 31.9 et 32 démontrent que ce livre a été rédigé par Moïse.

« P » est pour prêtre – un supposé auteur principalement du Lévitique – mais aussi d'autres sections sacerdotales et institutionnelles. Lévitique 18.5 est soi-disant un exemple : encore cette fois, Romains 10.5 montre que l'auteur du Lévitique ne peut être autre que Moïse. Comparez en outre Nombres 33.3-49 et Nombres 33.2.

Cette forme de critique suppose que parce qu'il y a des variances dans le style d'écriture et parce qu'il se trouve dans ces livres une gamme très large de sujets, d'époques et d'informations traitées, ce ne pourrait pas être le travail d'un seul auteur ; la théorie écarte complètement l'idée du travail d'inspiration et de révélation de Dieu.

Tandis que Wellhausen n'était pas l'instigateur de cette théorie (Richard Simon, un prêtre catholique, a proposé en 1678 l'hypothèse qu'il y avait deux auteurs du Pentateuque. Plus tard, Jean Astruc [1684-1766] et Johann Eichhorn [1752-1827] en ont avancé la théorie), il en a été le plus ardent défenseur. L'enjeu ici n'est pas simplement la question de savoir qui a écrit ces livres. Le processus par lequel Wellhausen et d'autres arrivent à leurs conclusions est dangereux, comme Gleason Archer le précise :

> La théorie documentaire a été caractérisée par un raisonnement circulaire ; elle tend à présupposer sa conclusion (la Bible n'est pas une révélation surnaturelle) comme prémisse de base (une révélation surnaturelle ne peut exister)… Malheureusement… cela rend impossible toute considération honnête des preuves présentées

par l'Écriture sur la révélation surnaturelle. En outre, cela devenait absolument obligatoire de trouver des explications rationalistes et humanistes de chaque fait ou épisode miraculeux ou manifestation de Dieu dans le texte de l'Écriture.[94]

Il est impératif que l'étudiant de la Bible reconnaisse le conflit entre les affirmations bibliques et celles de la critique libérale. Elles sont mutuellement exclusives ; par conséquent, nous devons choisir, soit de reconnaître le travail souverain et surnaturel de Dieu se révélant à nous, soit de le rejeter complètement. Toutefois, malgré le manque de clarté des arguments ou intentions des détracteurs de la paternité de Moïse, la Bible affirme clairement que Moïse fut le messager choisi par Dieu pour écrire la Torah.

(2) Au sujet d'Ésaïe

En raison de la nature prédictive du ministère d'Ésaïe, certains critiques modernes (déjà à la fin du XVIIIe siècle) ont soutenu une théorie documentaire concernant la paternité d'Ésaïe. On suggère qu'en plus de l'Ésaïe historique, qui a écrit les trente-neuf premiers chapitres, il y avait un rédacteur qui vivait à Babylone après la chute de Jérusalem et qui a complété la dernière partie du livre (justifiant de ce fait des mentions prophétiques de la chute prochaine de la ville), et qui est généralement connu sous le nom de Deutéro-Ésaïe. Certains mentionnent même un troisième auteur, Trito-Ésaïe. Ces méthodes critiques sont injustifiables et visent simplement à réfuter l'aspect miraculeux de la prophétie prédictive avec laquelle Dieu a révélé son plan. Cependant, les traditions juives, tout comme les auteurs du Nouveau Testament, reconnaissent Ésaïe comme auteur authentique : Matthieu attribue Ésaïe 40.3 et 42.1 à Ésaïe (Mt 3.3, et 12.17,18). Luc reconnaît qu'Ésaïe est l'auteur de 40.3-5 (Lu 3.4) et 53.7,8 (Ac 8.28). Paul reconnaît également qu'Ésaïe a écrit la dernière partie du livre, attribuant Ésaïe 53.1 et 65.1 à Ésaïe (Ro 10.16,20). L'autorité et la légitimité de la paternité d'Ésaïe ont été attestées par Christ lui-même, car il a cité tant la première section du livre (És 29.13 dans Mt 15.8-9),

---

94. Gleason Archer, *A Survey of Old Testament Introduction*, Chicago, Moody Press, 1995, p. 113.

que la dernière (És 61.1 dans Mt 11.5), comme authentiques et prophétiques à son sujet.

(3) Au sujet de Daniel
En raison de la précision étonnante des prophéties de Daniel, des critiques ont suggéré une date ultérieure de 167 av. J.-C., citant le placement du livre dans le ketuvi'im plutôt que dans le nebi'im (cette conclusion ne tient pas compte du fait que Daniel n'a pas agi en tant que prophète au même titre que les auteurs du nebi'im ; en effet il était plutôt un chef d'État servant sous les Chaldéens). Keil dit à propos du livre de Daniel :

> Sa situation dans le canon dans le Kethubim correspond à la position que Daniel a occupée dans le royaume de Dieu sous l'Ancien Testament ; le soi-disant manque de références au livre et à ses prophéties dans Zacharie et dans le livre [apocryphe] de Jésus Sirach, lorsque soumis à un examen approfondi, ne se vérifie pas : non seulement Jésus Sirach et Zacharie connaissaient et comprenaient les prophéties de Daniel, mais même Ézéchiel cite Daniel comme un modèle de droiture et de sagesse.[95]

Il y a d'autres questions internes qui ont préoccupé les critiques, tels que la présence de termes teintés de grec dans le texte ; toutefois, l'archéologie (en particulier dans les ruines de Ninive) a démontré que l'influence grecque se faisait sentir même avant l'époque de Daniel.[96] Également préoccupante est l'erreur apparente de Daniel 1.1 qui identifie l'invasion de Nebuchadnetsar comme ayant eu lieu la troisième année de Jojakim, tandis que Jérémie 46.2 indique qu'elle a eu lieu la quatrième année de Jojakim. Ceci est facilement expliqué par la différence entre les calendriers juif et chaldéen, avec Jérémie écrivant de la perspective du calendrier juif, alors que Daniel écrivait de la perspective du calendrier chaldéen. Il est difficile pour certains d'accepter le livre de Daniel, car il décrit l'avenir du monde,

---

95. Keil et Delitzsch, *Commentary on the Old Testament: Ezekiel and Daniel*, Peabody, Mass., Hendrickson, 2001, p. 507.

96. Ibid.

il est communiqué avec précision et avec intention, et trouvera son accomplissement ultime dans le royaume de Jésus-Christ.

(4) Au sujet des Évangiles

Des caractéristiques distinctes lient Matthieu, Marc et Luc, alors que l'Évangile de Jean est seul dans son contexte. Les trois premiers Évangiles rapportent plusieurs événements de la vie de Christ en détail, alors que le quatrième se concentre sur sept signes spécifiques, démontrant la divinité de Christ. Les trois premiers fournissent un récit plus détaillé des événements du ministère terrestre de Jésus, tandis que Jean énonce sans détour que son intention est de relever seulement l'information qui aurait comme conséquence une foi à salut en Christ :

> Jésus a fait encore, en présence de ses disciples, beaucoup d'autres miracles, qui ne sont pas décrits dans ce livre. Mais ces choses ont été écrites afin que vous croyiez que Jésus est le Christ, le Fils de Dieu ; et qu'en croyant vous ayez la vie en son nom (Jn 20.30,31).

On suggère souvent dans les temps modernes que Marc ait écrit le premier, parce que son récit était plus bref que Matthieu ou Luc, parce qu'une grande partie de l'information dans l'Évangile de Marc peut être aussi bien trouvée dans Matthieu et Luc, et en raison des améliorations grammaticales apparentes dans Matthieu et Luc. Il semble que Marc a écrit entre 50-60 apr. J.-C. ; et bien qu'il soit possible qu'il ait été le premier auteur, cela est peu probable. La plupart de ceux qui avancent que Marc a écrit tôt supposent également que Matthieu et Luc se sont inspirés de son récit, à cause des raisons précédemment mentionnées.

Matthieu était le seul des trois premiers évangélistes à avoir été un témoin oculaire de Jésus. Étant l'un des douze apôtres de Christ il était très au fait des enseignements et des œuvres du Sauveur. Il semble plus logique que sa proximité avec Christ lui ait permis de rédiger un Évangile « original » – ou à tout le moins d'un point de vue humain, quelqu'un qui avait été avec Jésus ne devrait pas logiquement emprunter de l'information à un individu qui n'avait pas eu cette proximité. Il est fort probable que Matthieu ait en effet écrit le premier et que sa source d'information fut sa propre expérience, ainsi que l'œuvre du Saint-Esprit. Cette position était universellement tenue dans l'Église primitive, et par conséquent l'Évangile de Matthieu a toujours été placé en premier dans le Nouveau Testament.[97] Matthieu pourrait avoir écrit dès 37-39 apr. J.-C., mais presque certainement pas plus tard qu'en 45 apr. J.-C., ce qui précéderait l'Évangile de Marc d'au moins plusieurs années.

Luc a clairement « emprunté » de l'information, comme il l'affirme emphatiquement au début de son Évangile (1.1-3), probablement de Matthieu, de Marc et possiblement aussi du témoignage d'autres disciples. Il ne s'excuse pas pour son utilisation de sources pour compiler son Évangile. Néanmoins, l'autorité de ses écrits n'est certainement pas compromise, car il possède l'autorité d'un compagnon de Paul à tout le moins, était un missionnaire à part entière, et porte la marque indubitable de la vérité sur son Évangile.

Jean a assurément écrit son Évangile avant la destruction de Jérusalem en 70 ap. J.-C., en partie à cause d'une référence à Jérusalem au présent (5.2). Il est devenu populaire de supposer que Matthieu et Luc aient emprunté à Marc, mais la critique moderne va plus loin et affirme quelque chose comme :

Selon la théorie, Marc a écrit le premier Évangile, basé sur l'autorité de Pierre, et parallèlement au document source hypothétique appelé « Q. » Matthieu a ensuite écrit, empruntant de sources uniques, à Marc, et à Q. Enfin, Luc a écrit, mais n'a pas utilisé les sources uniques de Matthieu ; en fait il n'a pas utilisé Matthieu du tout, mais plutôt Marc et Q, de même que ses propres sources uniques.

Cette théorie cherche à expliquer des similitudes et des ressemblances difficiles dans le récit de l'Évangile, mais elle crée plus de problèmes qu'elle n'en résout. D'abord, elle suppose que Dieu n'a pas inspiré les mots de ces différents hommes de façon indépendante, mais qu'ils ont plutôt utilisé des sources humaines pour glaner leur information ; et tandis que Luc révèle son utilisation

---

97. Jamieson, Fausset, et Brown, *Bible Commentary*, Peabody, Mass., Hendrickson, 2002, vol. 3, xxvii.

de sources (qui pourraient très bien avoir été les autres évangiles, ou alors d'autres traditions orales des apôtres qui n'ont pas été relevées dans les évangiles), Matthieu et Marc ne le font pas, ce qui demande à l'hypothèse documentaire un saut spéculatif. En second lieu, elle suppose qu'un témoin oculaire de Jésus (Matthieu) ait emprunté à quelqu'un qui n'était pas avec Jésus (Marc), créant une contradiction logique dans cette hypothèse. Finalement, elle présente d'« autres sources, » incluant « Q, » pour lequel il n'y a aucune preuve historique ou biblique ; c'est encore une fois trop spéculatif et hypothétique, et au final attaque l'autorité du texte.

Considérer la haute critique : la relation entre l'authenticité et l'autorité[98]

John Locke a habilement identifié le problème central de l'autorité biblique : il a expliqué que si tout le saint conseil doit être également considéré comme inspiré de Dieu, alors beaucoup de questions surgissent concernant la foi chrétienne[99] ; cependant, s'il ne doit pas être ainsi considéré, dans ce cas l'autorité du texte peut être mise en doute et ultimement minée, et ainsi la foi chrétienne se désintègre.[100] C'est en effet tout un problème que Locke a exposé. Si le texte n'est pas inspiré, alors les exercices herméneutiques n'ont aucune pertinence sauf pour l'appréciation littéraire. Par conséquent, l'autorité du texte est alors primordiale. Comment donc la critique biblique influence-t-elle la discussion ? En outre, que peut-on dire de l'autorité après que le texte ait été soumis aux méthodes critiques ?

Louis Wallis a récapitulé avec un vif intérêt la montée de la critique biblique, observant avec justesse qu'elle ne provient pas des esprits des érudits allemands, mais eut en fait une genèse plus

---

98. Réimpr. avec l'autorisation de Christopher Cone, « Considering Higher Criticism: The Relationship of Authenticity to Authority », dans *Journal of Dispensational Theology*, vol. 16, n° 47 (Avril 2012), p. 7-22.

99. E. S. de Beer, éd., *The Correspondence of John Locke*, 8 vol., Oxford, Clarendon Press, 1979, vol. 2, p. 748-751.

100. John Marshall, *John Locke: Resistance, Religion and Responsibility*, Cambridge, Mass., Cambridge University Press, 1994, p. 340.

éclectique. Ses commentaires ont tracé la progression du mouvement du XIIe au XVIIIe siècle, et leur exhaustivité et leur concision nous poussent à les détailler ici. Wallis a décrit la montée de la critique biblique comme suit :

> [...] distinctement anticipée par un juif espagnol, Ibn Ezra, le théologien biblique le plus éminent du Moyen Âge, déjà au XIIe siècle apr. J.-C. L'idée fut reprise par le théologien anglais Hobbes dans son livre, *Le Léviathan*, publié en 1651 ; par le Français Isaac La Peyrère dans son livre, *Les Préadamites*, publié en 1655 ; et par le philosophe juif Spinoza d'Amsterdam en Hollande, dans *Tractatus Theologico-Politicus*, publié en 1670. Pendant ce temps, le Français Louis Cappellus en 1650 a publié sa *Critica Sacra*, démontrant l'état imparfait et faillible des points-voyelles en hébreu. En 1678, Richard Simon, un autre Français, a publié un volume intitulé *Histoire critique de l'Ancien Testament*, démontrant que la Loi mosaïque (la Torah) a été compilée et éditée plusieurs siècles après l'ère mosaïque. En 1753 apparut un ouvrage d'Astruc, un auteur français, identifiant les soi-disant documents Jahvistes et Élohistes dans la Genèse. En 1800 fut publié *Remarques critiques* d'Alexander Geddes, un Écossais, qui a nié la paternité de Moïse du Pentateuque. Et bien que les érudits allemands du XIXe siècle aient fait plus pour l'interprétation biblique que les érudits d'autres pays, ils ont été égalés en perspicacité critique pendant cette période par Renan de France, Colenso d'Angleterre et Kuenen de la Hollande.[101]

Fait à noter, deux des premiers critiques cités par Wallis (à savoir Ibn Ezra et Spinoza), ont construit leur argumentation sur des traditions antérieures. Fred G. Bratton a suggéré qu'ils aient emprunté aux Talmudistes, « qui ont relevé des masses d'anomalies et de contradictions dans l'Ancien Testament »[102]. Bratton a fourni une série d'exemples, citant des observations « de l'un que le déluge n'était pas une catastrophe mondiale mais un évènement local, d'un

---

101. Louis Wallis, « The Paradox of Modern Biblical Criticism », *The Biblical World* 52 (juillet 1918), p. 42-43.

102. Fred G. Bratton, « Precursors of Biblical Criticism », *Journal of Biblical Literature* 50 (1931), p. 180.

autre que Moïse et Élie ne sont pas montés au ciel, et d'un troisième que les oiseaux qui ont nourri Élie étaient humains ».[103]

Au IXe siècle, Hivi[104] s'est penché sur des difficultés de la Bible, trouvant des solutions à certaines d'entre elles en attente de « l'exégèse rationaliste »[105]. Un autre intellectuel, dont le nom est inconnu mais dont son ouvrage du XIe siècle a été décrit par Schecter, a investigué chaque anomalie perçue de l'Ancien Testament.[106] Les premiers Talmudistes, et ces deux critiques textuels venus ensuite (en plus d'Origène et de son apologétique herméneutique), démontrent que la critique biblique n'est pas seulement une préoccupation moderne. Néanmoins, la modernité a donné l'impulsion à un tel degré d'expertise dans la critique biblique que l'inspiration du texte – et par conséquent son autorité comme fondement moral – a été largement remise en question.

Écrivant au XIIe siècle, Abraham Ibn Ezra a remis en cause la paternité de Moïse du Pentateuque sur la base d'un langage rétrospectif qui semblait bien au-delà de l'époque de Moïse. De plus, Ezra était le premier à affirmer la paternité plurielle du livre d'Ésaïe, disant, par exemple, que des références à Cyrus (comme libérateur d'Israël) ne pouvaient pas avoir été écrites par l'Ésaïe du VIIIe siècle.[107] En dépit de sa remise en question du texte dans cet aspect spécifique, il avait un grand respect pour lui, le considérant digne d'étude. Sa compréhension précise de la langue hébraïque lui a permis d'offrir des clarifications là où d'autres n'y parvenaient pas ; ceci lui a donné un degré si élevé de crédibilité qu'il est perçu comme représentant un lien essentiel entre la théologie biblique ancienne et moderne.[108]

---

103. Ibid., p. 180.
104. Talmudiste tel que cité par ibid. p.180.
105. Ibid.
106. Ibid.
107. Ibid., p. 181.
108. Ibid.

Hobbes a repris la discussion en 1651 dans le trente-troisième chapitre de son *Léviathan*,[109] dans lequel il a remis en cause la paternité de Moïse. Il a discuté quelques cas spécifiques qui semblent semer le doute sur la paternité de Moïse de la Torah. Il a cité Deutéronome 34, qui inclut le récit de la mort de Moïse (c.-à-d. comment il est monté sur une montagne pour porter ses regards sur la terre promise dans laquelle il lui a été interdit d'entrer à cause d'un moment de rébellion, comment il est mort, et comment Dieu a disposé de son corps de sorte qu'il n'a jamais été découvert). Hobbes a affirmé que Moïse ne pourrait pas avoir écrit le récit de sa propre mort et de son enterrement. Il a cité Genèse 12.6 qui emploie l'expression « tandis que les Cananéens étaient dans le pays ». Pendant la vie de Moïse, les Cananéens n'étaient pas dans le pays, et ils n'en ont pas été ôtés jusqu'à la conquête de l'époque de Josué ; ainsi Hobbes a déclaré que Moïse ne pouvait pas avoir écrit ce passage. En outre, Nombres 21.14 fait référence au livre des Guerres de l'Éternel, que Hobbes a estimé être l'œuvre de Moïse, et donc Nombres aurait été écrit après l'époque mosaïque. Hobbes n'a pas eu l'intention de démolir l'autorité du texte ; cependant, il a indiqué que Moïse a effectivement dit tout ce qui est rapporté comme étant ses paroles, ainsi le texte n'est pas malhonnête ; seulement Moïse n'a pas écrit tout ce que la tradition lui attribue.

Tandis que le motif de Hobbes n'était pas de redéfinir Dieu, celui de Benedict Spinoza l'était. Il a souligné l'immanence de Dieu, soutenant que Dieu était moniste et impersonnel, et qu'il était révélé dans les lois de la nature et devait être compris par la raison. La méthode critique de Spinoza est évidente dans son *Tractatus Theologico-Politicus* (1670), et est caractérisée par un processus herméneutique triple, qui supposait que l'Écriture devrait être étudiée de la même manière que la nature : à la lumière de la raison. *D'abord*, il s'est intéressé à l'analyse linguistique de la période d'écriture, ce qui impliquait l'analyse détaillée du texte hébreu et des développements de la langue hébraïque elle-même. *Ensuite*,

---

109. Thomas Hobbes, *Leviathan*, éd., Richard Tuck, Cambridge, Cambridge University Press, p. 260-268.

il a promu l'organisation systématique par sujet du texte sous des en-têtes, afin que lorsque les interlocuteurs interprètent ils aient à leur disposition d'autres passages semblables et reliés. Enfin, il s'est concentré intensément sur la méthode de la formation textuelle. Le processus final a constitué son plus important accomplissement dans la critique biblique alors qu'il considérait le contexte de l'auteur, son arrière-plan, sa motivation, sa limitation, son éducation, et une multitude d'autres facteurs. Spinoza a fait de la formation textuelle une étape critique dans le processus de vérification de la signification véritable d'un texte.

À la suite de ses recherches, Spinoza a rejeté la paternité de Moïse en tenant compte de ce qu'il considérait comme des passages rétrospectifs et des anachronismes. Il a affirmé que le Pentateuque de même que Josué et les Juges étaient le travail de rédacteurs plus tardifs, tels qu'Esdras, le scribe. Spinoza considérait aussi Néhémie comme ayant probablement été écrit au IIe siècle av. J.-C., les Proverbes pour être postexiliques, les Chroniques pour être si douteuses qu'elles ne devraient pas être incluses dans le canon, Jérémie pour être l'œuvre d'une pluralité d'auteurs, Job comme ayant été au départ un poème païen, et Daniel comme inauthentique.[110]

Spinoza a identifié deux types d'Écriture : (1) la théologie prophétique, qui était au-delà de la raison et pouvait être comprise seulement à partir de l'Écriture elle-même ; et (2) le récit, dont Spinoza était décidément critique. Sa perception était que les auteurs de récits avaient très mal représenté Dieu, soit comme essentiellement une cause secondaire plutôt que comme la cause efficace immédiate. Spinoza a pris position contre le dualisme Dieu/nature, suggérant qu'il n'y avait pas de dichotomie ni de distinction : Dieu et la nature sont un. Par conséquent, Spinoza a également affirmé qu'il n'y a ni commencement ni fin, c'est-à-dire aucune téléologie (aucun but et aucune cause), et donc sa critique biblique a mené à (ou a été basée sur) une redéfinition importante de Dieu. Tenant compte des conclusions de Spinoza, Bratton lui a attribué le mérite d'avoir eu un impact immense sur la compréhension moderne de la Bible,

---

110. Bratton, « Precursors of Biblical Criticism », p. 183.

en particulier dans sa démonstration «que la Bible n'est pas un livre mais plusieurs, venant de différentes périodes de l'histoire et présentant différents degrés d'inspiration.»[111]

La conclusion de Spinoza que le texte n'est pas sans équivoque est d'une importance particulière dans le contexte de la présente discussion, et si l'argument doit être apporté pour l'indubitabilité et par conséquent pour l'autorité du texte, alors les critiques de Spinoza ne peuvent être ignorées.

Richard Simon a écrit son *Histoire critique du Vieux Testament* à Paris en 1678, qu'il a publié dans une version plus complète sept ans plus tard. Sa *Critique* se composait de trois livres : le premier était une critique biblique, se concentrant sur des méthodes historiques juives et la paternité de Moïse ; le deuxième était un compte rendu des diverses traductions de l'Ancien Testament (il s'est fié au texte massorétique et à la version des Septante en grec, percevant les manuscrits hébreux antérieurs de l'Ancien Testament comme étant trop obscurs pour soutenir la devise *sola Scriptura* – seulement l'Écriture) ; et le troisième était un relevé des principaux commentateurs de l'Ancien Testament. En plus, il a rédigé trois critiques du Nouveau Testament, mais pour tout son travail, son accomplissement suprême fut sa théorie selon laquelle, dans toute l'histoire juive, il y avait une tradition d'archivage historique et une succession continue d'analystes qui ont accompli cette tâche. Simon a présumé que c'était de ce groupe que Moïse et d'autres auteurs bibliques auraient emprunté.[112]

Jean Astruc a écrit son *Conjectures sur la Genèse* en 1753 pour contrer, notamment, les critiques de Hobbes et de Spinoza sur la fiabilité biblique. Astruc a utilisé des méthodes contemporaines, y compris celles d'Eichhorn et de Wilhelm de Wette (père de l'école de la critique historique) afin d'offrir une critique biblique bien à lui. Il s'est concentré sur les doublets (répétitions de récits historiques) et les distinctions stylistiques entre les passages qui ont appelé Dieu YHWH et ceux qui l'ont appelé Élohim, et a ainsi conclu qu'il y avait

---

111. Ibid., p. 184.
112. Wallis, « The Paradox of Modern Biblical Criticism », p. 43.

deux auteurs de la Genèse (l'un étant Moïse).¹¹³ Les conclusions d'Astruc furent la matière première de l'hypothèse documentaire de Wellhausen qui parut plus d'un siècle plus tard.

Julius Wellhausen a proposé sa théorie documentaire dans son ouvrage *Prolegomena zur Geschichte Israels* (Introduction à l'histoire d'Israël). Sur la base des considérations d'Astruc sur les distinctions stylistiques, l'hypothèse de Wellhausen est identifiée comme la théorie JEDP, un acronyme pour les différents auteurs que Wellhausen considère comme ayant été impliqués dans la transmission initiale du texte. Le J est pour le Jahviste (JHVH la transcription latinisée de YHWH), le E est pour l'Élohiste, le D est pour le Deutéronomiste ou le rédacteur (peut-être celui responsable des nombreux doublets), et P est pour le prêtre qui aurait écrit le Lévitique, etc. Wallis a décrit la critique de Wellhausen comme étant si influente que l'« étude biblique a pris partout un tout nouveau départ ».¹¹⁴

Par conséquent, les critiques de Hobbes trouvent leur réalisation dans la théorie de Wellhausen, et finalement la valeur normative du texte – selon cette théorie – comme autre chose qu'un commentaire culturel et (dans une certaine mesure) historique peut être légitimement remise en cause. Tandis que l'approche répond à un aspect des notions de Locke,¹¹⁵ ce faisant elle mine ultimement l'autorité du texte. D'ailleurs, la critique biblique a progressé au-delà de Wellhausen. Sur la trame de fond de la Première Guerre mondiale, Wallis a interprété le rôle de la critique biblique dans le contexte du développement social. Notamment, Wallis a considéré le texte biblique – en dépit des allégations portées contre lui par les critiques textuels – comme un élément fondamental dans le développement d'une nouvelle conscience sociale qui accorderait une priorité, par l'intermédiaire d'une mentalité démocratique (retirant le pouvoir

---

113. Ana M. Acosta, « Conjectures and Speculations: Jean Astruc, Obstetrics, and Biblical Criticism in Eighteenth Century France », *Eighteenth-Century Studies* 35 (Hiver 2002), p. 257-259.

114. Wallis, « The Paradox of Modern Biblical Criticism », p. 46.

115. Le texte est soit complètement et également inspiré, ou pas du tout. La théorie de Wellhausen conclut qu'il ne l'est pas, et par conséquent prend pour acquise la valeur éthique de la Bible.

interprétatif de l'autocratie et le donnant au peuple), pour que cette génération déchirée par la guerre puisse « avancer à travers les flammes de la guerre »[116] vers une ère plus lumineuse. L'optimisme de Wallis porte en son sein une contradiction notable. Il a suggéré que l'on n'a pas besoin d'orthodoxie, mais « d'un conservatisme qui maintient toutes les valeurs religieuses enchâssées dans l'Écriture, »[117] pourtant la critique biblique qu'il a louangée crée une condition dans laquelle les frontières entre la vérité et la fausseté dans un sens propositionnel sont au mieux obscurcies.

W. R. Taylor a diagnostiqué le problème et a tenté un traitement, et ce faisant il n'en a que mieux illustré le problème. Il a suggéré, « nous devrions être prêts à abandonner l'indéfendable pour concentrer notre attention sur les qualités essentielles des oracles sacrés tandis que le temps et la recherche nous les présentent d'une manière de plus en plus nette ».[118] L'évaluation de Taylor suscite plusieurs questions. Quelles valeurs devraient être maintenues, et lesquelles rejetées ? Lesquelles sont indéfendables et lesquelles sont essentielles ? Sans prendre une approche propositionnelle – tel que celle utilisée par James Nash – c'est là une question à laquelle il est impossible de répondre avec certitude. Taylor a proposé que la critique biblique ait eu comme conséquence la mort de « la croyance dans l'inspiration verbale, l'inerrance de la Bible dans chacune de ses parties en science et en histoire, et son infaillibilité concernant la morale et la religion, »[119] et que de meilleures conceptions de Dieu sont maintenant possibles.

L'observation de Taylor représente un degré suprême de contradiction qui exige un plus grand degré de foi que celui qui est nécessaire pour accepter la légitimité du texte dans son ensemble. Il a avancé que la Bible n'est pas la révélation mais est simplement

---

116. Wallis, « The Paradox of Modern Biblical Criticism », p. 49.
117. Ibid., p. 49.
118. W. R. Taylor, « Biblical Criticism and Modern Faith », *The Journal of Religion* 23 (octobre 1943), p. 229.
119. Ibid., p. 230.

un témoignage de la révélation.[120] Cependant, où se termine la révélation et où le témoignage commence-t-il ? Taylor a argué que bien que les vieilles idées sur ce qui constitue une garantie appropriée de l'autorité aient cessé, ce qui a émergé devrait instiller la confiance chez le lecteur. « En bref, nous pouvons dire que la recherche récente a mis en relief (a) l'importance unique de la Bible dans le processus culturel, (b) la supériorité qualitative de la littérature biblique comparativement, et (c) la Bible comme un ensemble de documents véridiques et essentiels. »[121]

Bien que ses trois idées soient généralement acceptées, la question de savoir si le texte est digne de confiance demeure controversée, peut-être en partie en raison d'une inattention pour les détails généralisée de la part des apologètes de l'autorité textuelle telle qu'illustrée par l'exhortation culminante de Taylor : « nous devons prendre soin de démontrer que les vérités essentielles que nous atteignons par nos méthodes dans l'Écriture peuvent et doivent être chargées de sens pour notre génération. »[122] Malheureusement pour la thèse de Taylor, cette génération – comme toutes les autres – risque d'avoir de la difficulté à accepter des vérités essentielles d'une source dont les vérités apparemment non essentielles ne sont pas des vérités du tout. Il semble alors simplement cohérent (la cohérence étant un facteur important et décisif, du point de vue de cet auteur) soit d'abandonner complètement l'idée de révélation, et par conséquent l'optimisme et même les supposées conceptions supérieures de Dieu dérivées du texte si le texte lui-même est dévalué, et ainsi écarter les valeurs imprégnées dans le texte comme n'étant pas justifiées par le texte, ou alors d'examiner le texte d'une manière *prima facie* (à première vue) – l'interprétant dans le sens le plus simple ou naturel – et de ce fait, il sera possible de considérer la valeur du contenu, non seulement sur la base des parties individuelles, mais sur la somme de ces parties. Une telle considération n'est pas étrangère à celles

---

120. Ibid., p. 231.
121. Ibid., p. 239-240.
122. Ibid., p. 240.

représentées dans la Bible, et semble être la réponse que les auteurs attendaient des lecteurs.

La vérité que Moïse a écrit les cinq premiers livres, par exemple, est la représentation de la Bible elle-même et est confirmée par la plus ancienne tradition interprétative. Josué 8.31,32 distingue la loi de Moïse (v. 32) et le livre de la loi de Moïse (v. 31), puisque la loi faisait généralement référence à l'ensemble des stipulations de l'alliance, y compris chacun des six cent treize commandements (*le mizvot*), et était habituellement représentée par les dix premiers.[123] Des formes de l'expression *livre de la loi* sont employées quelque vingt et une fois dans la Bible hébraïque (De 28.58 ; 28.61 ; 29.20 ; 30.10 ; 31.24 ; 31.26 ; Jos 8.31 ; 8.34 ; 23.6 ; 24.26 ; 2 R 14.6 ; 22.8 ; 22.11 ; 23.24 ; 2 Ch 17.9 ; 34.14,15 ; Né 8.1,3,18 ; 9.3), et fait à noter, le terme n'apparaît pas avant les chapitres finals du dernier livre de Moïse. Jésus appliqua plus tard le terme (Mc 16.20) en faisant référence à des événements de l'Exode comme étant contenus dans le livre de Moïse et en tant que « l'Écriture. » Jésus a directement reconnu l'Exode (comparez Mc 7.10 et Ex 20.12 ; aussi Mc 12.26 et Ex 3.6), le Lévitique (comparez Mt 8.4 et Lé 13.49 ; 14.2s.), les Nombres (comparez Jn 3.14 et No 21.9) et le Deutéronome (comparez Mt 19.7,8 et De 24.1-4) comme étant mosaïques, et a fait référence à la Genèse comme étant authentique et légitimement incluse dans la Bible hébraïque.[124]

---

123. C'est vraisemblablement cette liste, plus courte, que Josué a écrite sur les pierres lors des événements de Josué 8.

124. Timothy Lin a qualifié les affirmations de Jésus comme suit : « Il a confirmé l'authenticité des deux premiers chapitres de la Genèse en attestant la création d'Adam et Ève comme un fait historique, et non un mythe ou une légende. (Mt 19.4-6 ; Mc 10.5-9). Lorsqu'il a repris les scribes et les pharisiens, il a mentionné "le sang d'Abel" comme étant le commencement de la culpabilité des Juifs. (Mt 23.35). Il a confirmé que le déluge du temps de Noé fut une destruction historique (Mt 24.37-39) et que la dévastation de Sodome et Gomorrhe était un jugement de Dieu (Mt 11.23,24). Il a décrit le temps de Lot à Sodome et le jugement de sa femme comme un avertissement historique concernant les derniers jours (Lu 17.28-32). Dans ses enseignements et sermons, il a souvent parlé d'Abraham (Jn 8.37-40,56-58) et a témoigné à plusieurs reprises d'Abraham, Isaac et Jacob (Mc.12-26), ainsi que de leurs vies devant Dieu (Mt 8.11 ; 22.32). Ces références indiquent que Christ a attesté la véracité de la quasi-totalité du

Non seulement Jésus considérait-il la Genèse comme authentique, mais il la considérait également comme mosaïque. Il a parlé de la Bible hébraïque comme étant « la loi de Moïse et les prophètes, et les psaumes » (Lu 24.44), un parallèle structurel au texte massorétique de la *Torah* (la loi), *Nevi'im* (les prophètes), et *Ketouvim* (écrits, dont les Psaumes est le premier livre). En outre, dans Luc 11.49-51, Jésus a présenté une chronologie des prophètes martyrs, de la fondation du monde jusqu'à ce jour-ci. Il a mentionné Abel comme le premier et à Zacharie comme le dernier. La mort d'Abel a lieu dans la Genèse (le premier livre du Tanakh) et celle de Zacharie dans les Chroniques (le dernier livre du Tanakh). Il semble plutôt certain que Jésus considérait la Bible hébraïque entière comme authentique, et l'ensemble des livres qu'elle contenait comme organisés tel qu'on le trouve dans le texte massorétique. Selon lui la Loi (ou le livre de la Loi) de Moïse – la Torah – était à la fois authentique et mosaïque.

Néanmoins, que faire de la théorie raffinée des nombreux auteurs proposée par Wellhausen ? Savant emblématique dans une tradition influente d'érudits bibliques, Timothy Lin a déclaré l'hypothèse documentaire fallacieuse et impossible à appuyer.

La critique de Lin est puissante et digne de notre attention ici : « Cette hypothèse est loin d'être plausible. Par exemple, dans certains passages J, "Élohim", qui est caractéristique de E, est présent (3.1,3,5 ; 4.25 ; 7.9,16 ; 9.27 ; etc.), et "Yahweh", qui est caractéristique de J, se retrouve dans certains passages de E et de P (17.1 ; 22.11 ; etc.). Afin de cacher cette situation embarrassante, les critiques ont enlevé quelques versets et propositions de leur contexte et les ont assignés à un autre document. Ils ont enlevé 5.29 de P et l'ont assigné à J, parce que le nom divin "Yahweh" (qui est traduit "le Seigneur") est présent. Pourtant ils ont laissé 4.25 dans J bien que "Élohim" soit dans ce verset. Ils ont séparé 7.16*b* qui contient "Yahweh" du milieu de P et l'ont assigné à J. Cependant, ils ont laissé 9.26 et 16.13 non divisés dans J, mais tous les deux contiennent à la fois "Yahweh" et

---

livre de la Genèse » (Timothy Lin, *Genesis: A Biblical Theology*, 4ᵉ éd., Carmel, Ind., Biblical Studies Ministries International, 2002, p. 29-30).

"Élohim". Genèse 21.1 pose un dilemme pour les critiques parce que les deux propositions contiennent "Yahweh".

Selon leur théorie des "doublets", ils devraient les séparer. Pourtant, selon leur utilisation des noms divins pour indiquer les différents auteurs, ils doivent placer les couplets ensemble. Pour trancher le nœud ils ont assigné 21.1*a* à J et 21.1*b* à P. Quelle absurdité ! Genèse 21.33 a été assigné à J, sans se soucier de la présence de "Élohim" dans 33*b*. Genèse 22.11,14 sont tous deux assignés à E, pourtant les deux contiennent "Yahweh". Genèse 28.21 est assigné à E, pourtant "Yahweh" s'y trouve également. Ces exemples suffisent pour démontrer la fausseté de cette hypothèse (Ge 27,28). »

Avec la considération détaillée des problèmes internes de l'hypothèse, Lin a soutenu que la méthode analytique que les critiques textuels prétendent employer n'est pas uniformément appliquée à ces passages et qu'une application cohérente de la méthode ne fournirait pas le fondement nécessaire pour la conclusion des auteurs multiples. Gary Rendsburg a critiqué la théorie en se basant sur l'affirmation qu'elle n'explique pas les chiasmes et autres parallèles trouvés dans le texte,[125] quoique Marc Brettler, qui croit que les affirmations de Rendsburg ne résolvent pas adéquatement toutes les questions que suscite la théorie des auteurs multiples, ait écarté son argument.[126] Les considérations valables des deux auteurs sont emblématiques du débat actuel à savoir si la théorie des auteurs multiples est concluante, c'est-à-dire que le sujet n'est pas clos en ce qui concerne les résultats véritables de la méthode critique.

Benjamin Mazar concevait la Genèse comme étant « une composition historiographique monumentale, le produit de matériaux riches et variés qui ont été recueillis, combinés, disposés, et travaillés pour faire un tout harmonieux, avec l'objectif de dépeindre à la fois les commencements de l'humanité et les origines d'Israël dans l'esprit du concept monothéiste, et dans un

---

125. Gary A. Rendsburg, *The Redaction of Genesis* (Winona Lake, Ind., Eisenbraun, 1986, p. 104s.

126. Marc Brettler, « Rendsburg's The Redaction of Genesis », *The Jewish Quarterly Review* 78 (juillet-octobre 1987), p. 113-119.

but didactique »[127]. Mazar, à l'instar d'Umberto Cassuto, a basé sa critique de la paternité de Moïse non pas sur la forme littéraire, mais sur un certain nombre de facteurs historiques qu'il a identifiés comme des anachronismes dans le texte et qui selon lui indiquaient une date de rédaction beaucoup plus tardive que les environs de 1400 av. J.-C. telle que le texte lui-même l'exige.[128] Sa thèse est apparemment basée principalement sur une présupposition qu'il n'y a pas d'énoncé prophétique (divinement inspiré) (c.-à-d. que les prophètes hébreux ne parlaient pas au nom de Dieu et qu'il n'y a pas de révélation divine légitime). Notez les expressions suivantes employées par Mazar : « il est raisonnable »[129] (utilisée deux fois) ; « il est alors approprié de supposer »[130] ; « [On] peut, apparemment, aussi compter parmi ceux-ci [...] »[131] ; « il me semble »[132] ; « selon moi, il est beaucoup plus raisonnable »[133] ; « [On] peut trouver dans les récits… »[134] ; et, « il n'est pas nécessaire [...] de lui assigner une date ultérieure »[135]. La conjecture semble avoir influencé significativement ses affirmations.

Il a également proposé que les similitudes ethnographiques entre Genèse 16 et le Psaume 83 (lesquelles peuvent être raisonnablement datées selon lui pendant la fin de la période des Juges) suggèrent une date ultérieure pour la Genèse.[136] Il a noté

---

127. Benjamin Mazar, « The Historical Background of the Book of Genesis », *Journal of Near Eastern Studies* 28 (avril 1969), p. 74.
128. Mazar wrote, "It is within reason that Genesis was given its original written form during the time when the Davidic empire was being established, and that the additions and supplements of later authors were only intended to help bridge the time gap for contemporary readers, and had no decisive effect on its contents of its overall character" (ibid).
129. Ibid.
130. Ibid., p.75.
131. Ibid., p. 76.
132. Ibid.
133. Ibid., p. 77.
134. Ibid., p. 78.
135. Ibid.
136. Ibid., p. 79.

que les caractéristiques du récit de Joseph « sont de nature à nous inciter à penser que les traditions et les motifs liés ensemble dans ce seul tableau [...] ont reçu leur forme littéraire sophistiquée pas plus tôt qu'au début de la monarchie »[137]. Fait peut-être plus significatif encore, il a prétendu que la bénédiction de Juda dans Genèse 49.10 n'était pas prophétique, mais qu'elle était une justification développée plus tard pour le droit de Juda au règne (un droit qui est abondamment décrit et défendu au début de l'ère monarchique).

Tandis que c'est un exemple significatif d'anachronisme présumé (bien qu'il ne semble y avoir aucune autre base pour celui-ci en dehors de la présupposition non prophétique), hormis ces nombreuses défenses de la royauté davidique, Mazar a cité plusieurs anachronismes allégués dans la Genèse. Notamment, dans le contexte, la plupart sont liés au droit davidique, et l'on pourrait se demander si ce seraient vraiment des anachronismes si le droit davidique était en effet le résultat d'une parole prophétique. Néanmoins, ceux-ci devraient être abordés par quiconque défendrait une date de rédaction ancienne avec Moïse comme auteur, et Mazar a suggéré (sans, dans ce contexte, aucune explication) que ceux qui ont essayé de résoudre ces questions à la lumière de diverses sources extérieures (telles que des sources akkadiennes, des documents de Mari (Syrie), des tablettes de Nuzi (Irak), et des sources égyptiennes de différentes époques) « sont allés trop loin, »[138] bien qu'il ait admis qu'il y a « certainement de la place pour la réflexion et la reconsidération des visions contradictoires quant à dater la « période patriarcale » aux premier, deuxième, et troisième quarts du deuxième millénaire av. J.-C. »[139]

En résumé, les conclusions de Mazar ne sont pas présentées comme nécessaires, bien qu'il les préfère (naturellement) à leur alternative. Quoi qu'il en soit, il est du moins évident selon les écrits de Mazar que – comme c'est le cas avec l'hypothèse JEPD – la théorie de la rédaction tardive est loin d'être une certitude. En

---

137. Ibid., p. 82-83.
138. Ibid., p. 76.
139. Ibid.

outre, il semblerait que la théorie de la rédaction tardive et le JEPD sont basés sur la présupposition que la révélation divine et la parole prophétique ne sont pas des possibilités légitimes.

Paul Minear a identifié les obstacles à la critique biblique au sujet des présuppositions et des principes primaires.[140] Minear a suggéré, citant Croce, qu'à cette époque, c'est le naturalisme qui est devenu le cadre de référence dominant, c'est-à-dire « le cœur et le cerveau (de l'historiographie récente) ».[141] Le pré-engagement au naturalisme implique un ensemble de directives qui ne peuvent être facilement rejetées.[142] Notamment, Minear a suggéré que les historiens bibliques (parmi lesquels peu sont des « naturalistes avérés »[143]) utilisent une méthode qui est développée à partir de, ou qui à tout le moins implique, le naturalisme. À quel résultat peut-on donc s'attendre d'une méthode fondée sur le naturalisme ? Assurément la tension entre une métaphysique présumée et une méthode qui nie la métaphysique ne favorise pas un degré élevé de cohérence au bout du compte. Néanmoins, c'est cette tension que Locke (par exemple) reconnaissait comme présente dans la discussion.

En ce qui concerne, par exemple, le récit de la mort de Moïse dans Deutéronome 34, notons que Hobbes l'a perçu comme une preuve

---

140. Paul S. Minear a observé: « L'historien sérieux doit délibérément orienter sa recherche technique avec un cadre de référence bien articulé, une vision de l'histoire qui détermine ses présuppositions, définit sa méthode et circonscrit ses conclusions. Une telle orientation est particulièrement importante à une époque où les perspectives de pensée changent si rapidement. Chaque nouveau changement dans la vision du monde stimule de nouvelles conceptions de l'histoire, suscite de nouvelles questions auxquelles l'historien doit répondre, et provoque de nouvelles attaques envers la méthodologie dominante » (« How Objective Is Biblical Criticism », *Journal of Bible and Religion* 9 [novembre 1941], p. 217).

141. Ibid., p. 218.

142. Minear a suggéré: « Le rôle de l'historien est d'établir des généralisations applicables en tous temps et en tous lieux. Ses conclusions seront éprouvées par l'exactitude de ses prédictions. L'originalité et la particularité deviennent scandale. Confronté à l'exception, l'historien ne peut que bégayer : "C'est impossible !" Ainsi, l'histoire qui est dictée par une vision du monde naturaliste finit par se réfuter elle-même. » (Ibid.)

143. Ibid., p. 219.

que Moïse n'a pas pu écrire le texte entier du Pentateuque, pourtant il y a deux possibilités qui méritent d'être considérées et qui peuvent résoudre la difficulté. *D'abord*, si c'était en effet une révélation, plutôt que le seul produit de l'invention humaine, alors théoriquement Dieu pourrait avoir informé Moïse de ce qui se produirait. La prophétie prédictive (si on permet une telle possibilité) constitue près du tiers de la Bible hébraïque (si l'on applique uniformément une herméneutique simple ou naturelle). Écarter trop rapidement la possibilité d'une révélation divine semble davantage basé sur des présuppositions naturalistes et sur une intention de démythologiser la Bible que sur la critique textuelle impartiale.

Deuxièmement, néanmoins, il n'est pas nécessaire pour l'authenticité que Moïse ait écrit son propre nécrologe. Il pourrait y avoir eu un autre auteur (peut-être Josué) qui ait écrit l'épilogue du Deutéronome, et ceci ne nierait pas que Moïse soit l'auteur de l'ensemble du Pentateuque, de la même manière que lorsque Jésus a utilisé le mot « Psaumes » pour désigner le *Ketouvim* (la section des Écrits de la Bible hébraïque) n'impliquait pas que le livre des Psaumes était la seule composante du *Ketouvim*, et de la même manière que l'on peut faire référence à l'épître aux Romains comme étant de Paul, bien qu'il déclare, en fait, avoir été rédigée par Tertius (en tant que scribe de Paul [Ro 16.22]). Les preuves internes des textes hébreux (AT) et grecs (NT) si on les prend collectivement ne laissent aucun doute à savoir si les textes sont eux-mêmes authentiques, ils supportent l'authenticité de la Genèse et affirment que Moïse en est l'auteur. Les preuves externes anciennes ne présentent non plus aucun doute.

Le livre pseudépigraphique des Jubilés, datant du IIe siècle av. J.-C., présente un récit de la création semblable (bien que non identique) à celui de la Genèse, mais à la différence de la Genèse, les Jubilés contiennent une préface affirmant l'identité de l'auteur de l'histoire de la création.[144] Le récit des Jubilés affirme non seulement

---

144. Jubilé 2.1 se lit comme suit: « Et l'ange de la présence parla à Moïse d'après la parole du Seigneur, disant : Écris toutes les paroles de la création, comment en six jours le Seigneur Dieu a complété toutes ses œuvres et tout ce qu'il a créé, et

que Moïse en est le véritable auteur, mais relate également comment il en est venu à écrire le récit de la création. De la même manière, Philon d'Alexandrie, un philosophe juif notable du premier siècle apr. J.-C., concevait la Genèse comme étant d'origine mosaïque, vantant, par exemple, la prouesse philosophique que Moïse a démontrée en commençant ses lois par un récit de la création.[145] Il est important de comprendre que Philon reconnaissait la paternité de Moïse, non simplement suite à son évaluation philosophique des motivations de Moïse, mais également parce que Philon était un pionnier de la critique biblique. Il fut un concepteur important de l'herméneutique allégorique, dont il s'est servi fréquemment afin de résoudre des aspects du texte qu'il percevait comme étant incohérents avec la philosophie hellénistique de son temps. Philon, apparemment, ne considérait pas comme problématique le fait que Moïse soit l'auteur de la Genèse. Au contraire, il le considérait comme un fait important, reliant la cosmologie avec la théorie éthique.

Bien que son objectivité en tant qu'historien ait été remise en cause,[146] Flavius Josèphe offre tout de même une importante

---

s'est reposé le jour du Sabbat et l'a sanctifié pour toujours, et l'a désigné comme un signe pour toutes ses créatures » (R. H. Charles, « A New Translation of the Book of Jubilees. Part I », *The Jewish Quarterly Review 6*, octobre 1893, p. 187).

145. Philon d'Alexandrie a commenté : « Mais Moïse [...] a rendu le début de ses lois plein de beauté, et en tous points de vue admirable, ne déclarant pas d'emblée ce qui doit être fait ou le contraire, ni (puisqu'il était nécessaire de moduler à l'avance les dispositions de ceux qui devaient utiliser ces lois) n'inventant lui-même des fables ou adoptant celles qui avaient été inventées par d'autres. Et son *exordium*, tel que je l'ai mentionné, est des plus admirables ; englobant la création du monde, selon l'idée que la loi correspond au monde et le monde à la loi, et qu'un homme qui obéit à la loi, étant ainsi un citoyen du monde, règle ses actions en se référant à l'intention de la nature, en harmonie avec laquelle l'univers entier est régulé [...] Ainsi, puisque ce monde est visible et l'objet de nos sens physiques, il en découle qu'il doit avoir été créé ; ce n'était donc pas sans un objectif valable qu'il a relaté sa création, présentant Dieu d'une manière vénérable [...] Et il dit que le monde a été créé en six jours [...] » (Philon d'Alexandrie, « On the Creation », dans *The Works of Philo*, éd., C. D. Yonge, Peabody, Mass., Hendrickson, 1993, p. 3).

146. Pour une discussion approfondie du concept apologétique de Flavius Josèphe, voir Louis H. Feldman, « Josephus' Portrait of Moses », *The Jewish Quarterly Review* 82 (janvier-avril 1992), p. 285-328.

perspective juive du premier siècle apr. J.-C. sur plusieurs aspects de l'histoire d'Israël. Il a discuté (tout comme Philon) de la façon unique de Moïse d'aborder la législation, reconnaissant la perspicacité avec laquelle Moïse a orienté la pensée des gens vers Dieu avant de diriger leur attention vers les lois.[147] Il a également parlé du récit de la création comme étant entièrement mosaïque.[148] En résumant verset par verset le récit de la création de Genèse 1, Josèphe a affirmé la paternité de Moïse pas moins de quatre fois (« Moïse a dit, » 1.1.29 ; « Moïse dit, » 1.1.33 ; « Moïse... commence à parler philosophiquement, » 1.1.34 ; et, « Moïse dit en outre, » 1.1.37).[149]

Josèphe, Philon et le Livre des Jubilés représentent les premières preuves externes complétant les affirmations bibliques voulant que Moïse soit l'auteur de la Genèse, et elles ne contredisent pas des points de vue plus récents. Moïse Maïmonide (XIIe siècle), par exemple, n'hésitait pas d'affirmer la paternité de Moïse. Parmi ses treize principes, Il a inclus ce qui suit : « Je crois avec une foi parfaite que la Torah entière que nous avons actuellement est celle qui a été donnée à Moïse. »[150] Une encyclopédie juive contemporaine traditionnelle préconise un auteur unique et remet en question certaines prémisses de l'hypothèse documentaire, y compris des anachronismes présumés, des principes historiographiques et

---

147. Josèphe a écrit : « Lorsque Moïse fut désireux d'enseigner cette leçon à ses compatriotes, il n'a pas commencé l'établissement de ses lois à la manière des autres législateurs ; c'est-à-dire comme pour les contrats et autres rites entre un individu et un autre, mais en élevant leurs esprits vers Dieu et sa création du monde ; et en les persuadant que nous, les êtres humains, sommes les créatures les plus excellentes de Dieu sur la terre » (Flavius Josèphe, « Antiquities of the Jews », dans *The Works of Josephus*, trad. William Whiston, Peabody, Mass., Hendrickson, 1987, "Preface", p. 21).

148. Josèphe a commenté brièvement : « Je me rendrai maintenant à l'histoire me précédant, non sans avoir d'abord mentionné ce que Moïse dit sur la création du monde, tel que décrit dans les livres sacrés de la manière suivante » (ibid., p. 26).

149. Josephus, *Antiquities*, 1.1.29-37.

150. Moses Maimonides, *Commentary on the Mishnah, Tractate Sanhedrin*, trad., Fred Rosner, New York, Sepher-Hermon Press, 1981) ch. 11, principle 8.

des doublets.[151] En outre, l'encyclopédie s'oppose directement à la critique textuelle sur sept points : (1) il n'y a aucune preuve externe de compilation ; (2) les interprétations de la soi-disant preuve interne à cet effet sont « instables et trompeuses » ; (3) le processus menant à la conclusion d'une compilation est si complexe qu'il ne peut être cohérent ; (4) même si des présumées contradictions et répétitions existaient, elles ne prouveraient pas la pluralité d'auteurs, tout comme ce processus appliqué à d'autres ouvrages d'un auteur unique serait également voué à l'échec ; (5) la théorie n'est pas nécessaire et est fondée sur de multiples mauvaises compréhensions d'idées, de tendances et de thèmes ; (6) les arguments basés sur des variations de langage sont circulaires ; et (7) une maladresse exégétique est nécessaire au concept de la compilation.[152]

Bien que les preuves internes et externes présentées ici puissent ne pas satisfaire quelques lecteurs concernant la certitude que Moïse est le véritable auteur de la Genèse, assez de preuves ont été avancées pour permettre la considération raisonnable à tout le moins de la possibilité que la Genèse soit véritablement mosaïque. Si le lecteur est disposé à le concéder, alors la possibilité que le texte fournisse une certaine base morale obligatoire demeure. Sinon, il n'est alors nul besoin de poursuivre la discussion, puisque la Bible ne pourrait rien offrir d'une quelconque valeur morale réelle au-delà de ce que l'on pourrait attendre d'une fable ou d'une légende. Comme Isaac Abravanel l'a déclaré, si le texte biblique (et particulièrement la Torah) est présumé être véridique, alors il doit être cru dans sa totalité et incontesté.[153]

---

151. « Les anachronismes dans la Genèse, tels qu'allégués par divers critiques, n'existent pas réellement ; et leur hypothèse est basée sur une mauvaise compréhension des principes historiographiques du livre [...] Il n'y a pas non plus de répétitions inutiles ou de doublons » (Benno Jacob, Emil Hirsch, « Genesis, The Book of », The Jewish Encyclopedia, 1912, < http://www.jewishencyclopedia.com/articles/6580-genesis-the-book-of > (page consultée le 30 janvier 2010).

152. Ibid.

153. Abravanel a suggéré : « Il n'est pas approprié de poser des principes pour la divine Torah, ou des fondements dans le domaine des croyances, car nous sommes obligés de croire tout ce qui est écrit dans la Torah. Il ne nous est pas

Affirmer que le récit de la Genèse n'est pas authentique exige qu'on écarte sa contribution éthique comme faisant autorité. Par conséquent, si l'on discute du livre comme potentiellement véridique, on doit le considérer comme, à tout le moins, *potentiellement* authentique, et si l'on ne peut approuver cette potentialité (au moins), on peut se fier sur l'avertissement de Callicott de ne pas ignorer le fait important que beaucoup de juifs et de chrétiens consultent le texte biblique pour leur orientation morale.[154] On trouvera alors, soit que le texte fait autorité en matière d'éthique, ou du moins, qu'un nombre significatif de personnes le pensent – à tort ou à raison – et ces gens chercheront à suivre le précieux conseil trouvé dans ses pages. Comme Henry Morris l'a rappelé à ses lecteurs, la Genèse est la base de tous les livres bibliques, et est donc la partie la plus essentielle du livre « qui a exercé la plus grande influence sur l'histoire, de tous les livres jamais publiés. »[155]

Quelques éléments de la basse critique

Puisque nous ne possédons pas les manuscrits originaux de l'Écriture, et que les copies que nous avons contiennent des variantes, le but premier de la basse critique (ou critique textuelle) est de reconstruire la formulation originale du texte biblique original.[156] La crédibilité objective des manuscrits de l'Écriture telle que révélée

---

permis d'en questionner même le plus petit élément [...] » (Isaac Abravanel, *Principles of Faith*, Rosh Amanah, trad., Menachem Kellner, Oxford, Littman Library of Jewish Civilization, 2000, p. 195).

154. J. Baird Callicott a rappelé à ses lecteurs : « Les Juifs et les chrétiens d'aujourd'hui, cherchant de sages conseils sur la manière de vivre dans le monde dans lequel ils se trouvent, consulteront la Bible et réfléchiront inévitablement sur ce qu'ils ont lu (dans une traduction) à la lumière de leurs préoccupations contemporaines, leur expérience personnelle, et leur propre réalité » (« Genesis Revisited: Murian Musings on the Lynn White, Jr. Debate », *Environmental History Review* 14 [printemps-été 1990], p. 85).

155. Henry M. Morris, *The Genesis Record: A Scientific and Devotional Commentary on the Book of* Beginnings, Grand Rapids, Baker, 1976, p. 17.

156. Richard Soulen, *Handbook of Biblical Criticism*, 2ᵉ éd., Atlanta, Géorgie, John Knox Press, 1981, p. 192.

par la critique textuelle suggère que nous avons une Bible précise à plus de 99 %, et qu'il y a des ponts qui traitent convenablement toutes les lacunes prétendues. Pourtant il faut porter attention à la transmission et à la traduction du texte au fil du temps pour comprendre comment nous pouvons avoir confiance en la Parole de Dieu qui a été transmise de génération en génération.

La transmission

Il y a plusieurs époques de transmission pour les manuscrits de l'Ancien Testament : L'ère talmudique (300 av. J.-C.-500 apr. J.-C.) inclut les rouleaux de la mer Morte (167 av. J.-C.-133 apr. J.-C.) – qui confirment l'exactitude des textes massorétiques. L'ère massorétique (500-1000 apr. J.-C.) a perpétué la vénération pour le texte, a élaboré les règles pour l'approcher et a aussi développé le système des voyelles. La traduction grecque de l'Ancien Testament, connue sous le nom de la version des Septante (LXX), est venue plus tard (250 av. J.-C.) et a été souvent mais non exclusivement citée par Jésus et ses disciples.

De même, les manuscrits du Nouveau Testament ont également connu des périodes d'évolution et de développement. Les trois cents premières années donnent énormément de preuves pour l'exactitude du texte que nous possédons aujourd'hui. La légalisation du christianisme par Constantin aux IVe et Ve siècles a augmenté le nombre de copies des manuscrits, alors que le VIe siècle a amené leur reproduction moins soigneuse mais plus volumineuse. Après le Xe siècle le nombre de manuscrits a crû rapidement.[157]

L'Église primitive a copié les manuscrits sur des codex, des pages de papyrus écrites sur les deux côtés et reliées comme un livre. Au début et jusqu'au IXe siècle, le Nouveau Testament était copié entièrement en lettres majuscules sans espacements ni signes de ponctuation. Ces manuscrits s'appellent les onciales. Des manuscrits postérieurs, qui démontrent le développement dans le style d'écriture, sont connus comme les minuscules. De même, dans les débuts, l'Ancien Testament hébreu ne contenait aucune voyelle jusqu'au texte

---

157. Geisler et Nix, p. 354-355.

massorétique du xe siècle. Le texte massorétique est devenu le texte de référence de l'Ancien Testament hébreu, différant à un certain degré de la version des Septante, pourtant validé par les manuscrits des rouleaux de la mer Morte qui datent de mille ans plus tôt.

Quelques manuscrits importants

Papyrus 46 (P46), 200 apr. J.-C., a fourni un premier témoignage aux épîtres de Paul, y compris une bonne partie de Romains, 1 et 2 Corinthiens, Éphésiens, Galates, Philippiens, Colossiens, et 1 et 2 Thessaloniciens. P46 incluait également l'épître aux Hébreux (pour cette raison certains l'identifient comme paulinienne, en dépit des preuves internes du contraire). *Papyrus 66* (P66), 200 apr. J.-C., incluait une bonne partie de l'évangile de Jean. *Papyrus 72* (P72), environ 200 apr. J.-C., inclut Jude et 1 et 2 Pierre. *Papyrus 75* (P75), 175-225 apr. J.-C., inclut Jean et la copie connue la plus ancienne de Luc.

Codex Vaticanus (appelé « B ») est une onciale du IVe siècle, contenant une grande partie de la version des Septante et une partie significative du Nouveau Testament. *Vaticanus* fournit la plus grande preuve manuscrite de l'authenticité du Nouveau Testament. Le *Codex Sinaïticus* (communément appelé simplement « א, » la lettre aleph en hébreu) est une onciale du IVe siècle qui contenait le texte grec d'une grande partie de l'Ancien Testament et de tout le Nouveau, ainsi que quelques écrits extrabibliques (y compris l'épître de Barnabas et des sections du Berger d'Hermas). Le *Sinaïticus* est surpassé uniquement par le *Vaticanus* en termes d'importance. Le *Codex Alexandrinus* (appelé « A »), une onciale d'Alexandrie du milieu du Ve siècle, fournit avec le *Vaticanus* et le *Sinaïticus* une preuve significative de l'authenticité du Nouveau Testament. L'*Alexandrinus* contient presque tout l'Ancien Testament (avec seulement quelques petites portions manquantes) et la majeure partie du Nouveau Testament.

Traduction

Plusieurs traductions notables ont perduré, même remontant aux débuts de l'histoire de l'Église. Origène a produit l'Hexaples (240-250), une Bible parallèle comportant les six colonnes suivantes : hébreu, hébreu translittéré en grec, la traduction littérale d'Aquila, la révision de Symmaque, la révision d'Origène de la Septante, et une révision grecque de Théodosien. Au vi^e siècle, un Nouveau Testament Syriaque a été complété.

Autour de 200 apr. J.-C. a paru une traduction latine de la Septante de piètre qualité.

Jérôme, qui fut le premier père de l'Église primitive à maîtriser l'hébreu et le grec, a ultimement reconnu le texte hébreu comme autorité finale. Sa traduction était sur certains points différente de la Septante, en raison de sa préférence pour l'hébreu, ce qui entraîna un tollé chez plusieurs, y compris Augustin, qui craignaient que l'autorité de la version des Septante ne soit menacée. En dépit de la polémique initiale, la Vulgate en latin de Jérôme (382-405) est devenue la traduction populaire. Ainsi, ce que Jérôme cherchait à accomplir – un retour aux textes authentiques dans les langues originales – fut ironiquement entravé par une dépendance à l'égard de sa propre traduction latine.

Des versions anglaises partielles entre les ve et xve siècles incluent celles de Caedmon, d'Aldhelm, d'Egbert, de Bède le Vénérable, d'Alfred le Grand, d'Aldred, d'Aelfric, d'Ormin, de William de Shoreham et de Richard Rolle, toute des parties de la Bible traduites en anglais ancien. John Wycliffe a traduit le Nouveau Testament (1380) et l'Ancien Testament (1388) à partir de la Vulgate. John Purvey, le secrétaire de Wycliffe, a révisé la version de Wycliffe en 1395.

Érasme, en 1516, a publié un Nouveau Testament parallèle grec-latin (pas de la Vulgate, mais sa propre traduction) ; il cherchait à corriger les erreurs de la Vulgate. Sa traduction a représenté une coupure avec la tradition établie et un retour aux langues originales. La traduction d'Érasme et des éditions postérieures, y compris celle de Robert Stephan en 1550 (la 3e), les éditions de Bèze (publiées de 1565 à 1611) et le texte d'Elzévir de 1624-1633 étaient vus comme

Textus Receptus[158] desquels germerait la version autorisée (*KJV*). Ironiquement, comme Jérôme, il cherchait à restaurer les langues bibliques, mais sa traduction est devenue la norme dans la mesure où toutes les traductions alternatives seraient remises en question, tout comme la Vulgate de Jérôme a été remise en question par Érasme

William Tyndale a traduit à partir du grec une impression du Nouveau Testament (1525), le Pentateuque (1530), et livre de Jonas (1536) de l'hébreu. Miles Coverdale, assistant et correcteur d'épreuves de Tyndale, a complété la première édition imprimée de la Bible anglaise en 1535, bien que non directement de l'hébreu et du grec. Thomas Matthew, un autre assistant de Tyndale, a combiné les versions de Tyndale et de Coverdale (1537). Richard Taverner a révisé en 1539 la Bible de Matthew. La Great Bible, par Coverdale (1539) est devenue la version standard autorisée pour les Églises. La Geneva Bible, (NT 1557, NT et AT révisés, 1560), suivait l'hébreu de plus près et a introduit les divisions par versets. La version de Reims-Douay (1589, 1609) fut basée exclusivement sur la Vulgate en latin.

La version *King James* (1611) était réellement une traduction (un ouvrage créé à partir des langues originales, par opposition à une version, qui est une révision d'une traduction dans une langue de réception différente), qui suivait le texte grec d'Érasme, entre autres. La version *New King James* (1979) maintient une grande partie de la base du *Textus Receptus* tout en mettant à jour une grande partie de la terminologie anglaise.

En dépit de la popularité du *Textus Receptus*, qui était basé sur un nombre restreint de manuscrits tardifs, le besoin d'une approche plus critique à la vérification des manuscrits a été mis en évidence par B. F. Westcott et J. F. A. Hort, qui ont identifié l'histoire de la transmission du Nouveau Testament comme justification primaire pour la nécessité de la critique textuelle :

> Les livres du Nouveau Testament ont dû partager le destin d'autres écrits antiques en étant copiés à maintes reprises...

---

158. En latin « texte reçu », du commentaire de Bonaventure et Elzivir « Textum ergo habes, nunc ab omnibus receptum », faisant référence au texte que « tous maintenant reçoivent ».

chaque transcription de tout type d'écriture implique le risque d'introduction de quelques erreurs… la transcription répétée implique la multiplication de l'erreur ; et la présomption conséquente qu'un texte relativement tardif est susceptible d'être un texte relativement corrompu s'avère être vraie lorsqu'on applique tous les tests disponibles….[159]

Westcott et Hort visaient directement le *Textus Receptus*, qui était basé principalement sur l'édition de 1516 d'Érasme, dénonçant sa hâte pour être le premier à publier comme menant à une « inattention étrange »[160] dans le traitement du texte. Leur approche alternative résultante est la méthode critique, établissant une série de preuves internes et externes pour établir la validité de leur *Texte critique* (publié d'abord en 1881), qui s'est principalement référé aux manuscrits les plus anciens et les plus rares comme étant les plus fiables.

Ces dernières années, comme alternative aux approches *Textus Receptus* et *Texte critique*, l'approche du *Texte majoritaire* est apparue. Tandis que le *Textus Receptus* utilise peu de manuscrits et des plus récents, et que le *Texte critique* utilise une approche plus éclectique, considérant tous les manuscrits mais se fiant surtout aux plus anciens et aux plus rares, le *Texte majoritaire* s'appuie sur la grande pluralité de tous les manuscrits grecs, et ce faisant se trouve le plus souvent en accord avec le *Textus Receptus* (puisque la grande pluralité se trouve généralement en considérant les manuscrits les plus récents), beaucoup plus qu'avec le *Texte critique*. En 1982, Hodges et Farstad ont publié un Nouveau Testament grec basé sur le texte majoritaire, et fondé sur deux prémisses méthodologiques :

(1) Toute variante très largement certifiée par la tradition manuscrite est plus probablement original que ses rivaux… (2) Les décisions finales au sujet des variantes doivent être prises sur la base d'une reconstruction de leur histoire dans la tradition manuscrite.

---

159. B. F. Westcott, F. J. A. Hort, *Introduction to the New Testament in the Original Greek*, Peabody, Mass., Hendrickson, 1988, p. 4-6.

160. Ibid., p. 11.

Cela signifie que pour chaque livre du Nouveau Testament, une généalogie des manuscrits doit être bâtie.[161]

Robinson et Pierpont ont également produit un Nouveau Testament grec basé sur le *Texte majoritaire* (1991, révisé en 2005). Plusieurs traductions en anglais sont issues du *Texte critique*, ayant été développées principalement à partir de deux méthodes de base : l'équivalence verbale et l'équivalence dynamique.

L'*American Standard Version* (1901) a atteint un degré élevé de fidélité aux langues originales par l'*équivalence verbale* (la représentation de chaque mot du texte original par le mot le plus comparable dans la langue cible – c'est là, dans la mesure du possible, l'approche mot-à-mot), et fut par la suite révisée pour devenir la *New American Standard Bible* (à l'origine publiée en 1971 et mise à jour en 1995), que la fondation Lockman[162] suggère (sans opposition de cet auteur) comme la traduction à partir des langues originales la plus littérale et précise.[163] En dépit des mots parfois difficiles à manier de la *NASB*, en raison du souci d'être fidèle à l'équivalence verbale, la traduction est bien fiable.

En 1946 (Nouveau Testament) et 1952 (Ancien Testament), la *Revised Standard Version*[164] a été publiée et par la suite mise à jour (1971), et fut le tremplin pour la *English Standard Version*[165] (2001). La *RSV* et la *ESV* utilisent principalement l'équivalence verbale, mais de ces deux, l'*ESV* est davantage respectée comme étant, comme son éditeur l'affirme, « une traduction essentiellement littérale ».[166]

L'équivalence dynamique (la représentation de chaque concept ou idée dans le texte original par le concept ou l'idée la plus comparable dans la langue cible, ceci est une approche phrase-par-phrase) est utilisée dans la *New International Version*

---

161. Zane Hodges et Arthur Farstad, *The Greek New Testament According to the Majority* Text, 2ᵉ éd., Nashville, Tenn., Thomas Nelson, 1985, p. xi-xii.
162. La fondation Lockman détient les droits d'auteur sur la version NASB.
163. Voir http://www.lockman.org/nasb/.
164. Le *National Council of Churches* détient les droits d'auteur sur la RSV.
165. Publié par *Crossway Books*.
166. Voir http://www.esv.org/about/intro.

de Zondervan (NT, 1973 ; AT, 1978), qui, bien qu'elle communique dans bien des cas des concepts globaux plus clairement que les équivalents verbaux, semble pour cet auteur inadéquate en raison du rôle plus grand que joue l'interprétation dans le processus de traduction et de l'omission inévitable de mots-clés qui sont nécessairement la dérivation de concepts-clés. En outre, l'évolution subséquente de la *NIV* (spécifiquement la neutralisation des genres) l'a encore plus éloignée de l'exactitude dans la traduction.

En plus des méthodologies de traduction de l'équivalence verbale et dynamique, un troisième type de texte est la paraphrase, qui en fait n'est d'aucune façon une traduction. L'engouement pour la paraphrase a été lancé (peut-être involontairement) en 1971 lorsque Kenneth Taylor (et la maison Tyndale) a produit la *Living Bible* (principalement à partir de l'*ASV*) avec l'intention honorable de faciliter la lecture à ses enfants – et donc aussi celle d'autres parents à leurs propres enfants.[167] La bible de Taylor est devenue de plus en plus populaire et a éventuellement servi au moins de base conceptuelle pour la *New Living Translation* (1996), une paraphrase des langues originales. Ces paraphrases-ci (tout comme d'autres) ne prétendent pas représenter avec exactitude les *mots* de la Bible, et constituent une tendance inquiétante pour la transmission de la Bible.

---

167. Harold Myra, « Ken Taylor: God's Voice in the Vernacular », *Christianity Today*, 5 octobre, 1979.

PILIER #3
L'INCAPACITÉ DE L'HOMME NATUREL À COMPRENDRE LA RÉVÉLATION DE DIEU

Une fois que l'on a une perspective et une compréhension justes de la réalité de Dieu, on peut développer une juste compréhension de soi-même. Comme l'homme est le reflet de son Créateur, il ne peut saisir adéquatement sa propre nature sans avoir d'abord compris celle de son Créateur ; ainsi la compréhension de l'incapacité de l'homme naturel à comprendre la révélation de Dieu doit nécessairement suivre la reconnaissance du Dieu biblique, que naturellement sous-tend l'autorité de l'Écriture. Comment l'homme répond-il à l'Écriture ? Comment *peut*-il répondre à la révélation divine ?

L'UTILITÉ DU LANGAGE *(GE 1)*

Dieu s'est servi du langage pour communiquer avec lui-même avant que l'homme ait été créé. Il a béni la création (1.22), en utilisant de ce fait le langage pour se révéler à la création. Il a donné des impératifs (1.24, etc.), et finalement il a communiqué avec l'homme. Le langage humain n'est pas d'origine humaine, mais commence plutôt avec Dieu, et sert ses objectifs. La terre entière parlait sa langue (11.1) jusqu'à ce qu'il confonde les langues (11.9). Terry présente l'argument de base sur l'origine du langage :

> L'origine du langage humain est un thème propice à la spéculation et à la polémique. Sa théorie sur le sujet découle généralement de sa théorie sur l'origine de l'homme. Si nous adoptons la théorie de l'évolution selon laquelle l'homme a été progressivement développé, par un certain processus de sélection naturelle, à partir de formes inférieures de la vie animale, nous conclurons très naturellement que le langage est une invention humaine, construite peu à peu pour rencontrer les nécessités et les conditions de la vie. Si, d'autre part, nous soutenons que l'homme a été introduit sur terre par une création miraculeuse et a été fait au commencement comme un spécimen parfait de son espèce, alors nous conclurons très naturellement que les débuts du langage humain étaient d'origine surnaturelle.[168]

Encore une fois, les présuppositions affectent la discussion à sa base. Il existe des preuves contre la possibilité que le langage serve de véhicule efficace de la vérité de Dieu. Packer présente quatre de ces preuves telles que :

> [1] un sentiment très répandu de l'insuffisance de toute langue comme moyen de communication personnel ; [2] un doute généralisé à savoir si le langage peut même communiquer des réalités transcendantales ; [3] la réticence répandue des enseignants chrétiens à admettre que dans et à travers l'enseignement de l'Écriture, Dieu nous informe au sujet de lui-même ; [4] l'influence très répandue des idées religieuses orientales, affirmant toutes que Dieu est inexprimable par l'homme.[169]

Cependant, l'utilisation du langage par Dieu est peut-être la plus grande preuve de l'utilité de la langue pour accomplir le but de communiquer avec une clarté absolue la vérité de Dieu. Ces présumées preuves

---

168. Milton Terry, *Biblical Hermeneutics*, Grand Rapids, Zondervan, 1976, p. 69.
169. J. I. Packer, « The Adequacy of Human Language », dans *Inerrancy*, Norman Geisler, éd., p. 202-205.

contre l'efficacité du langage contredisent vivement, du moins dans un sens logique, la capacité même de Dieu à communiquer. Comme Dieu s'est servi du langage pour se révéler à l'homme, il est clair qu'il avait l'intention que sa révélation soit comprise – créant même le véhicule qu'il utiliserait pour porter ses vérités.

D'abord, dans le sens cognitif, l'homme a compris la révélation générale de Dieu (Ro 1.18-23). Il n'y a aucun doute ici que l'échec de l'homme n'est pas un manque de compréhension du caractère de Dieu, mais plutôt le manque de réponse appropriée, soit la soumission envers lui *comme* Dieu. L'esprit humain déchu résiste au principe fondamental cognitif de son existence, et l'a remplacé par le culte de la création elle-même, l'échec n'étant pas ici un manque de compréhension, mais l'absence de crainte envers lui *comme* Dieu, et ainsi l'homme possède finalement une incapacité innée d'arriver à la sagesse.

En deuxième lieu, dans le sens cognitif, l'homme a compris la révélation spéciale de Dieu par l'Écriture. Étant révélée à l'aide des outils du langage, l'Écriture est grammaticalement comprise par le non-croyant (bien qu'avec une difficulté remarquablement croissante), pourtant le non-croyant interprète les vérités authentifiées par l'Écriture elle-même comme des sottises (1 Co 2.14) et ainsi il ne répond pas positivement,[170] rejetant ultimement les déclarations de l'Écriture.

Troisièmement, dans le sens cognitif, l'homme a compris la révélation personnelle de Dieu en Jésus-Christ. Chaque homme a été éclairé par l'incarnation de Christ (Jn 1.9) – le Christ a expliqué le Père, et bien que compris cognitivement,[171] il n'est pas reçu, parce que l'homme préfère les ténèbres à la lumière qu'il fournit (Jn 3.19).

Pourquoi alors l'homme, tandis qu'il comprend cognitivement les révélations de Dieu, ne parvient-il jamais à les saisir dans le sens personnel sans son aide divine ?

---

170. Bien qu'il y ait plusieurs niveaux de compréhension avec différents usages et mauvais usages (Né 8.8 ; Mt 21.45 ; Lu 20.19 ; Ph 1.15-17 ; 1 Ti 1.6,7 ; 2 Ti 3.5-7 ; Ja 1.22 ; Jud 4).

171. Il est à noter que ses opposants comprenaient clairement ses affirmations, mais refusaient de les reconnaître comme vraies (Jn 5.18,39,40 ; 8.57-59).

LES EFFETS NOÉTIQUES DU PÉCHÉ

La mort promise dans Genèse 2.17 était le résultat de la désobéissance au commandement de ne pas manger de l'arbre de *la connaissance du bien et du mal*. L'épistémologie de la race humaine a été changée au moment où Adam a mangé, et ce changement fut accompagné de la mort spirituelle – la séparation de l'homme de la communion avec Dieu. Ce changement dans son esprit n'était certainement pas pour le meilleur, en dépit de la promesse de Satan que les contrevenants seraient comme Dieu, connaissant le bien et le mal. Satan avait à moitié raison – l'humanité à partir de ce moment a effectivement connu le mal, mais est demeurée entièrement incapable de comprendre le bien.

Environ mille cinq cents ans après le péché d'Adam, Dieu a décrit les pensées du coeur humain comme étant portées « chaque jour uniquement vers le mal » (Ge 6.5). Plus tard, Dieu qualifie le cœur de l'homme comme méchant et tortueux par-dessus tout (Jé 17.9). La promesse satanique de *connaître le bien* s'est avérée être une tromperie – dès lors, l'humanité s'est retrouvée sans la capacité de penser et de concevoir la réalité correctement. L'homme spirituellement mort ne pouvait plus (comme Adam avant la chute semblait certainement le pouvoir, Ge 2.16,19) comprendre, apprécier ou répondre positivement à la révélation de Dieu (1 Co 2.14). Bien que la création démontre de manière éclatante la vérité et la révélation de Dieu (Ps 19), cette vérité, étant comprise et clairement visible dans la révélation naturelle (Ro 1.19), a été supprimée (Ro 1.18) par l'esprit humain.

Les effets noétiques du péché ont comme conséquence plus que la simple incapacité à évaluer « les choses spirituelles » (1 Co 2.14-16) ; il y a, dans l'esprit humain, un penchant à supprimer et rejeter la vérité de Dieu, car les hommes aiment les ténèbres plutôt que la lumière (Jn 3.19). En conséquence, Dieu a livré les impies à leur sens réprouvé (Ro 1.28), et en outre, les esprits des perdus sont aveuglés par Satan (2 Co 4.3,4), accentuant le contraste entre l'esprit naturel et l'esprit régénéré (Ja 3.13-18). La liberté de neutralité que Satan semblait offrir n'en était rien ; au contraire, elle s'est avérée être une servitude à la pensée erronée, puisque nul n'est disposé à craindre Dieu (Ro 3.18), et puisque la crainte du Seigneur est le commencement de la science (Pr 1.7), nul ne peut revendiquer une saine épistémologie sans l'intervention de Dieu. Compléter la raison humaine avec la révélation divine n'est pas efficace pour susciter la connaissance positionnelle de Dieu.[172] Au contraire, comme le note Van Til, les conclusions fondamentales de l'esprit déchu (supprimant la vérité de Dieu) doivent être renversées.[173]

C'est pourquoi les quatre piliers (le quatrième n'ayant pas encore été identifié), s'ils sont utilisés par le non-croyant, ne pourront jamais se traduire de leur propre source en la foi qui sauve. L'usage approprié des quatre prérequis par le non-croyant peuvent seulement permettre un infime aperçu de l'unité et de la beauté de la révélation de Dieu, et donc le besoin des non-croyants de la recevoir, et ainsi une conscience de leur besoin de l'aide divine pour le faire. Van Til explique que la seule manière de voir est de croire premièrement :

> L'existence de (ce) Dieu ne peut être prouvée par autre méthode que celle, indirecte, de la présupposition. Aucune preuve de ce Dieu ni de la vérité de sa révélation dans l'Écriture ne peut être offerte en faisant appel à quoi que ce soit dans l'expérience humaine qui n'ait pas d'abord reçu sa lumière du soleil afin de voir en se tournant vers l'obscurité d'une caverne.[174]

Ainsi, comment donc l'homme naturel impotent peut-il croire afin de voir ? Comment donc Dieu communique-t-il, dans la révélation spéciale, sa vérité à l'esprit humain ? Car qui peut saisir adéquatement sa révélation ? Ses voies sont plus élevées, pourtant sa Parole accomplit ce qu'il désire, à savoir la révélation de sa personne à ceux qui sont en bas, en dépit de leurs limitations inhérentes

---

172. Le terme *ginosko* définissant une relation impliquant la vie éternelle dans Jn 17.3 est en opposition avec le *ginosko* de Ro 1.21.
173. Cornelius Van Til, *An Introduction to Systematic Theology*, Philipsburg, N. J., Presbyterian and Reformed, 1974, p. 15-16.
174. Van Til, *The Defense of the Faith*, p. 109.

(És 55.8,9). Comment donc surmonte-t-il les effets du péché ? Blaise Pascal dans *Pensées n° 60*, a capturé l'essence de cette question :

> Première partie : Misère de l'homme sans Dieu. Seconde partie : Bonheur de l'homme avec Dieu. Ou, première partie : Cette nature est corrompue. Mis en évidence par la nature elle-même. Seconde partie : Il y a un rédempteur. Mis en évidence par l'Écriture.[175]

L'homme est séparé de Dieu par un profond abîme de dépravation et d'impiété. Mais gloire à Dieu qui agit afin de franchir l'abîme.

L'oeuvre du Père, du Fils, et de l'Esprit

Sur la base de sa volonté (Ro 9.15,16), le père attire à lui ceux qu'il choisit (Jn 6.44). Nul ne peut venir de son propre chef, et même s'ils le pouvaient, ils ne le feraient pas, parce qu'il n'y a personne qui cherche Dieu (Ro 3.12-18). Il a choisi ceux qu'il attirera, avant même la fondation du monde (Ép 1.4-6), et son attraction est efficace, ayant ultimement pour résultat la glorification de ceux qu'il a choisis (Ro 8.30). Son œuvre d'attraction correspond à son œuvre d'appel (Ga 1.4-6,15), et fait référence à sa participation active en amenant l'homme à lui, créant chez l'homme la capacité de répondre positivement à sa révélation. Il faut aussi noter Matthieu 16.15-17 – la vérité concernant Jésus-Christ est révélée par le Père – Jésus est le *logos*, la Parole, l'idée même de Dieu (Jn 1.1-5) et Jésus-Christ révèle le Père.

En vertu de sa relation avec le Père, seul Christ peut l'expliquer ou le révéler adéquatement (Jn 1.18). Personne d'autre ne possède cette relation divine (en tant que Dieu seul engendré), et il n'y a donc personne d'autre à qui l'humanité peut se tourner pour connaître l'explication du caractère de Dieu. Christ a affirmé être le seul accès au Père (Jn 14.6). Sa révélation du Père est à la fois représentative (comme l'image même de Dieu, Col 1.15 ; comme représentation exacte, Hé 1.3), et exhortatoire (enseignant au sujet du caractère du Père, Jn 16 ; 12 ; 17.4-8). Étant la révélation du Père, Christ est le

---

175. Blaise Pascal, *Thoughts*, New York, PF Collier and Son, Co., 1910, p. 23.

sujet principal de la révélation spéciale (Lu 24.27,45; Jn 5.39). Sans son œuvre de révélation, l'homme n'aurait aucune compréhension (Jn 1.9), aucune explication du Père (1.18). L'Esprit guide dans toute la vérité (Jn 16.7-11,13). Il est donné au croyant afin[176] qu'il ait la compréhension[177] de ce qui est donné par Dieu (1 Co 2.12). Chafer souligne sur ce point que « […] dans la mesure où il ouvre la compréhension de l'Écriture, il dévoile ce qui émane de lui. »[178] En vertu de l'onction du Saint-Esprit, que chaque croyant possède, il est le divin enseignant du croyant (1 Jn 2.27). Sans lui, l'homme est simplement sensuel (Jude 19). Sans son œuvre de conviction (Jn 16.8) et sa divine puissance (1 Co 12.3), l'homme serait entièrement incapable de répondre par la repentance menant à la connaissance de la vérité (2 Ti 2.25).

Importance

John Whitcomb a identifié un défaut significatif dans certaines approches apologétiques, disant :

> … il faut admettre que les chrétiens ont trop souvent été coupables de bâtir des systèmes d'apologétique sur *d'autres bases que celle présentée dans l'Écriture*. Au lieu de donner l'impression que les hommes attendent ardemment la preuve que le christianisme est vrai, la Bible expose les coeurs des hommes comme étant hermétiquement fermés à toute pression pour la conversion[179] (italiques ajoutés).

L'appréciation de Whitcomb est également applicable à la méthodologie théologique. Si les bases apologétiques sont erronées,

---

176. Notez, dans le texte original de 1 Co 2.12, le terme grec *hina* qui indique un objectif (afin que).
177. *eidomen* plutôt que *ginoskomen*, soulignant une compréhension cognitive exacte plutôt qu'expérimentale, renversant l'esclavage envers les effets noétiques du péché, donnant au croyant la pensée de Christ (1 Co 2.12-16).
178. Chafer, *Systematic Theology*, vol. 6, p. 37.
179. John C. Whitcomb, « Contemporary Apologetics and Christian Faith, Part 1 », *Bibliotheca Sacra* 134 (avril-juin 1977), p. 104.

alors en vertu du rapport entre l'apologétique et la méthodologie théologique, les bases théologiques sont également erronées. Les deux méthodologies – apologétique et théologique – doivent trouver leur fondement, leur forme et leur fonction dans l'Écriture. L'incapacité de l'homme ne peut pas être surmontée par un accomplissement de l'esprit. Le grand abîme entre l'homme et Dieu peut seulement être franchi par la main de Dieu à travers son œuvre, permettant à l'homme de répondre par la foi et l'habilitant à le faire. Cependant, comme il s'est révélé avec les outils du langage, il ne travaille pas dans le sens contraire des principes de base du langage (c.-à-d. les principes herméneutiques). Par conséquent, il y a une double responsabilité portée en développant de saines méthodes apologétiques et théologiques : (1) la part de Dieu : Il doit se révéler et éclairer ceux qu'il a choisis pour le connaître (position), et (2) la part du croyant : le croyant doit se fier à la direction divine de Dieu et être diligent pour utiliser correctement les outils de la langue afin de comprendre sa révélation.

PILIER #4
Une herméneutique cohérente

Le mot *herméneutique* est dérivé du grec *hermeneia* (interprétation). L'herméneutique se réfère ici à la discipline (art et science) de l'interprétation biblique. C'est une science dans le sens où certaines règles et méthodes doivent être respectées, et c'est un art en ce que la profondeur de la signification de ce qui est communiqué dépasse souvent les limites des règles et méthodes.

Cette théologie biblique présuppose la nécessité vitale et, par conséquent, la pratique d'une approche herméneutique cohérente à l'ensemble des Écritures. L'herméneutique choisie ne peut contredire aucun des trois piliers énumérés précédemment. Le système d'herméneutique retenu doit permettre de respecter, en particulier, le deuxième pilier : Dieu s'est révélé avec autorité dans l'Écriture. L'échec à ce test révèle en soi une adaptation du principe d'interprétation non chrétien qui place l'interprète au-dessus de la révélation même de Dieu (l'Écriture elle-même), niant ultimement, si l'on suit sa conclusion logique, l'existence même du Créateur et le remplaçant ainsi par la créature. L'herméneutique utilisée est donc un sujet d'une grande importance lorsque l'on aborde la révélation que Dieu donne de lui-même. Il deviendra évident qu'une seule approche herméneutique sera à la hauteur de la tâche à accomplir.

Lockhart, appuyant sa règle voulant que l'on « interprète les communications de toutes sortes par les mêmes principes généraux »,[180] fait cette observation :

Il existe une infinie variété de types de sujets pouvant être interprétés dans le monde... tous doivent être étudiés de manière un peu différente, de sorte qu'il sera nécessaire d'examiner le caractère de l'œuvre avant toute interprétation ; néanmoins, les mêmes lois doivent être observées et les mêmes règles doivent s'appliquer.[181]

Les trois piliers précédents exigent que Dieu, plutôt que l'homme, soit l'autorité sur la révélation. Par conséquent, l'objectif spécifique de la démarche herméneutique doit alors être la connaissance de Dieu – dans ce contexte, la bonne compréhension de la révélation que Dieu donne de lui-même entraînera une bonne compréhension de Dieu, qui est un facteur important dans le travail du Saint-Esprit, qui convainc et engendre une réponse appropriée envers lui. Il est à souhaiter que l'interprète passera de la connaissance de Dieu (*ginosko*) que possèdent ceux de Romains 1.21 qui ne l'ont pas honoré comme Dieu, à la connaissance de Dieu (*ginosko*) qui est par définition la vie éternelle dans Jean 17.3, c'est-à-dire l'établissement, par la puissance de Dieu, d'une relation personnelle avec Dieu. Bien que cela ne puisse évidemment pas se faire simplement par une démarche herméneutique, la démarche herméneutique appliquée adéquatement à l'Écriture permet une bonne compréhension du message tel que le Saint-Esprit l'a formulé et fournit ainsi un tremplin, si l'on veut, pour son travail.[182]

Certains, comme le théologien allianciste John Gerstner, suggèrent qu'il est impossible de maintenir une herméneutique systématiquement littérale, particulièrement en abordant la

---

180. Clinton Lockhart, *Principles of Interpretation*, Delight, Ark., Gospel Light, 1915, p. 35.
181. Ibid., p. 33.
182. Voir Ac 8.28-38 : l'eunuque éthiopien, après avoir été correctement orienté vers une saine compréhension de l'Écriture, répond à Dieu de manière appropriée.

prophétie biblique,[183] et que les dispensationalistes sont donc inconséquents dans leur approche herméneutique. Cependant, un examen des diverses méthodes d'interprétation démontre que la seule méthode qui reconnaît toujours cette vérité fondamentale dans la pratique est l'approche historico-grammaticale littérale, et donc elle est non seulement nécessaire, mais en raison de sa nécessité elle est certainement possible.

Une approche constamment spiritualisante ou allégorique détruit l'objectivité, et ultimement l'autorité de l'Écriture elle-même, puisque l'interprète, dans cette approche herméneutique, usurpe en fin de compte l'autorité sur le texte. Une approche systématiquement littérale de l'ensemble de l'Écriture – spécifiquement l'approche historico-grammaticale littérale – donnera lieu à certaines conclusions idiosyncrasiques et même exclusives.

Résultat de l'approche systématiquement littérale #1 : soumission à l'autorité de l'Écriture

Si l'Écriture porte cette marque d'autorité, le mode d'interprétation de l'Écriture doit être exégétique et non eiségétique. Il doit être principalement inductif (commençant par le texte pour définir la théologie) plutôt que déductif (commençant par la théologie afin de déterminer le texte).

Chaque croyant doit donc évaluer son expérience à la lumière du témoignage commun et se soumettre à son autorité. Nous avons été prévenus qu'il y a des forces spirituelles à l'œuvre qui chercheront à corrompre la vérité, et c'est donc seulement lorsque nous réformons nos propres opinions selon le témoignage collectif que nous serons préservés de l'erreur.[184]

---

183. John Gerstner, *Wrongly Dividing The Word Of* Truth, Morgan, Penns., Sole Deo Gloria, 2000, p. 93, 96, 110.

184. Gerald Bray, *Biblical Interpretation Past and* Present, Downers Grove, Intervarsity Press, 1996, p. 15.

Sur l'infaillibilité et l'autorité de l'Écriture, même compte tenu de l'actuelle absence de manuscrits originaux, le raisonnement de Van Til est important :

> Il est impossible d'atteindre l'idée d'un tel Dieu par la spéculation indépendamment de l'Écriture. Cela n'a jamais été fait et c'est intrinsèquement impossible. Un tel Dieu doit s'identifier. Un tel Dieu, et seul un tel Dieu, identifie tous les faits de l'univers. En identifiant tous les faits de l'univers, il définit les liens entre ces faits. Une telle vision de Dieu et de l'histoire de l'humanité est présupposée par et présuppose en retour, l'idée que la Bible est infaillible ; et si un tel Dieu est présupposé alors ce n'est pas un sujet de grande inquiétude si les transmissions ne sont pas des reproductions tout à fait exactes des textes originaux... Dieu dans sa providence s'est assuré de la transmission essentiellement exacte des paroles de l'original.[185]

Si l'Écriture porte en effet ce niveau de précision et d'autorité, le besoin d'humilité de la part du lecteur, se soumettant à l'autorité du récit biblique, est inéluctable et le résultat logique d'une interprétation littérale.

RÉSULTAT DE L'APPROCHE SYSTÉMATIQUEMENT LITTÉRALE #2 : LA RECONNAISSANCE DE LA RÉVÉLATION CUMULATIVE

Il s'agit ici d'un écart majeur par rapport aux théologiens non dispensationalistes et dispensationalistes progressifs, eux qui, tout en insistant sur leur utilisation d'une herméneutique systématiquement littérale, soulèvent des questions à savoir comment l'interprétation littérale devrait être menée. Un élément qui revêt une importance capitale dans ce débat est la relation entre l'Ancien Testament et le Nouveau. John Feinberg a identifié les enjeux centraux comme étant : (1) la relation entre la révélation cumulative, ou progressive, et la priorité d'un Testament sur l'autre ; (2) la reconnaissance et les

---

185. Cornelius Van Til, *A Christian Theory of Knowledge*, p. 28.

implications de l'utilisation de l'Ancien Testament par le Nouveau Testament ; et (3) comment approcher la typologie.[186] L'herméneutique du non-dispensationalisme et du dispensationalisme progressif rejette la révélation cumulative en général, en partie à cause de la priorité à l'Ancien Testament qui en résulte en ce qui concerne la définition d'idées et de termes clés (le Nouveau Testament tient la priorité pour ce qui est de fournir une théologie complète). Les observations de Feinberg sont encore une fois utiles :

> Les non-dispensationalistes commencent par les enseignements du NT comme étant prioritaires, puis reviennent à l'AT. Les dispensationalistes commencent souvent par l'AT, mais où qu'ils commencent, ils exigent que l'AT soit pris selon ses propres modalités plutôt que d'être réinterprété à la lumière du NT.[187]

La reconnaissance de la révélation cumulative est intrinsèquement vitale pour l'application cohérente de l'interprétation littérale. Suite à une interprétation littérale, cette reconnaissance s'impose, puisqu'il faut évidemment commencer par la première révélation et avancer progressivement jusqu'à la plus récente. Stallard confirme ceci comme un principe primordial dans ses quatre étapes[188] de la méthode théologique : (1) reconnaître ses préconceptions ; (2) élaborer une théologie biblique de l'Ancien Testament à partir d'une interprétation historico-grammaticale littérale de l'Ancien Testament ; (3) élaborer une théologie biblique du Nouveau Testament à partir d'une interprétation historico-grammaticale littérale du Nouveau Testament ; et (4) produire une théologie systématique en harmonisant les énoncés des principes 2 et 3. Notez la priorité que

---

186. John S. Feinberg, « Systems of Discontinuity », dans *Continuity and Discontinuity: Perspectives on the Relationship Between the Old and New Testaments*, éd., John S. Feinberg, Wheaton, Ill., Crossway, 1988, p. 73-74.

187. Ibid., p. 73.

188. Adapté de Mike Stallard, *Literal Hermeneutics, Theological Method, and the Essence of Dispensationalism*, non publié.

Stallard accorde à l'Ancien Testament sur le Nouveau, simplement comme résultat de la révélation cumulative. Ryrie a déclaré que cette reconnaissance est « un impératif »[189] sans lequel seront soulevées des « contradictions insolubles ».[190] Les appuis bibliques pour la conclusion de Ryrie sont forts. Ryrie affirme la réalité de la révélation cumulative comme un aspect définitif de la théologie biblique, disant :

> La théologie biblique étudie la révélation selon la séquence progressive dans laquelle elle a été donnée. Elle reconnaît que la révélation ne fut pas complétée par un acte unique de la part de Dieu, mais s'est déroulée en une série d'étapes successives par l'entremise de diverses personnes. La Bible est un registre de la progression de la révélation, et c'est sur cela que la théologie biblique se concentre.[191]

Christ illustre le principe de la révélation cumulative dans sa façon d'utiliser la révélation de l'Ancien Testament lors de son apparition aux deux disciples sur le chemin d'Emmaüs : « Et, commençant par Moïse et par tous les prophètes, il leur expliqua dans toutes les Écritures ce qui le concernait » (Lu 24.27). Ses auditeurs ont décrit plus tard sa démarche comme « expliquant les Écritures » (24.32). Christ fait aussi référence à cet ordre dans l'Écriture à d'autres occasions, et ses remarques vont au-delà de la reconnaissance de la structure généralement reconnue de la révélation de l'Ancien Testament.

Christ lui-même, pour expliquer les Écritures, a commencé au début de la Bible. Encore une fois, nous voyons que Christ lui-même, en tant que révélation personnelle de Dieu, est l'apogée de la révélation cumulative, puisqu'il est identifié comme cette révélation de Dieu dans les derniers temps, lui qui est « le reflet de sa gloire et l'empreinte de sa personne » (Hé 1.2,3). Dans ses premières déclarations au sujet de Christ, Jean fait référence au commencement (Jn 1.1), puis à la loi

---

189. Charles Ryrie, *Basic Theology*, p. 114.
190. Ibid.
191. Charles Ryrie, *Basic Theology*, Wheaton, Ill., Victor Books, 1986, p. 14.

de Moïse (1.17) et encore une fois, aux prophètes (1.19-25). Christ est l'aboutissement d'une révélation cumulative. Remarquez 1 Rois 17.1 et 18.41 plus tard exposés dans Luc 4.25 et Jacques 5.17. La position dispensationaliste progressive et non dispensationaliste a été caractérisée par une reconnaissance d'une herméneutique parfois littérale, interprétant néanmoins l'Ancien Testament à la lumière du Nouveau.[192] Cependant, même le postmillénariste A. H. Strong,[193] qui s'égare certes de l'herméneutique littérale dans la prophétie,[194] reconnaît la nature cumulative, ou progressive, de l'Écriture.[195] Berkhof semble pourtant admettre qu'une compréhension cumulative serait assurément une confirmation du point de vue prémillénariste, faisant référence à la compréhension prémillénariste du règne de mille ans dans Apocalypse 20.1-6 disant que :

> La seule base scripturaire de cette théorie est Apocalypse 20.1-6 après qu'un contenu vétérotestamentaire y ait été répandu.[196]

Malheureusement, l'incohérence est évidente car il continue en disant :

> Ce passage se trouve dans un livre hautement symbolique et est certes très obscur... L'interprétation littérale de ce passage... mène à une vision qui ne trouve aucun appui ailleurs dans l'Écriture.[197]

Pourtant, il admet qu'en lisant le passage à travers les yeux de l'Ancien Testament, l'interprétation littérale est plausible. La prédisposition contre la nature cumulative de la révélation est ici

---

192. Robert Saucy, *The Case for Progressive* Dispensationalism, Grand Rapids, Zondervan, 1993, p. 20.
193. A. H. Strong, *Systematic Theology*, Philadelphia, Judson Press, 1947, p. 1008.
194. Ibid., p. 1012.
195. Ibid., p. 175.
196. Louis Berkhof, *Systematic Theology*, 4ᵉ éd. révisée et augmentée, Grand Rapids, Eerdmans, 1941, p. 715.
197. Ibid.

évidente. L'amilléniariste Kuyper semble plaider en faveur de la nature cumulative, disant :

> L'Ancien Testament est pour nous le point d'ancrage et le Nouveau Testament ne peut se légitimer lui-même autrement que comme complément et couronne de l'Ancien, postulé par l'Ancien, présumé et prophétisé par Christ...[198]

Si le Nouveau Testament est postulé par l'Ancien Testament, tel que le suggère Kuyper, alors par conclusion logique le Nouveau Testament doit être interprété sur la base de la révélation donnée dans l'Ancien Testament.

Enfin, Oswald Thompson Allis, tout en déformant l'insistance dispensationaliste sur la révélation cumulative, reconnaît que l'idée de base est un prérequis de l'interprétation littérale :

> Un autre résultat important de l'affirmation des dispensationalistes à l'effet que la prophétie doit être interprétée littéralement, c'est-à-dire que telle qu'elle est comprise elle est parfaitement intelligible et que si elle est inconditionnelle elle doit s'accomplir littéralement, est la tendance à exalter l'Ancien Testament au détriment du Nouveau Testament, d'insister pour dire que ses prédictions tiennent par elles-mêmes et ne sont d'aucune façon tributaires du Nouveau Testament pour l'amplification, l'illumination ou l'interprétation [...]. La prémisse qui sous-tend ces déclarations est que tout sauf l'accomplissement littéral reviendrait à l'abrogation ou la modification.[199]

Bien que les partisans de l'approche non littérale n'admettent pas tous la nature cumulative de la révélation, cela ne devrait pas être le cas chez les tenants de l'herméneutique littérale.

---

198. Abraham Kuyper, *Principles of Sacred Theology*, Grand Rapids, Baker Book House, 1980, p. 461.
199. O. T. Allis, *Prophecy and the Church*, Philipsburg, N. J., 1945, p. 48.

Résultat de l'approche systématiquement littérale #3 : la conscience de la centralité doxologique

Un examen de quelques œuvres fondamentales de Dieu joint à une interprétation littérale du récit de la création démontre la centralité du dessein doxologique de Dieu, tout comme les œuvres majeures de Dieu révélées dans l'Écriture servent *toutes* le dessein doxologique : (1) les oeuvres de prédestination et d'appel de Dieu, Ép 1.5-12 ; 2 Pi 1.3 ; (2) le ministère de Christ (y compris sa résurrection), Jn 13.31,32 ; 17.1-5 ; 21.19 ; 2 Co 1.20 ; Hé 13.21 ; (3) la préservation de sa Parole, Ro 3.1-7 ; (4) Le salut, Ps 79.9 ; Ro 15.7 ; 16.25-27 ; Ép 1.14 ; 1 Ti 1.15-17 ; 2 Ti 4.18 ; Jud 24,25 ; (5) l'Église, 1 Co 10.31 ; 2 Co 4.15 ; Ép 1.12 ; Ph 1.11 ; 2 Th 1.11,12 ; 1 Pi 4.11,16 ; (6) le fruit porté par les croyants, Jn 15.8 ; 1 Co 10.31 ; (7) le royaume, Ph 2.11 ; 1 Th 2.12 ; Ap 1.6 ; (8) la maladie, la mort et la résurrection, 1 S 6.5 ; Lu 17.11-18 ; Jn 9.1-3 ; 11.4 ; (9) le jugement, Ro 3.7 ; Ap 14.7 ; (10) la délivrance d'Israël, És 60.21 ; 61.3 ; (11) l'accomplissement des alliances et la fin de toutes choses, És 25.1-3 ; 43.20 ; Lu 2.14 ; Ro 4.20 ; 15.8,9 ; 2 Co 1.20 ; 2 Pi 1.3,4 ; Ap 19.7 ; (12) la création est identifiée comme une œuvre primaire, Ps 19 ; És 40 ; Ap 4.8-11.

Il a créé pour exprimer sa gloire (Ap 4.11). Il se révèle à sa création afin qu'elle soit remplie de sa gloire (No 14.21) et que tous lui rendent la gloire qui lui est due (1 Ch 16.28,29 ; Ps 29.1,2 ; 96.7,8). L'existence de toutes choses a pour objectif la libre expression divine, c'est-à-dire la gloire même de Dieu (Ro 11.36), un peu comme la symphonie reflète l'habileté du compositeur, le chef-d'œuvre reflète le talent du peintre et les mots touchants reflètent le cœur du poète.

Quel est l'enjeu ?

Si l'interprétation littérale de la création est rejetée, le résultat est nécessairement que les autres œuvres de Dieu doivent également être rejetées.

(1) Les œuvres de prédestination et d'appel de Dieu — Éphésiens 1.4 nous parle de l'élection avant la fondation du monde, mais si l'Écriture parle sans autorité et avec ignorance de la fondation du monde, comment donc peut-on s'y fier à cet égard ?

(2) Le ministère de Christ — Dieu affirme que Christ est le Créateur *(Jn 1.1-3 ; Col 1.13-16 ; Hé 1.1-3).* S'il ne l'est pas, alors sur quelle base peut-on accorder du crédit à tout autre ministère de Christ ? Si Jésus n'a aucun droit en tant que Créateur, par quelle autorité pourrait-il se relever lui-même d'entre les morts (Jn 2.19) ?

(3) La préservation de sa Parole — Quelle valeur peut-on accorder à sa Parole alors qu'il prétend être celui qui a créé d'une manière précise, s'il ne l'est pas et ne l'a pas fait ?

(4) Le salut — s'il n'a aucun droit sur la création comme le Créateur, quel droit peut-il avoir comme Sauveur ? Sans son œuvre créatrice, il ne posséderait aucune autorité pour racheter.

(5) L'Église — elle dépend de Christ pour son existence comme corps de Christ, pourtant l'identité et le ministère de Christ, par la négation du récit de la création, seraient d'emblée inéligibles.

(6) Le fruit porté par les croyants — Jean 15.1-11 démontre que pour porter du fruit, le croyant doit demeurer en Christ, et cela grâce à l'œuvre de prédestination de Dieu (Ép 2.8-10). Ces bases, si présumées fausses, seraient vaines.

(7) Le royaume — la domination et l'autorité du royaume est issue des droits du Créateur (Col 1.13-16). Autrement, Dieu n'aurait aucun droit de régner.

(8) La maladie, la mort et la résurrection — (Jn 9.1-3 ; 11.4) S'il n'y a pas d'autorité en tant que Créateur, il n'y a pas de souveraineté sur la création.

(9) Le jugement — (Ro 1.19,20) l'homme doit rendre compte de son refus de reconnaître la révélation naturelle de Dieu. Où sont l'autorité et la justice de Dieu s'il ne s'est pas révélé lui-même de cette façon ?

(10) La délivrance d'Israël — Romains 9.6 nous dit que le plan futur de Dieu pour la délivrance d'Israël repose sur sa parole, qui aurait été rendue fausse par le « récit erroné de la création ».

(11) L'accomplissement des alliances et la fin de toutes choses — il ne peut finir ce qu'il n'a pas commencé (p. ex., Ap 22.10). Le début et la fin vont de pair.

Pour résumer :
(1) L'objectif révélé de Dieu en toutes choses est de se glorifier.
(2) Les œuvres de Dieu servent à cette fin.
(3) La création est identifiée comme une œuvre primaire et fondamentale dont dépendent les autres œuvres dans une certaine mesure. Une interprétation entièrement littérale du récit de la création (Genèse 1 – 2) implique nécessairement une période de création de six jours (*Créationnisme biblique*).
(4) Si le récit littéral de la création en six jours est rejeté, le résultat direct est que les autres œuvres de Dieu doivent également être rejetées.
(5) Si ses œuvres son niées, sa dignité et sa gloire sont niées, exaltant ultimement la création (c'est-à-dire l'homme) accomplissant ainsi le plan trompeur de Satan (Ge 3.1-6). Cependant, si nous reconnaissons ses œuvres, nous reconnaîtrons qu'il est digne d'être loué (Ap 4.8-11).

Résultat de l'approche systématiquement littérale #4 : une conclusion normative dispensationnelle

Une théologie dispensationnelle véritablement biblique n'est *pas* une méthode herméneutique ; c'est plutôt le *résultat* d'une méthode herméneutique historico-grammaticale littérale appliquée systématiquement. Même ceux qui sont en désaccord avec les conclusions de la théologie dispensationaliste admettent volontiers que les conclusions dispensationalistes sont généralement le résultat direct d'une démarche d'interprétation littérale : Gerstner explique que le dispensationalisme résulte d'une méthode plus systématiquement littérale, disant :

> Nous ne devrions pas accuser les dispensationalistes d'être des littéralistes absolus et ils ne devraient pas accuser les non-dispensationalistes d'être des spiritualiseurs. Nous sommes tous littéralistes jusqu'à un certain point. Au point où nous divergeons, il y a une tendance pour les dispensationalistes à être littéralistes alors que le non-dispensationaliste a tendance à interpréter la Bible au sens figuré.[200]

Berkhof admet que certaines conclusions prémillénaristes (dispensationalistes) sont

> fondées sur une interprétation littérale des délimitations prophétiques de l'avenir d'Israël et du Royaume de Dieu, ce qui est tout à fait intenable.[201]

Allis souligne que l'interprétation littérale est une caractéristique du dispensationalisme prémillénariste :[202]

> L'une des caractéristiques les plus marquées du prémillénarisme sous toutes ses formes est l'accent qu'il place sur l'interprétation littérale de l'Écriture [...] Les dispensationalistes sont des littéralistes ardents dont la devise, comme pour d'autres prémillenaristes, pourrait s'exprimer ainsi : « littéral chaque fois que c'est possible » (H. Bonar) ou « littéral sauf si cela est absurde » (Govett).[203]

---

200. John Gerstner, p. 93.
201. Louis Berkhof, *Systematic Theology*, p. 712.
202. Il est à noter qu'il accuse aussi les dispensationalistes d'incohérence, particulièrement en ce qui concerne la typologie. Ce fait sera discuté plus loin.
203. O. T. Allis, p. 16, 18-19.

Ryrie affirme succinctement que le système résulte de la méthode :

> Le dispensationalisme classique est le résultat de l'application systématique du principe herméneutique d'interprétation littérale, normale ou simple. Aucun autre système de théologie ne peut prétendre cela.[204]

En changeant la méthode, la théologie qui en résulte sera nécessairement altérée. Porter attention à la méthodologie est évidemment très important.

Types majeurs de conclusions eschatologiques/théologiques

Historiquement il y a eu (et il demeure) un certain nombre de systèmes théologiques distincts identifiés principalement par leurs particularités eschatologiques. Un indicateur clé est la chronologie du retour du Christ ainsi que l'établissement de son Royaume. Il y a trois points de vue pertinents : Le postmillénarisme, l'amillénarisme et le prémillénarisme.

Le postmillénarisme soutient que l'Église sera victorieuse sur la terre, instituant le millénium, Christ revenant *après* que cette victoire extraordinaire ait été obtenue. Les éléments déterminants de ce point de vue se trouvent dans les écrits d'Augustin, mais ont été ultérieurement développés par Daniel Whitby (1638-1725) et d'autres. Kenneth Gentry identifie quatre piliers[205] de la position postmillénariste : (1) la création — les desseins de Dieu dans la création seraient contrecarrés si la terre devait être détruite et refaite ; (2) l'alliance — les promesses d'un « royaume inébranlable » et des bénédictions terrestres exigent que cette terre demeure, et que le royaume soit l'apogée de l'existence humaine ; (3) la prophétie — on suggère ici que la prophétie exige l'évolution progressive et ultime de l'homme vers la paix et la prospérité ; et (4) le royaume — se basant

---

204. Charles Ryrie, *Dispensationalism*, éd. révisée et augmentée, Chicago, Ill., Moody Press, 1995, p. 85.

205. Kenneth Gentry, Jr., *Postmillennialism: Wishful Thinking Or Certain Hope?*, voir < www.cmfnow.com >.

sur l'interprétation de Gentry de 1 Corinthiens 15.24, il suggère que le royaume est le point culminant de l'histoire.

L'amillénarisme est la croyance qu'il y n'aura pas de règne littéral de 1000 ans de Christ sur la terre. Ce point de vue est également associé à Augustin, qui maintenait une interprétation spirituelle d'Apocalypse 20, avançant que le royaume était accompli dans l'Église. Il a également reconnu un royaume littéral (à l'ère actuelle), ce qui suggère que le retour du Christ viendrait ensuite – utilisant une interprétation récapitulative (selon laquelle le chap. 20 précède le chap. 19 en ordre chronologique) du passage. Les observations d'Augustin contiennent des éléments essentiels et fournissent le tremplin pour le postmillénarisme et pour l'amillénarisme. Berkhof prétend que l'amillénarisme est la foi historique de l'Église, ayant à l'esprit la vision d'Augustin.[206]

Le prémillénarisme affirme que la seconde venue de Christ précédera l'accomplissement littéral du règne de 1000 ans de Christ sur la terre. Ryrie prétend que le prémillénarisme est la foi historique de l'Église,[207] ayant à l'esprit une interprétation littérale de l'Écriture et donc faisant appel à une autorité antérieure aux Pères de l'Église postapostolique desquels sont issues les approches non littérales et les points de vue amillénariste et postmillénariste. Erickson, de même, observe que le prémillénarisme était l'enseignement dominant pendant les trois premiers siècles de l'Église.[208]

La théologie de l'alliance/réformée

Ce système comporte trois éléments constitutifs : l'alliance des œuvres, un seul peuple de Dieu et une herméneutique incohérente.

---

206. Louis Berkhof, *Systematic Theology*, p. 708.
207. Charles Ryrie, *The Basis of the Premillennial Faith*, Neptune, N. J., Loizeaux Brothers, 1953, p. 17.
208. Millard Erickson, *Christian Theology*, Grand Rapids, Mich., Baker, 1983, p. 1213.

(1) L'alliance des œuvres/l'alliance de grâce

Dieu a conclu une alliance avec Adam. Adam l'a enfreinte. Dieu a alors instauré l'alliance de grâce, qui offre la vie éternelle par la foi. La Confession de Westminster identifie ces deux alliances :

> L'homme par sa chute s'étant lui-même rendu incapable de vivre selon cette alliance, le Seigneur en a établi une deuxième, communément appelé l'alliance de grâce : par elle il a offert librement aux pécheurs la vie et le salut par Jésus-Christ, exigeant d'eux la foi en lui, afin qu'ils soient sauvés, et promettant de donner à tous ceux qui sont prédestinés à la vie, son Saint-Esprit, pour les rendre désireux et capables de croire.[209]

Aucune de ces alliances n'est jamais mentionnée ou nommée dans l'Écriture. Cette approche vise à unifier l'Écriture, la préservant des supposés résultats incohérents d'une interprétation littérale ; elle met l'accent sur un seul peuple de Dieu, niant la distinction entre Israël et l'Église ; elle situe les croyants des temps modernes à l'ère de la loi et applique ouvertement une herméneutique allégorique, en particulier dans les passages prophétiques.

Le théologien réformé Berkhof admet la nouveauté du système alliancistre :

> Dans les écrits des premiers Pères de l'Église, l'idée des alliances est rarement trouvée, bien que les éléments qu'elle inclut, à savoir le commandement probatoire, la liberté de choix et la possibilité du péché et de la mort, sont tous mentionnés [...] Dans la littérature scolastique ainsi que dans les écrits des réformateurs, tous les éléments qui ont constitué plus tard le fondement de la doctrine de l'alliance des œuvres étaient déjà présents, mais la doctrine elle-même n'était pas encore élaborée.[210]

Alors que Heinrich Bullinger est souvent appelé le père de la théologie de l'alliance, Cocceius a développé le système allianciste en trois volets : les œuvres, la rédemption et la grâce, mais il faisait

---

209. Westminster Confession, 7:3.
210. Louis Berkhof, *Systematic Theology*, p. 211.

une distinction si nette entre l'Ancien et le Nouveau Testament qu'il pourrait difficilement être vu comme un véritable « théologien de l'alliance ». L'alliance de la rédemption comporte l'alliance du Père avec le Fils concernant le plan du salut, et c'est pourquoi le plan du salut devient l'enjeu unificateur de l'Écriture.

(2) Un seul peuple de Dieu
Les saints du Nouveau Testament partagent la même identité fondamentale, les positions et les citoyennetés que les saints de l'Ancien Testament – les croyants israélites (AT) et les croyants de l'ère de l'Église (NT) sont essentiellement le même corps.

(3) Une herméneutique incohérente
Lorsque surviennent des difficultés dans les conclusions de l'herméneutique littérale, l'herméneutique allégorique est appliquée, particulièrement en ce qui concerne la prophétie.

Dans ce système, il y a trois conclusions eschatologiques fondamentales : le postmillénarisme allianciste cherche un accomplissement des prophéties de l'Ancien Testament dans un âge d'or de l'Église, après quoi la seconde venue du Seigneur se produit ;[211] l'amillénarisme allianciste nie un règne littéral de Christ sur la terre, tout en admettant généralement un retour littéral de Christ sur la terre ;[212] et le prémillénarisme allianciste reconnaît un retour littéral de Christ pour instaurer son royaume éternel sur la terre, cependant, pas dans le contexte d'un règne de 1000 ans. Il diffère seulement de l'amillénarisme dans la phraséologie.[213]

L'ultra-dispensationalisme

Ce point de vue est parfois appelé hyperdispensationalisme ou Bullengerisme – parce que ce système a été popularisé par

---

211. J. Marcellus Kik, *An Eschatology of Victory*, Nutley, N. J., Presbyterian and Reformed, 1975, p. 4.
212. John Walvoord, *The Millennial Kingdom*, Grand Rapids, Mich., Academie, 1959, p. 6.
213. Tel que supporté par George Eldon Ladd.

les doctrines décrites dans les notes de la Companion Bible de E. W. Bullinger. H. A. Ironside a identifié six caractéristiques ou spécificités de l'ultra-dispensationalisme.[214] (1) Les Évangiles n'ont pas de véritable message pour l'Église ; (2) Le livre des Actes est transitoire entre la dispensation de la Loi et la dispensation du mystère, et traite d'une « autre Église » que celle dont parle Paul dans ses épîtres ; (3) Paul n'a pas reçu la révélation du mystère du corps avant son emprisonnement à Rome et, par conséquent, ses épîtres antérieures traitent de la même « Église » de transition que dans les Actes ; (4) tout le livre de l'Apocalypse traite d'événements futurs – les sept lettres sont pour sept Églises juives de la tribulation ; (5) le corps de Christ est distinct de l'épouse de l'Agneau, cette dernière étant censée être juive selon Bullinger ; (6) le baptême et le repas du Seigneur, ayant été révélés avant les épîtres que Paul a écrites en prison, ne concernent pas l'époque actuelle de l'Église. D'autres aspects de l'ultra-dispensationalisme plus modérés ont été expliqués par Cornelius Stam.[215]

Le dispensationalisme progressif (DP)

Les partisans de ce système récemment mis au point (Saucy, Blaising, Bock et al., vers 1993) qualifient le système de position intermédiaire entre le dispensationalisme et la théologie de l'alliance, mais en fait le DP ressemble plus au système allianciste qu'au dispensationalisme. Le DP comporte sept principes fondamentaux qui font de lui, en fait, une théologie non-dispensationaliste et qui ont conduit Ryrie à penser que le DP est en fait très étroitement lié au prémillénarisme allianciste :[216]

---

214. Résumé de H. A. Ironside, *Wrongly Dividing the Word of Truth*, 4ᵉ éd., Neptune, N. J., Loizeaux Brothers, 1989, p. 9-10.
215. Voir Cornelius Stam, *Things That Differ*, Chicago, Ill., Berean, Bible Society, 1959.
216. Charles C. Ryrie, « Update on Dispensationalism », dans *Issues in Dispensationalism*, édité par Wesley R. Willis, John R. Master, et Charles C. Ryrie, Chicago, Ill., Moody Press, 1994, p. 23.

(1) Le Royaume de Dieu est le facteur unificateur de l'AT et du NT. Étant le thème de l'histoire biblique, le royaume est ce programme à travers duquel Dieu met en œuvre sa seigneurie sur la terre par un salut qui s'applique à toute l'histoire.[217]

(2) Quatre dispensations de l'histoire biblique : patriarcale, mosaïque, ecclésiale (l'Église) et sioniste (le royaume). Les quatre sont calculées par une méthode assez simple en trois volets comme suit (le plus notable est le premier point) :

> ... (1) commencer par la structure du dispensationalisme du Nouveau Testament ; (2) garder le plan dispensationnel aussi simple que possible ; et (3) faire preuve de souplesse avec la notion d'une dispensation afin de voir une plus grande simplicité ou une plus grande distinction que le plan dispensationnel courant ne le permet...[218]

(3) Christ est actuellement assis sur le trône de David – l'alliance davidique se rapporte autant à Israël qu'à l'Église. Christ est assis à la droite de Dieu, ce qui constitue, selon le DP, le trône de David.[219]

(4) La nouvelle alliance est déjà inaugurée, bien que pas encore entièrement réalisée.[220]

(5) La distinction entre Israël et l'Église est surestimée dans le dispensationalisme classique.[221]

(6) Une herméneutique complémentaire – alors qu'ils ne refusent pas catégoriquement l'interprétation historico-grammaticale littérale,

---

217. Robert Saucy, *The Case For Progressive Dispensationalism*, p. 27-28.
218. Craig A. Blaising, Darrell L. Bock, *Progressive Dispensationalism*, Grand Rapids, Baker Books, 1993, p. 120.
219. Saucy, *The Case for Progressive Dispensationalism*, p. 73.
220. Bruce A. Ware, « The New Covenant and the People(s) of God », dans *Dispensationalism, Israel, and the Church*, édité par Craig A. Blaising et Darrell L. Bock, Grand Rapids, Mich., 1992, p. 84-97.
221. Saucy, p. 27-29.

ils affirment que le Nouveau Testament apporte des modifications complémentaires à l'Ancien Testament. Blaising et Bock précisent cette affirmation :

> L'inclusion supplémentaire de certaines personnes sous la promesse ne signifie pas que les destinataires d'origine sont ainsi exclus. *L'expansion de la promesse ne signifie pas l'annulation des engagements antérieurs, que Dieu a pris.*[222]

Ils se réfèrent à ce principe comme le « principe complémentaire ».[223] Cette approche complémentaire est considérée comme un raffinement nécessaire et naturel du littéralisme.

(7) Une approche « déjà et pas encore » – les alliances s'accomplissent progressivement (d'où le nom de dispensationalisme progressif) et trouvent ainsi leur accomplissement tant aujourd'hui qu'à l'avenir.[224]

Dispensationalisme normatif

Les éléments clés de la théologie dispensationaliste normative incluent ceux relevés par Guer :[225] (1) le littéralisme (principe de base de l'herméneutique) ; (2) la diversité des classes dans le corps des rachetés (distinction entre Israël et l'Église) ; et (3) l'utilisation littérale du *jour* dans la prophétie. La description possiblement la plus efficace des éléments fondamentaux se trouve dans les *sine qua non* de Ryrie :[226] (1) la distinction entre Israël et l'Église ; (2) l'utilisation systématique d'une herméneutique littérale ; (3) le dessein doxologique de Dieu comme élément central.

Les divisions dispensationnelles fournissent un outil structurel important pour décrire le plan de Dieu qui se matérialise. Bien

---

222. Blaising et Bock, *Progressive Dispensationalism*, p. 103.
223. Ibid.
224. Blaising et Bock, *Progressive Dispensationalism*, p. 96-100.
225. Tel qu'identifié par Mike Stallard, *Literal Hermeneutics, Theological Method, and the Essence of Dispensationalism*.
226. Charles C. Ryrie, *Dispensationalism Today*, Chicago, Moody Press, 1965, p. 43-47.

qu'il existe un certain nombre d'approches différentes pour décrire ces divisions, trois de ces approches sont particulièrement utiles selon cet auteur et calculent respectivement trois, sept et douze dispensations :

Trois divisions dispensationnelles (A. C. Gaebelein)[227]

(1) L'ère de la préparation — à partir de Genèse 3.15 et incluant l'appel d'Israël ; (2) l'ère de la participation débutant dans Actes 2 à la Pentecôte et se terminant avec l'enlèvement de l'Église (1 Th 4.17,18) ; (3) l'ère de la consommation depuis le retour de Christ après la tribulation, englobant le royaume millénaire et introduisant l'éternité.

Gaebelein a reconnu d'autres possibilités, mais a maintenu les éléments essentiels de ces trois dispensations particulières.[228]

Sept divisions dispensationnelles (C. I. Scofield)

(1) L'innocence — Ge 1.3 - 3.6 ; (2) la conscience — Ge 3.7 - 8.14 ; (3) le gouvernement — Ge 8.15 - 11.9 ; (4) la promesse — Ge 11.10 - Ex 18.27 ; (5) la loi — Ex 19.1 - Jn 14.30 ; (6) la grâce[229] — Ac 2.1 - Ap 19.21 ; (7) le millénium — Ap 20.1-5.

---

227. A. C. Gaebalein, « The Dispensations », *Our Hope* 37 (décembre 1930), p. 341-346.
228. Mike Stallard, *The Theological Method of AC Gaebelein*, thèse, 1992, p. 204.
229. Bien que Scofield ait initialement communiqué sa sotériologie dispensationnelle avec une certaine ambiguïté (voir *La Bible de référence Scofield*, 1917, p. 1115), les dispensationalistes s'entendent pour dire que le salut s'est toujours obtenu par la foi, le contenu variant selon la dispensation – certains attendaient dans le futur la rédemption par le Messie, tandis que les autres la contemplent dans le passé.

Douze divisions dispensationnelles[230]

(1) La planification : l'éternité passée[231] — Jn 17.24 ; Ép 1.4 ; 1 Pi 1.20 ; (2) le prélude : l'innocence de l'homme — Ge 1.1 - 3.5 ; (3) la peine : l'échec de l'homme — Ge 3.6 - 6.7 ; (4) la préservation et la provision : la grâce commune et le gouvernement humain — Ge 6.8 - 11.9 ; (5) les promesses énoncées — Ge 11.10 - Ex 18.27 ; (6) les prérequis dépeints : l'alliance rompue : le précepteur — Ex 19.1 - Ma 4.6 ; Ga 3.24,25 ; (7) les promesses présentées : le royaume offert — Mt 1.1 - 12.45 ; (8) la prorogation et la propitiation : le royaume reporté et la nouvelle alliance ratifiée — Mt 12.46 - Ac 1.26 ; (9) la participation : l'ère de l'Église — Ac 2.1 - Ap 3.22 ; (10) la purification : la tribulation, la détresse de Jacob — Ap 4.1-19.10 ; (11) les promesses réalisées : le début du royaume — Ap 19.11 - 20.6 ; (12) postface : l'éternité future — Ap 20.7 - 22.21.

Le dispensationalisme normatif est demeuré distinct et identifiable, avec un léger développement, particulièrement dans les aspects suivants : le dispensationalisme classique voyait l'Église comme une interruption (parenthèse) dans le plan terrestre de Dieu pour Israël ; le dispensationalisme révisé envisageait l'Église comme faisant partie intégrante du plan de Dieu, bien qu'elle soit davantage axée sur les choses célestes, voyant ainsi l'unité du message de l'Écriture ; le dispensationalisme présuppositionel ou dispensationalisme normatif au sens révisé, bâti sur les bases d'une

---

230. Soutenues par cet auteur, se basant sur une vision synthétique de l'Écriture, et unissant des éléments du royaume et de la sotériologie sous le dessein doxologique.

231. La plupart des divisions dispensationelles n'incluent pas l'éternité passée ou future. Les dispensations, cependant, ne sont pas limitées à des périodes de temps, mais sont plutôt des délimitations entre les différentes phases dans le dessein et le plan de Dieu. Par conséquent, le fait de négliger les dispensations qui sont en dehors du temps (c.-à-d., l'éternité passée et future) place trop d'emphase sur l'homme - penchant ainsi vers la centralité de la rédemption, ou du moins de l'homme - au lieu se centrer sur le dessein doxologique éternel de Dieu. Dans le but de percevoir adéquatement les phases éclectiques dans le cadre du temps, il semble bien nécessaire de reconnaître les évènements ayant lieu dans les éternités, desquels découlent la planification et l'accomplissement des différentes phases chronologiques. Voir la discussion ci-après sur la définition et la délimitation des dispensations.

épistémologie présuppositionelle. Cette approche vise à fonder la théologie dispensationnelle avec des ancrages plus solides.

Résultat de l'approche systématiquement littérale #5 : une distinction claire entre Israël et l'Église

Le test décisif qui est probablement le plus simple pour assurer la cohérence dans la méthode herméneutique est la vision qui en résulte au sujet de la distinction entre Israël et l'Église (ou son absence).

Théologie du remplacement

Se basant sur la compréhension qu'Israël ait été remplacé par l'Église en raison de son rejet du Messie, la vision dite de la *théologie de remplacement* a fait son apparition. Cette approche considère l'Église comme le « vrai Israël » qui remplace « l'Israël infidèle » et hérite ainsi des promesses de l'Ancien Testament faites à Israël. Grudem représente ce point de vue, disant avec clarté :

> ... l'Église est devenue le vrai Israël et recevra toutes les bénédictions promises à Israël dans l'Ancien Testament.[232]

Scofield a correctement diagnostiqué l'impact de cette mauvaise compréhension, notamment sur l'Église. Son analyse fait réfléchir :

> Je crois que l'échec de l'Église à voir qu'elle est un corps séparé, choisi selon les desseins de Dieu, investi d'une mission précise, limitée dans son objectif et dans son étendue, en plus de sa tentative de ravir à Israël ses promesses de gloire terrestre et de se les approprier pendant cette dispensation de l'Église, a fait plus pour écarter l'Église de sa trajectoire que toutes les autres influences mises ensemble. Ce n'est pas tant la richesse, le luxe, la puissance, le faste et l'orgueil qui ont contribué à détourner l'Église de sa

---

232. Wayne Grudem, *Systematic Theology*, Grand Rapids, Mich., Intervarsity Press, 1994, p. 863.

trajectoire, comme la notion, fondée sur les promesses faites à Israël dans l'Ancien Testament, que l'Église est de ce monde, et que par conséquent, sa mission est d'améliorer le monde. Les promesses qui ont été données à Israël seul sont citées comme une justification de ce que nous voyons tout autour de nous aujourd'hui.[233]

Il dit également :

> On peut dire sans craindre de se tromper que la judaïsation de l'Église a davantage entravé sa progression, perverti sa mission et détruit sa vie spirituelle que toutes les autres causes réunies. Au lieu de poursuivre sa voie de séparation d'avec le monde et de suivre le Seigneur dans son appel céleste, elle a utilisé les Écritures juives pour se justifier en abaissant son objectif au niveau de la civilisation du monde, l'acquisition de la richesse, l'utilisation d'un rituel imposant, la construction d'églises magnifiques, l'invocation de la bénédiction de Dieu sur les conflits armés et la division des frères et sœurs dans le Seigneur entre « clergé » et « laïcs ».[234]

La superposition de l'Église sur la trame d'Israël a entraîné des conséquences importantes tout au long de l'histoire de l'Église, y compris (du moins jusqu'à un certain degré) diverses persécutions des Juifs, les croisades, l'Inquisition, l'Holocauste d'Hitler, etc.[235] L'histoire de l'Église et celle du monde sont jonchées de ces conséquences de l'inexactitude théologique.

La théologie du remplacement trouve son fondement présuppositionnel dans la nécessité du rejet d'Israël, tandis que sa méthode herméneutique doit nécessairement être allégorique. Sur les conséquences de cette pensée allégorique, Ronald Diprose commente :

---

233. C. I. Scofield, *The Biggest Failure of the Church Age*, voir < http://www.biblebelievers.com/scofield/scofield_church-age.html >, s. d.

234. C. I. Scofield, *Rightly Dividing the Word of Truth*, New York, Loizeaux Brothers, Inc., 1896, p. 12.

235. Pour une perspective sur ces questions qui méritent d'être considérées, voir l'essai de Gerard S. Sloyan « Christian Persecution of the Jews over the Centuries » (quoique l'auteur du présent ouvrage ne soit pas d'accord avec certains aspects de cette perspective).

La logique de la théologie de remplacement requiert qu'une grande partie de l'Ancien Testament soit allégorisée. Alors seulement l'Église pourrait être le sujet des passages qui s'adressent à la nation d'Israël. Cela a pratiquement conduit à l'abandon de la vision du monde et du concept de Dieu hébraïques et à l'adoption d'un mode de pensée qui a ses racines dans la philosophie grecque. Tout cela a favorisé une attitude de mépris envers l'Israël ethnique et a conduit à l'exclusion d'Israël comme sujet de réflexion théologique.[236]

L'herméneutique littérale, cependant, détruit toute légitimité perçue de la théorie du remplacement, puisque l'approche littérale aboutit à une distinction nécessaire entre Israël et l'Église. Dieu a un plan grandiose pour Israël, différent à bien des égards de son plan pour l'Église. Il est évident que le point de vue d'une personne à propos d'Israël est symptomatique de sa vision du monde, et que sa vision du monde est affectée considérablement par son herméneutique.

Points de distinction

Fruchtenbaum identifie six preuves de la distinction entre Israël et l'Église: (1) la naissance de l'Église à la Pentecôte, par le baptême de l'Esprit (Ac 1.5 ; 2.1-4 ; 11.15,16 ; 1 Co 12.13 ; Col 1.18) ; (2) certains événements de la vie de Christ étaient obligatoirement préalables à la genèse de l'Église : sa mort (Mt 16.18,21), sa résurrection (Ép 1.20-23) et son ascension (Ép 4.7-11) ; (3) les quatre aspects mystérieux (correspondant à quelque chose qui n'a pas été révélé dans l'Ancien Testament) de l'Église (Ép 3.3-5,9; Col 1.26,27) : les Juifs et les non-Juifs unis dans un seul corps (Ép 3.1-12), Christ demeurant dans le croyant (Col 1.24-27 ; 2.10-19 ; 3.4,11), l'Église comme l'épouse de Christ (Ép 5.22-32) et l'enlèvement (1 Co 15.50-58) ; (4) l'Église comme un seul homme nouveau (Ép 2.11 – 3.6) – distinct d'Israël et des païens ; (5) les trois

---

236. Ronald Diprose, *Israel and the Church, The Origin and Effects of Replacement Theology*, Waynesboro, Géorgie, Authentic Media, 2004, p. 169-170.

groupes sont distincts les uns des autres (1 Co 10.32) ; (6) le terme Israël n'est jamais utilisé à propos de l'Église.[237] Chafer fait référence à la distinction entre Israël et l'Église comme « un champ d'investigation inépuisable »,[238] notant spécifiquement vingt-quatre différents volets de la différenciation.[239]

Bien qu'il y ait des preuves accablantes pour une telle distinction, trois points ressortent: (1) les alliances appliquées littéralement requièrent la distinction ; (2) la relation de Christ à Israël comme Messie et roi et à l'Église comme mari et chef demandent la distinction ; (3) la portée de la bénédiction pour les deux groupes exige la distinction.

LA MÉTHODE HERMÉNEUTIQUE BIBLIQUE
(Une analyse de l'Ancien Testament)

L'approche biblique (celle des auteurs de l'Écriture qui ont été appelés à interpréter une révélation spéciale de Dieu) à l'herméneutique se situe dans la catégorie historico-grammaticale littérale – une compréhension normale des mots utilisés dans leur contexte. L'Écriture, telle que consignée par les auteurs bibliques, a toujours été considérée comme ayant un sens littéral, sauf lorsque l'inverse est clairement énoncé.

L'herméneutique littérale dans le récit historique et les livres complémentaires

S'il en est un qui aurait eu des raisons d'opter pour une herméneutique non littérale, c'eut été Noé. Dieu l'a approché avec des instructions qui n'avaient apparemment aucune pertinence contextuelle historique ni aucun précédent puisque Noé n'avait

---

237. Arnold Fruchtenbaum, *Israelology*, Tustin, Calif., Ariel Ministries Press, 1989, p. 680-683.
238. Chafer, *Systematic Theology*, vol. 4, p. 47.
239. Ibid., vol. 4, p. 47-53.

probablement jamais vu la pluie,[240] ou du moins s'il en avait vu,[241] cela n'avait aucune commune mesure avec ce que Dieu décrivait dans le contexte d'un déluge global, voir Genèse 2.5,6 ; mais Noé l'a pris au mot et il « exécuta tout ce que Dieu lui avait ordonné » (6.22, également 7.5).

Abram a aussi été abordé par Dieu pour lui faire une demande inhabituelle (celle de quitter son pays, ses proches et la maison de son père, 12.1*a*) ; mais, comme Noé, il a interprété les paroles de Dieu littéralement et le l'a démontré en partant aussitôt « comme l'Éternel le lui avait dit » (Ge 12.4*a*). Plus tard, Abram a cru Dieu littéralement quand il lui a promis un fils (15.6) – à un point tel, en fait, qu'il a essayé de concevoir une méthode pour que Dieu puisse respecter sa parole *littéralement* (Ge 16). Une troisième fois (au moins), Abraham fait preuve d'une herméneutique littérale, car Dieu a donné un ordre sans précédent : « prends ton fils, ton unique, celui que tu aimes, Isaac ; va t'en au pays de Morija ; et là offre-le en holocauste... » (22.2). La réponse d'Abraham était calculée : il a fait exactement ce qui lui a été ordonné (22.3), jusqu'à ce que l'ange du Seigneur amende la prescription. Abimélec a interprété ce que « Dieu lui dit en songe » (20.6) comme étant littéral et il a agi avec précision dans l'obéissance à cette parole.

Jacob a interprété littéralement la révélation que Dieu donne de lui-même à travers les rêves prophétiques (28.10-22 ; 31.3-13). Joseph a interprété ses propres rêves d'une autorité venant de Dieu comme illustrant une vérité littérale et certaine – comme en témoigne la réaction de son père : « Faut-il que nous venions, moi, ta mère et tes frères, nous prosterner à terre devant toi ? » (37.10*b*.) Joseph a interprété les rêves de l'échanson et du panetier comme des représentations imagées des évènements à venir (40.9-23), mais il est important de noter que ceux-ci n'étaient pas des révélations que Dieu donnait de lui-même, non plus qu'ils n'étaient des exhortations

---

240. John Whitcomb, Henry Morris, *The Genesis Flood*, Grand Rapids, Baker Book House, 1961, p. 241-242.

241. H. C. Leupold, *Exposition of Genesis* [réimpr.1942], Grand Rapids, Baker Book House, 1987), vol. 1, p. 113-114.

doctrinales. Les rêves étaient des « visions », des illustrations, et leur interprétation appartient à Dieu (40.8).

De la même façon, Joseph interprète le rêve de Pharaon comme illustrant le plan de Dieu, en disant, « Dieu a fait connaître à Pharaon ce qu'il va faire » (41.25*b*). Pharaon a reconnu que Joseph était « sage et intelligent » (41.39*b*) dans son approche du plan de Dieu, puisque la nature des rêves était, d'une manière très pratique, clairement allégorique. Tan établit une distinction parmi les songes véhiculant des révélations entre ceux qui utilisent « des objets et des concepts familiers » et ceux qui utilisent des objets ou concepts peu familiers – dans le cas de ces derniers, un langage analogique est souvent utilisé, les bêtes de Daniel 7 en sont un exemple.[242]

Les rêves étaient une partie importante de la révélation de l'Ancien Testament en particulier ; et tandis qu'ils sont habituellement allégoriques, ceux qui étaient une révélation que Dieu donnait de lui-même devaient toujours être compris au sens littéral. Ceux qui n'étaient pas de ce type de révélation directe de Dieu étaient souvent analogiques, mais devaient être interprétés littéralement avec la plus simple compréhension de la grammaire dans le contexte historique.

Considérant les rêves portant la lumière de la révélation, Deutéronome 13.1-5 met en évidence le fait que la simple vérification d'un rêve prédictif (ou signe ou prodige) par son accomplissement ou sa concrétisation ne permettait pas une vérification complète. Le rapport du prophète, ou dans ce cas, le faiseur de songes, avec Dieu et avec le message au sujet de Dieu étaient tout aussi importants, sinon plus (13.2). Par conséquent, la consécration du rêveur, de l'interprète ou du prophète devient un élément important dans la compréhension de la véracité et de l'autorité du rêve prophétique.

Moïse démontre l'herméneutique littérale dans sa réaction aux paroles du Seigneur au buisson ardent en se plaçant dans une situation périlleuse (portant des nouvelles extrêmement désagréables à Pharaon) et en faisant par la suite *exactement ce que le Seigneur lui avait demandé* en ce qui concerne l'alliance mosaïque (Lé 8.4 ;

---

242. Paul Lee Tan, *The Interpretation of Prophecy*, Dallas, Bible Communications, Inc., 1993, p. 83-84.

No 27.11,22). Il n'a cherché aucune signification au second degré, mais a plutôt compris les paroles de Dieu comme étant résolument grammaticales et historiques dans leur contexte et donc destinées à être prises à la lettre. Notez que Pharaon lui-même a utilisé une herméneutique littérale – il n'a pas contesté les paroles de Dieu (Moïse a dit à plusieurs reprises « Ainsi parle l'Éternel »), mais il a plutôt endurci son cœur contre elles (Ex 8.32 ; 9.34,35). Moïse, dans ses instructions à Josué, est catégorique à savoir que Josué devrait s'assurer de faire tout ce qui est écrit dans la Loi (Jos 1.8).

L'expression *il est écrit* apparaît soixante-quinze fois dans l'Écriture et démontre par son contexte et son utilisation que c'est une approche historico-grammaticale littérale qu'il utilise et s'attend à ce que le lecteur comprenne. Josué a utilisé l'expression pour en appeler à la loi mosaïque et pour démontrer une obéissance littérale à celle-ci (Jos 8.31). L'ange de l'Éternel fait appel à sa propre parole à Israël, en leur rappelant qu'ils avaient été infidèles. La réponse d'Israël (ils ont pleuré et se sont lamentés) a démontré une compréhension littérale à la fois de son commandement initial et des mots qu'il leur avait adressés à ce moment (Jg 2.1-5). Le récit historique de Ruth repose sur la compréhension et l'application littérale du rachat par mariage (de De 25.5-10). L'échec de Saül comme roi et son jugement subséquent par Dieu étaient basés sur un défaut d'avoir gardé, littéralement et précisément, le commandement du Seigneur (1 S 15). David répond à la promesse de Dieu (l'alliance davidique) en disant : « tes paroles sont vérité » (2 S 7.28) et en ajoutant qu'il y aurait un accomplissement littéral – que sa maison serait bénie éternellement (7.29).

L'accomplissement littéral du message de Nathan annonçant le jugement de Dieu (la mort du fils de David et de Bath-Schéba, à cause de l'adultère et du meurtre) a eu lieu seulement sept jours après sa proclamation (2 S 12). Il est à noter que dans ce cas, une image a été utilisée pour illustrer la vérité et l'accomplissement littéraux. David reconnaît à nouveau l'accomplissement littéral (1 R 2.2-4) alors qu'il recommande à Solomon d'obéir attentivement à tout ce que Dieu avait révélé, afin que Dieu tienne sa promesse dans 2 Samuel 7.25. Dieu réitère les mêmes instructions à Salomon dans 1 Rois 9.1-9. Le déclin personnel de Salomon est lié au fait qu'il n'a pas su garder soigneusement, littéralement et précisément, le mandat que Dieu lui avait précédemment donné concernant la conduite des rois dans Deutéronome 17.

L'herméneutique littérale dans les Psaumes

Les Psaumes fournissent également un large échantillon d'applications herméneutiques littérales :

Ps 33.11 — Les desseins de l'Éternel subsistent à toujours. Ils n'évoluent pas comme le font les théories herméneutiques.

Ps 37.31 — La loi de son Dieu est dans son cœur. La loi de Dieu est propositionnelle et transférable – elle peut ainsi se déplacer de la page vers le cœur, tandis qu'elle communique un message clair et compréhensible, ce qui entraîne la joie de faire sa volonté (Ps 40.8,9, où l'auteur – David – interprète ses propres écrits littéralement).

Ps 44.2 — Les fils de Koré ont entendu de leurs oreilles les œuvres du Seigneur, depuis le temps de leurs pères. Ils ont reçu ce qu'ils ont entendu comme un récit historique.

Ps 62.12,13 — David résume deux vérités importantes tirées de la Parole de Dieu : que la puissance et la bonté appartiennent à Dieu et qu'il récompense selon les œuvres. Dans la Parole de Dieu, des vérités propositionnelles et absolues concernant Dieu sont disponibles.

Ps 78.5 — Dieu a établi un témoignage et une loi à enseigner à la prochaine génération. Cela suppose aussi l'utilité du langage dans un sens naturel aux fins de transfert des connaissances. Les versets suivants fournissent un récit poétique mais historique du travail de Dieu avec Israël depuis la délivrance de l'Égypte jusqu'au royaume de David.

Ps 85.9 — Les fils de Koré vont entendre ce que Dieu le Seigneur dira – il parlera de paix à ceux dont le cœur est tout entier à lui.

Voilà un résumé de sa relation avec ceux qui le craignent : il leur communique la vérité.

Ps 89.20 — Même lorsqu'il parle dans des visions, le message de Dieu est propositionnel.

Ps 102.19 — La vérité sera écrite afin qu'une génération future y réponde et loue le Seigneur. La vérité est de nature statique et est utile pour toutes les générations.

Ps 103.20 — Sa Parole doit être respectée d'une génération à l'autre, et donc comprise d'une génération à l'autre également.

Ps 105.8-10 — Dieu s'est souvenu de son alliance, de ses promesses, de son serment, et il l'a confirmé. Sa Parole est inaltérable.

Ps 106 — Voici un récit poétique et historique des échecs d'Israël, qui démontre une approche herméneutique littérale aux livres chronologiques de l'Ancien Testament.

Ps 108 — Notez l'utilisation du Psaume 60, avec un phrasé quasi identique.

Ps 112 — L'homme qui prend plaisir dans ses commandements est béni. Se plaire de ses commandements est lié ici à la crainte du Seigneur, qui est le commencement de la connaissance et la sagesse (Pr 1.7 ; 9.10). Ce genre de plaisir résulte d'une véritable compréhension de sa Parole. Une véritable compréhension est à la fois possible et nécessaire.

Ps 117.2 — Sa vérité est éternelle.

Ps 119 — Ce chapitre entier est un profond témoignage de la validité et de la nécessité de sa Parole, ainsi que de la transférabilité des pages à l'esprit et au cœur. David fait référence à la Parole de Dieu comme vérité propositionnelle au moins 177 fois dans ce Psaume (*parole* 36 fois, *loi* 25 fois, *témoignages* 22 fois, *statuts* 22 fois, *préceptes* 21 fois, *commandements* 21 fois).

Ps 132.11,12 — David voit la promesse de 2 Samuel 7 comme tout à fait littérale.

Ps 135 — Le psalmiste raconte comme un récit littéral historique les événements entourant Exode 7 – 11.

Ps 136 — Le psalmiste raconte de façon littérale le récit de la création et les événements de l'exode.

L'herméneutique littérale dans les livres prophétiques

Il faut noter les nombreux accomplissements littéraux dans la prophétie – McDowell met en évidence douze prophéties clés et leurs accomplissements historiques (Tyr — Ézéchiel 26 ; Sidon — Ézéchiel 28 ; Samarie — Osée 13 ; Gaza-Askalon — Amos 1, Jérémie 47, Sophonie 2 ; Moab-Ammon — Ézéchiel 25, Jérémie 48 – 49 ; Petra et Edom — Ésaïe 34, Jérémie 49, Ézéchiel 25 et 35 ; Thèbes et Memphis — Ézéchiel 30 ; Ninive — Nahum 1 – 3 ; Babylone — Ésaïe 13 – 14, Jérémie 51 ; Chorazin, Bethsaïda, Capernaüm — Matthieu 11 ; l'expansion de Jérusalem — Jérémie 31.38-40 ; et de la Palestine — Lévitique 26, Ézéchiel 36).[243] Il observe en outre :

> [la prophétie illustre] la puissance de Dieu à travers l'accomplissement des prédictions apparemment impossibles directement reliées au cours des événements humains.[244]

Les prophéties de Daniel précisément accomplies sont tout aussi impressionnantes – les quatre royaumes de la statue de Nebucadnetsar (chap. 2) déjà attestées littéralement par l'histoire ; l'accomplissement littéral de l'humiliation de Nebucadnetsar (chap. 4) ; la fin de l'empire babylonien (chap. 5) ; l'élévation et la chute de la Grèce (chap. 8 ; 11.3,4) ; les sept semaines et soixante-deux semaines déjà accomplies (9.25,26*a*) .

---

243. Josh McDowell, *Evidence That Demands a Verdict*, San Bernadino, Calif., Here's Life Publishers, 1979, vol. 1, p. 267-320.

244. Ibid., p. 267.

Les accomplissements de la prophétie dans Daniel sont tellement merveilleux que Sir Robert Anderson ne voit aucune alternative à la croyance raisonnablement fondée :

> Croire que les faits et représentations ici détaillées (en particulier dans Daniel 9) ne sont rien de plus que d'heureuses coïncidences demande un exercice de foi bien plus grand que celui du chrétien qui accepte le livre de Daniel comme divin. Il y a un point au-delà duquel l'incrédulité est impossible, et l'esprit en refusant la vérité incontournable a besoin de se réfugier dans une incroyance qui est pure crédulité.[245]

En outre, Floyd Hamilton confirme 332 prophéties spécifiques de l'Ancien Testament accomplies littéralement par Christ.[246] Si ces prophéties ne doivent pas être prises à la lettre, alors pourquoi Dieu a-t-il choisi de les accomplir littéralement ? Utilise-t-il une herméneutique erronée ? Sans conteste, son herméneutique est littérale. Anderson commente aussi les prophéties messianiques :

> Il y a deux mille ans, qui se serait aventuré à croire que les prophéties du Messie verraient un accomplissement littéral ! « Voici, la vierge deviendra enceinte, elle enfantera un fils » (És 7.14). « Voici ton roi vient à toi : il est juste et victorieux, il est humble et monté sur un âne, sur un ânon, le petit d'une ânesse » (Za 9.9). « Ils pesèrent pour mon salaire trente sicles d'argent ». « Et je pris les trente sicles d'argent, et je les jetai dans la maison de l'Éternel, pour le potier » (Za 11.12,13 ; Mt 27.5,7). « Ils se partagent mes vêtements, ils tirent au sort ma tunique » (Ps 22.19 ; Jn 19.23,24). « Ils ont percé mes mains et mes pieds » (Ps 22.17). « Ils m'abreuvent de vinaigre... » (Ps 69.22). «[...] il était retranché de la terre des vivants et frappé pour les péchés de mon people » (És 53.8). Pour les prophètes eux-mêmes, la signification de tels mots était un mystère (1 Pi 1.10-12). Sans nul doute, les hommes les voyaient surtout comme de simples

---

245. Sir Robert Anderson, *The Coming Prince*, Grand Rapids, Mich., Kregel, 1984, p. 129.

246. Floyd Hamilton, *The Basis of Christian Faith*, New York, Harper and Row, 1964, p. 160.

poèmes ou légendes. Pourtant ces prophéties sur la venue et la mort de Christ ont reçu leur accomplissement littéral jusque dans les moindres détails.[247]

En plus de démontrer la souveraineté de Dieu, la prophétie accomplie démontre sans conteste les implications littérales de la prophétie biblique. Après avoir examiné toute la preuve, Anderson conclut que la littéralité est primordiale, disant que la littéralité de la réalisation peut donc être acceptée comme un axiome pour nous guider dans l'étude de la prophétie.[248]

UN BREF HISTORIQUE DE LA MÉTHODE HERMÉNEUTIQUE

L'origine de l'herméneutique erronée remonte à la façon dont Satan dans le jardin a abordé la révélation de Dieu. Il introduit cinq erreurs : (1) il remet en question la Parole de Dieu, Genèse 3.1 ; (2) il en donne une fausse idée, 3.1 ; (3) il remet en question les motifs de Dieu, 3.5 ; (4) il redéfinit l'objectif de la révélation, 3.5 ; et (5) il contredit complètement le message original de la révélation, 3.4. Ève est trompée, et la relation entre le péché et la mauvaise utilisation de la révélation de Dieu devient très apparente.

Plus tard, lorsque la rédaction de la Bible hébraïque a commencé aux jours de Moïse (1500 av. J.-C.) ceux qui ont reçu la Parole de Dieu semblaient l'interpréter littéralement selon l'usage courant du langage de l'époque. La réponse humaine à la Parole de Dieu, telle qu'elle est relatée dans l'Ancien Testament, est un témoignage important à la nécessité et aux attentes que l'interprétation et la compréhension du texte soit dans le sens littéral.

Cependant, au cours de la période intertestamentaire, alors que la culture grecque s'épanouissait, aucune autorité telle que le Dieu hébreu n'était reconnue. Un conflit s'est installé entre les traditions philosophiques et religieuses, puisque « la tradition religieuse

---

247. Anderson, p. 147-148.
248. Ibid., p. 148.

comportait plusieurs éléments fantaisistes, grotesques, absurdes ou immoraux ».[249] Le Panthéon grec d'Homère et d'Hésiode avait besoin d'un sauvetage moral, et cette rédemption a été accomplie par l'allégorisation de la littérature religieuse grecque. Et, bien que J. Tate croie que les motifs de l'allégorisme grec aient été plus positifs et exégétiques, il présente malgré tout, un exemple traditionnel de la tendance à l'apologétique, disant :

> Pythagore et Xénophane avaient accusé Homère, et Théagène de Rhégium est venu à la rescousse en montrant comment la bataille des dieux pouvait être comprise comme un conflit en partie entre les forces de la nature et en partie entre les passions contradictoires du cœur humain.[250]

Les interprètes juifs de l'école d'Alexandrie, plus particulièrement Philon (20 av. J.-C. – 50 apr. J.-C.) ont été influencés par le système grec – tant dans le domaine de l'apologétique, tentant de concilier la révélation biblique avec la philosophie grecque, que dans le domaine de l'exégèse, cherchant à rehausser le sens du texte. Origène (185-254) a suivi dans son interprétation les traces de Philon, élaborant d'une approche de l'interprétation de l'Ancien Testament en trois volets : littéral, éthique (ou spirituel) et allégorique. Il voyait le volet littéral comme « le corps, pas l'âme ».[251] Le volet spirituel avait Christ au centre (Jn 5.39). Le volet allégorique était principalement typologique.

Justin Martyr (100-165), dans son *dialogue avec Tryphon*, montre l'impact que l'allégorisme grec a eu sur l'exposition biblique dès le IIe siècle, dans ses comparaisons typologiques :

> Lorsque le peuple [...] fit la guerre à Amalek et que le fils de Nun du nom de Jésus (Josué), mena le combat, Moïse lui-même pria Dieu, étendant ses deux mains, et Hur avec Aaron les soutinrent pendant toute la journée, pour éviter qu'elles ne tombent lorsqu'il

---

249. Ramm, *Protestant Biblical Interpretation*, p. 25.
250. J. Tate, « On the History of Allegorism », *Classical Quarterly* 28, 1934, p.105.
251. Ibid., p. 32.

serait épuisé. Car s'il négligeait une partie quelconque de ce signe, qui était une imitation de la croix, le peuple était battu, tel qu'il est relaté dans les écrits de Moïse ; mais s'il restait dans cette position, Amalek était proportionnellement vaincu, et celui qui a vaincu a vaincu par la croix. Car ce n'est pas parce que Moïse a prié de la sorte que le peuple a été plus fort, mais parce que, tandis que celui qui portait le nom de Jésus (Josué) était sur la ligne de front, lui-même faisait le signe de la croix. Car qui d'entre vous ne sait pas que celui qui accompagne sa prière de lamentations et de larmes, avec le corps étendu, ou les genoux fléchis, obtient mieux que quiconque la faveur de Dieu ? Mais, ni lui ni nul autre n'a prié ainsi, assis sur une pierre. Non plus que la pierre ne symbolise Christ, comme je l'ai démontré.[252]

Ici et tout au long du *Dialogue*, l'allégorisme intensif sans gêne est évident. Cela représente l'aube d'une ère de spiritualisation dans l'Église.

Au début du IIIe siècle, Origène (185-254) a poursuivi la tradition allégorisante, amenant la spiritualisation vers de nouveaux sommets. Abandonnant le point de vue prémillénariste communément admis pour le retour de Christ, Origène a allégorisé la seconde venue de Christ en disant qu'elle était une expérience spirituelle personnelle et l'imminence de son retour représentait simplement la réalité de la mort. Origène a affirmé que la Bible

> [...] contient trois niveaux de signification, correspondant à la triple division selon Paul (et Platon) d'une personne en corps, âme et esprit. Le niveau physique de l'Écriture, la lettre pure, est normalement utile dans la mesure où il répond aux besoins des plus simples. Le niveau psychique, correspondant à l'âme, permet de réaliser des progrès vers la perfection...[253]

---

252. Justin Martyr, « Dialogue with Trypho, Chapter XC », dans *The Ante-Nicene Fathers* [réimpr. 1885], édité par Alexander Roberts et James Donaldson, Grand Rapids, Eerdmans, 1989, vol. 1, p. 244.
253. Joseph W. Trigg, *Origen*, London, SCM Press, 1983, p. 120.

Quant aux passages qui semblaient être en désaccord avec les conclusions eschatologiques d'Origène, il les a soit écartés soit spiritualisés.[254]

Aux IVe et Ve siècles, Augustin d'Hippone (354-430) a tenu fermement à une approche allégorique, mais il ne l'a pas appliquée universellement ; il a plutôt relégué son allégorisme aux passages prophétiques. Comme l'explique Tan, Augustin a introduit une méthode dualiste qui devait rendre l'allégorisme plus acceptable aux futures générations d'interprètes :

> Augustin a modifié l'allégorisme en le confinant aux écrits prophétiques [...] il a interprété littéralement les écrits non prophétiques et allégoriquement les écrits prophétiques [...] Le dualisme augustinien a été accepté sans grande discussion au sein de l'Église catholique romaine, et plus tard aussi par les réformateurs protestants.[255]

L'approche allégorique a eu un impact profond sur l'histoire de l'Église, comme le fait remarquer Ramm :

> Le système allégorique qui émergea parmi les Grecs païens, copié par les Juifs d'Alexandrie, fut ensuite adopté par l'Église chrétienne et a largement dominé l'exégèse jusqu'à la réforme, avec des exceptions notables comme l'école syrienne d'Antioche et les Victorins du Moyen Âge.[256]

L'allégorisme a permis aux Pères de l'Église de développer un nouveau thème unificateur pour l'Écriture. Se basant sur une spiritualisation de Jean 5.39, la christologie a été placée au centre, renforçant davantage la méthode allégorique et permettant de spiritualiser les passages difficiles. Il faut noter que c'est là une utilisation inappropriée du passage, car ici Christ révèle le Père et l'objectif doxologique comme thème unificateur. Bray ajoute à la discussion ici :

---

254. On peut retrouver plusieurs exemples de cela dans *On First Principles*, Livre 4.
255. Tan, *The Interpretation of Prophecy*, p. 50.
256. Ramm, *Protestant Biblical Interpretation*, p. 28.

Les premiers chrétiens ont accepté les Écritures juives comme divinement inspirées, mais les ont interprétées d'une manière complètement différente. Ils ne considéraient pas l'Ancien Testament comme un prélude au christianisme, que la nouvelle révélation en Christ amplifiait ou remplaçait [...] les chrétiens croyaient généralement que l'Ancien Testament parlait de Jésus-Christ, non seulement de manière prophétique, mais dans des types et des allégories que l'Esprit révélait aux chrétiens [...] Selon toute probabilité, les premiers chrétiens voyaient chaque partie de l'Écriture comme christologique et étaient prêts à voir le Christ en elle par n'importe quel moyen exégétique qui produirait le résultat souhaité. Ils ne s'inquiétaient pas du fait que le sens littéral du texte pouvait sembler quelque peu éloigné de cette préoccupation, puisque dans ce cas, il était clair que le passage en question contenait une révélation de Christ qui était plus difficile à saisir que des passages plus simples.[257]

Après l'insertion de l'herméneutique imposée par l'Église pendant près d'un millénaire, les réformateurs du XVIe siècle sont retournés à l'approche littérale, sauf au sujet de la prophétie et d'Israël – suivant ainsi la méthode dualiste d'Augustin. Luther a rejeté l'interprétation allégorique et reconnu la suprématie des langues bibliques ; pourtant, il ne pouvait demeurer conséquent au sujet de la prophétie et d'Israël. Calvin a fait de même.

Quelques années après la réforme, des points de vue rationalistes de la Bible sont devenus proéminents. Bernard Ramm caractérise la perspective rationaliste ainsi : « tout ce qui n'est pas en harmonie avec une mentalité éduquée doit être écarté ».[258] Plus tard, cela a mené à une redéfinition du surnaturel et à une application du concept de l'évolution à l'Écriture.

Au début du XXe siècle, Karl Barth (1886-1968), le père de la néo-orthodoxie, a nié l'infaillibilité et l'inerrance et a rejeté la Bible comme révélation prépositionnelle, la qualifiant plutôt de révélation

---

257. Gerald Bray, Creeds, *Councils and Christ: Did the Early Christians Misrepresent Jesus?* [1984], Fearn, Ross-Shire, Mentor, 1997, p. 49, 51.
258. Ramm, *Protestant Biblical Interpretation*, p. 63.

par témoignage. Barth a conclu que la vérité peut se trouver dans la Bible, mais qu'elle n'est pas la vérité. Essentiellement, la théologie néo-orthodoxe de Barth est profondément existentielle, arguant que la révélation devient révélation lorsqu'elle est expérimentée dans une réponse humaine.

La fin du XXe siècle et le début du XXIe siècle ont été caractérisés par le postmodernisme, une approche herméneutique à part entière plus réfléchie, et en opposition avec l'approche littérale. À ce stade, il est à noter que la méthode littérale a été utilisée largement et à des degrés divers tout au long de l'histoire de l'Église, exclusivement dans la première génération de l'Église et plus tard avec cohérence dans le domaine de la prophétie et par conséquent d'Israël, avec l'arrivée de John Bale (1495-1563) et de Joseph Mede (1586-1638).[259]

Approches contemporaines de base

Le postmodernisme : La probabilité et l'herméneutique de la réponse culturelle

Le postmodernisme est une manière de faire la science – un cadre épistémologique pour le traitement des informations, et donc une base herméneutique. Plusieurs caractéristiques sont évidentes : (1) il n'existe ni autorité universelle ni vérité absolue, (2) la réalité et les valeurs sont relatives et sont fondées sur l'expérience plutôt que la raison, et (3) la signification est relative et est reconstruite par la sous-culture de l'interprète.

En raison de l'impact inhérent du contexte et de la perspective de l'interprète, déterminer l'intention de l'auteur devient moins une tâche objective et plus une tâche probabiliste. La certitude ne peut être atteinte, et la probabilité est le plafond de cette démarche. Paul Shockley utilise les interprétations diverses d'Apocalypse 20.1-6 pour illustrer l'argument postmoderne :

---

259. Mal Couch, éd., *An Introduction to Classical Evangelical Hermeneutics*, Grand Rapids, Mich., Kregel, 2000, p. 108-127.

Trois théologiens évangéliques s'étaient réunis pour examiner ensemble Apocalypse 20.1-6. Chacun d'entre eux était « conduit par le Saint-Esprit » et « suivait une herméneutique littérale ». Cependant, ces trois chrétiens érudits sont arrivés à des conclusions différentes, principalement, l'amillénarisme, le postmillénarisme et le prémillénarisme. Le professeur peut demander : « Comment expliquer ces différences frappantes ? » Après avoir entendu quelques réponses, le chercheur affirme que les conditions préalables ont affecté l'interprétation ; les conditions préalables forceront toujours les interprètes à prescrire le sens de l'Écriture (consciemment ou inconsciemment) au degré où leur perception de la révélation de Dieu (peu importe si la révélation de Dieu est vérité objective ou non) est faussée. En outre, le travail du Saint-Esprit est réduit à la conviction, c'est-à-dire la volonté, jamais la cognition. De plus, l'idée d'être en mesure d'employer une herméneutique littérale, simple, normale est elle-même un parti pris moderniste issu à l'origine du « gros bon sens écossais ». Par conséquent, cette méthode d'interprétation est également un parti pris.[260]

Ce qui intéresse le postmoderne ici n'est pas l'interprétation *correcte* du passage, mais plutôt le point de vue des interprètes. L'autorité n'appartient plus au texte lui-même, mais à l'interprète. Ironiquement, la méthode herméneutique postmoderne[261] ne cherche pas à atteindre une plus grande autorité pour l'interprète, mais plutôt un nouveau degré d'humilité en interprétation qui supposément ne se trouverait pas dans les précédentes approches cartésiennes-rationalistes (par exemple, l'herméneutique littérale). Cette approche soutient la futilité et l'inefficacité des approches rationalistes pour déterminer la vérité objective (comme l'intention de l'auteur) et souligne par conséquent le point de vue de l'interprète et son expérience du texte comme ayant préséance dans le processus d'interprétation.

Le fait de mettre l'accent sur les référents culturels ou théologiques plus larges a contribué à la négligence d'une analyse détaillée de ce

---

260. Paul Shockley, « The Postmodern Theory of Probability on Evangelical Hermeneutics », *Conservative Theological Journal*, 4/11 (Mars 2000), p. 70.
261. Ou du moins le « postmodernisme positif » de Westphal, et al.

que la Bible enseigne réellement. L'accent postmoderniste sur la pertinence culturelle produit une théologie qui se développe depuis l'extérieur vers l'intérieur – de la réponse culturelle comme une clé herméneutique pour comprendre la base textuelle.

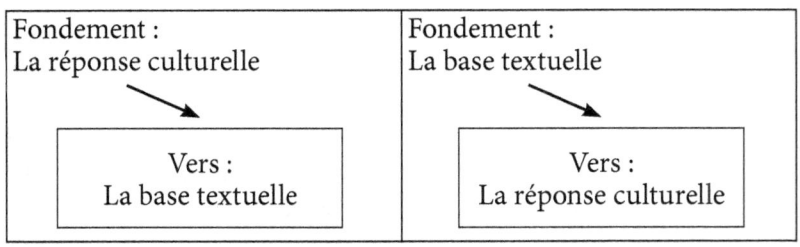

Lynn White, dans son article révolutionnaire de 1967, illustre cette herméneutique *réactionnaire*, quand il fait des déclarations telles que :

> Dieu a prévu tout ceci [la création] explicitement pour le bénéfice et la domination de l'homme ; rien dans la création physique n'avait d'autre but que de servir les intérêts de l'homme [...] Le christianisme est la religion la plus anthropocentrique que le monde ait connue [...] [et] le christianisme a permis d'exploiter la nature dans une attitude d'indifférence envers les sentiments des objets naturels...[262]

Ces conclusions peuvent être tirées d'une herméneutique issue d'une réponse culturelle quasi-historique, mais sont opposées aux conclusions qui s'imposent de l'herméneutique grammatico-historique littérale (appliquée à des passages tels que Ps 24.1 ; És 2.22 ; 40.15-17,26 ; Jn 3.30 ; Ro 1.20 ; Col 1.16, etc.).

Les déclarations de White sont importantes pour son argument majeur selon lequel l'idée moderne (erronée) de progrès est « enracinée dans et indéfendable en dehors de la téléologie judéo-chrétienne » et elle sert de justification pour sa thèse :

---

262. Lynn Townsend White, Jr., « The Historical Roots of Our Ecological Crisis », *Science* 155/3767 (10 mars 1967).

Nous continuerons à voir une aggravation de la crise écologique, jusqu'à ce que nous rejetions l'axiome chrétien voulant que la nature n'ait aucune autre raison d'être que de servir l'homme.[263] Sans conteste, c'est un enjeu herméneutique dont l'impact est véritablement monolithique.

Le point de vue postmoderne se caractérise par un rejet passionné de certains fondements de l'ère moderne. L'ère moderne est perçue comme étant la source de tous les problèmes (réels ou perçus) du monde actuel. White décrit sa solution à la crise écologique, disant :

> Pour commencer, nous devrions essayer de clarifier notre façon de penser en regardant en profondeur, d'un point de vue historique, les présupposés qui sous-tendent la science et la technologie modernes. La science a été traditionnellement aristocratique, spéculative et intellectuelle dans son intention ; la technologie était plutôt populaire, empirique, orientée vers l'action. La fusion assez soudaine de ces deux domaines, au milieu du XIXe siècle, est certainement liée aux révolutions démocratiques légèrement antérieures et contemporaines qui, en réduisant les barrières sociales, avaient tendance à affirmer une unité fonctionnelle du cerveau et de la main. Notre crise écologique est le produit d'une culture démocratique émergente, entièrement nouvelle. La question est de savoir si un monde démocratisé peut survivre aux conséquences de ses propres actes. Nous ne le pouvons probablement pas sauf si nous repensons nos axiomes.[264]

Les présupposés et les axiomes fondamentaux sont à blâmer, et bien sûr White les relie aux fondements judéo-chrétiens, qui doivent par conséquent être rejetés et remplacés par quelque chose de plus efficace pour traiter des problèmes tels que la crise écologique.

En outre, la mondialisation a apporté une sensibilisation accrue aux divers systèmes de croyances, puisque l'interaction avec

---

263. Ibid.
264. Ibid.

des systèmes religieux différents devient plus accessible en raison des progrès technologiques et de la facilité des voyages, et plus nécessaire pour le maintien de l'industrie de la surconsommation de biens manufacturés.[265] Le dialogue n'est pas complet sans une pluralité des voix. Comme Ludwig Ott le soutient dans sa discussion sur l'importance de l'examen par les pairs dans la mise sur pied d'un consensus théologique,

> Non seulement les résultats d'une théologie forgée dans le dialogue mondial seront potentiellement plus riches, mais la communauté des croyants est susceptible d'être mieux servie par une telle théologie.[266]

Sans doute, dans le marché toujours plus global des idées, la théologie devrait servir sa base. Elle devrait résoudre les problèmes – ou à tout le moins, ne pas y contribuer. (Mais dans une théologie centrée sur la *révélation*, la théologie doit simplement suivre ce qui est révélé. Des choses comme la satisfaction des intellectuels et la résolution de problèmes ne sont pas en vue ; une fois de plus, la nature de la révélation est un enjeu fondamental.)

De cette pluralisation des voix autoritaires en matière de théologie est issu un sous-produit important : l'identification et la caractérisation de l'intégrisme. Ces voix qui semblent rejeter le passage à la postmodernité, et par conséquent la mondialisation, sont catégorisées comme intégristes en raison de leur désir de résister au changement, tenant mordicus aux éléments constitutifs de leur système de croyances, et sont sommairement mises de côté comme voix valables sur le marché des idées. Évidemment ce n'est pas simplement la pluralité des voix qui est désirée, mais plutôt une pluralité de voix partageant un certain degré de diversité et n'étant pas résistantes aux changements qui accompagnent la quête du postmodernisme et de la mondialisation. Certaines voix sont indésirables sur la place publique – qu'elles soient dénaturées ou non.

---

265. Le terme de Gidden s'apparente au nouveau désordre mondial.
266. Craig Ott, Harold Netland, *Globalizing Theology*, Grand Rapids, Mich., Zondervan, 2006, p. 331.

L'autorité et la pédagogie sont fortement affectées. Dans la critique de Paulo Freire du concept « bancaire » de l'éducation,[267] il propose une définition qui donne l'impulsion à une nouvelle pédagogie :

> Le concept « bancaire » incarne l'hypothèse d'une dichotomie entre les êtres humains et le monde : une personne est simplement *dans* le monde, pas *avec* le monde des autres ; l'individu est spectateur, pas recréateur. Dans cette perspective, la personne n'est pas un être conscient (*corpo consciente*) ; elle est plutôt la détentrice *d'une* conscience : un « esprit » vide ouvert passivement à recevoir des dépôts de la réalité du monde extérieur.[268]

Freire dénonce l'approche narrative, préférant une approche par problème posé[269] qui, affirme-t-il, est une pratique libératrice, surmontant des indésirables comme l'autoritarisme, l'intellectualisme d'élite et des perceptions erronées de la réalité. La pédagogie émancipatrice de Freire sert de rampe de lancement pour toutes sortes de méthodes pédagogiques postmodernes. Les réponses se trouvent en posant constamment des questions.[270] Le dialogue dans un contexte culturel est primordial, et la narration est reléguée au second plan.

Avec un accent épistémologique et pédagogique grandissant sur la *culture*, la question du fondement de l'autorité doit être examinée, et plus particulièrement la relation entre la révélation et la culture. Ott relève trois approches différentes à la question : (1) la révélation et la culture s'opposent l'une à l'autre, (2) la révélation et la culture sont égaux, (3) la révélation est déterminante et la culture en est le reflet.[271] Ott préfère la troisième, disant :

---

267. L'enseignant fait la narration, déposant de l'information dans des récepteurs qui ne remettent rien en question et dont l'imagination n'est pas sollicitée.
268. Paulo Friere, *Pedagogy of the Oppressed*, New York, Continuum, 2002, p. 75.
269. Cette approche fait de l'étudiant un co-investigateur, dialoguant avec l'éducateur.
270. Robin Usher, Richard Edwards, *Postmodernism and Education*, New York, Rutledge, 1994, p. 213.
271. Ott et Netland., p. 324-326.

Dans ce processus, idéalement, tous refléteront ensemble la gloire de Dieu et réaliseront sa mission de manière plus vaste, plus claire et plus brillante qu'il serait possible de le faire du point de vue d'une seule culture. La mondialisation de la théologie en ce sens n'est pas une homogénéisation, mais une harmonisation des expressions locales et une amplification de la préoccupation globale.[272]

Dans la pensée postmoderne, on accorde plus de poids à des éléments du contexte culturel, et par conséquent la « révélation » est rejetée comme superstition prémoderne. La mondialisation révèle de nombreuses traditions à travers le monde qui semblent justifier un tel rejet. Les méthodologies et fondements pédagogiques reflètent de plus en plus cette perspective sur l'autorité. Ainsi la théologie s'éloigne des enjeux en matière d'autorité et devient pratiquement un simple véhicule pour l'enrichissement culturel et l'application pédagogique.

L'herméneutique évolutive/rédemptrice

Cette herméneutique opère sous le présupposé fondamental que le texte doit être graduellement redéfini (même amélioré) à mesure que les circonstances culturelles le justifient. En promouvant ce point de vue, William Webb suggère une approche XYZ.[273] X représente le point de vue culturel, Y, l'instruction biblique au stade actuel de développement (par rapport à X) et Z est l'idéal de Dieu vers lequel pointe Y. Ainsi sur une question comme l'esclavage, la trajectoire peut être illustrée comme suit :

---

272. Ibid., p. 325.
273. William J. Webb, *Slaves, Women and Homosexuals*, Downers Grove, InterVarsity Press, 2001, p. 31.

Pilier #4 : Une herméneutique cohérente 157

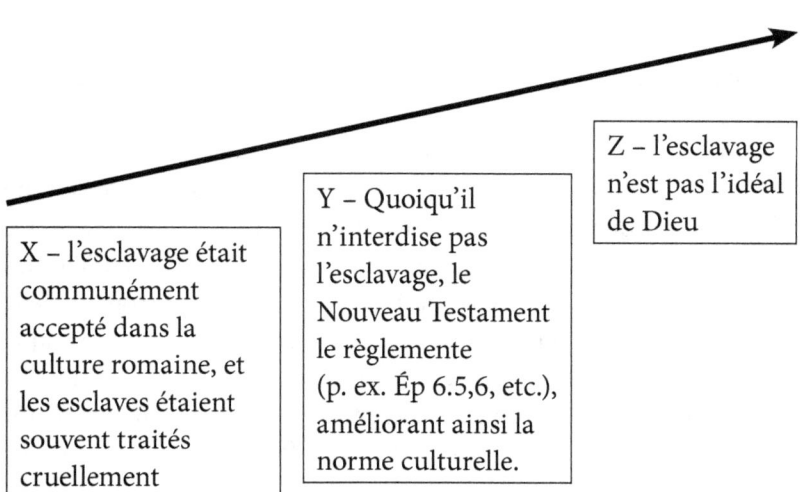

La trajectoire évolutive est critique principalement entre Y et Z, puisque Y doit être modifié (amélioré) pour progresser plus efficacement vers Z. En d'autres termes, Y est une sorte d'image ponctuelle éthique ou même un compromis – rejoignant la culture là où elle se trouve – et ne fournissant pas l'idéal mais plutôt un tremplin menant vers l'idéal. Y doit donc être considéré comme une base sur laquelle l'interprète doit bâtir afin de poursuivre la trajectoire progressant vers Z. Ignorer cela est une erreur importante selon Webb, comme il le dit :

> S'arrêter là où la Bible s'arrête (avec ses mots isolés) mène à l'incapacité de réappliquer l'esprit rédempteur du texte tel qu'il parlait à ses premiers lecteurs. Ainsi, on ne parvient pas à voir qu'une nouvelle réforme est possible [...] nous devrions prendre cet esprit rédempteur et passer à une éthique encore meilleure, plus accomplie aujourd'hui.[274]

Alors que l'herméneutique évolutive tente de faire face à d'importantes questions éthiques (telles que l'égalité des sexes, l'égalité sociale, etc.), par son refus (à tout le moins par inférence) de la suffisance de l'Écriture, il défait l'autorité éthique du texte. Dans

---
274. Ibid., p. 247.

cette optique, le texte biblique sert de repère ou d'intermédiaire au-delà duquel l'interprète doit avancer. La Bible ne contient pas de commandements idéaux sur le plan éthique, mais l'esprit rédempteur derrière les commandements est idéal.

Il convient également de noter que les promoteurs de ce type d'herméneutique manquent souvent de faire la distinction entre les économies de la loi de Moïse et de l'Église, créant des dilemmes éthiques inutiles et involontaires, qui semblent trouver leur résolution seulement par le biais de l'application de l'herméneutique rédemptrice. Dans ce domaine, l'erreur herméneutique ne commence pas par le processus évolutif-rédempteur, mais il commence plutôt par l'incapacité à réaliser des distinctions facilement détectées avec l'approche de la signification la plus simple.

Enfin, alors que l'herméneutique évolutive-rédemptrice considère le fait d'« arrêter là où la Bible s'arrête » comme un échec, il est peut-être opportun de rappeler à ceux qui sont attirés par cette herméneutique l'avertissement de Paul à l'Église de Corinthe de ne pas aller au-delà de ce qui est écrit (1 Co 4.6).

L'herméneutique allégorique

Ayant d'abord été populaire auprès des philosophes et théologiens juifs d'Alexandrie, l'herméneutique allégorique était une justification d'incohérences perçues dans l'Ancien Testament en ce qui concerne, en particulier, la façon dont Dieu se mettait en relation avec l'humanité et communiquait avec elle (anthropomorphismes et théophanies). Les philosophies grecques qui ont influencé les Juifs d'Alexandrie, y compris le dualisme du gnosticisme, rendaient pratiquement impossible une lecture littérale du texte. Toutefois, en allégorisant le texte – comme s'il s'agissait de simples incarnations de leçons spirituelles ou morales – on pouvait le rendre conséquent sans violer les principes philosophiques grecs.

La méthode allégorique, donc, était à l'origine une soumission du texte divin aux philosophies largement répandues à l'époque afin d'aligner le texte avec le monde environnant. Au lieu de s'appuyer fermement sur les paroles de l'Écriture pour fournir une base d'interprétation pour comprendre l'épistémologie et la philosophie, cette méthode constituait un moyen par lequel une approche épistémologique actuelle (plus précisément celle des Grecs) ne serait pas contestée.

On trouve des exemples d'herméneutique allégorique maintes fois dans les ouvrages de Philon d'Alexandrie (communément reconnu comme le père de l'herméneutique allégorique). Philon voyait Moïse comme ayant « atteint les plus hauts sommets de la philosophie, »[275] décrivant le récit de la création comme Moïse ayant « manifestement placé devant nous des idées incorporelles »[276] plutôt que des vérités propositionnelles, et présentant « cinq des plus belles leçons »[277] plutôt que d'exprimer le simple récit d'origine. L'approche de Philon est évidente dans son analyse de l'identification par Moïse des quatre fleuves de Genèse 2.10-14 :

> Par ces paroles Moïse a l'intention d'esquisser les vertus particulières. Elles sont aussi au nombre de quatre : la prudence, la tempérance, le courage et la justice. Le plus grand fleuve d'où les quatre tirent leur source est la vertu générique, que nous avons déjà appelé bonté ; et les quatre branches sont autant de vertus. La vertu générique tire donc son origine d'Éden, qui est la sagesse de Dieu ; qui se réjouit, exulte et triomphe, ne trouvant son plaisir en rien d'autre et étant honoré pour rien d'autre sauf son Père, Dieu, et les quatre vertus particulières sont des branches de la vertu générique, qui comme un fleuve arrose toutes les bonnes actions de chacun, avec un flot abondant de bénéfices.[278]

L'approche allégorique fonctionne dans le monde des idées plutôt que dans le domaine des mots, ce qui amène de nombreuses

---

275. Philo, *The Works of Philo*, trad. par C. D. Yonge, nouvelle édition révisée, Peabody, Mass., Hendrickson, 1993, p. 3.
276. Ibid., p. 18.
277. Ibid., p. 24.
278. Philo, p. 32.

interprétations pour chaque verset, rejetant le sens littéral chaque fois qu'une contradiction philosophique est perçue.

Harry Ironside nous fait part de l'approche d'interprétation multiple dans ses notes sur le Cantique des Cantiques :

> Par conséquent, nous pouvons appréhender le livre de quatre points de vue. En le regardant littéralement, nous y voyons la glorification de l'amour dans les liens du mariage. Si on l'approche selon une perspective dispensationnelle, nous voyons la relation entre Jéhovah et Israël. Selon un point de vue rédempteur, nous trouvons la merveilleuse relation entre Christ et l'Église. L'étudier sous un angle moral ou spirituel nous amènera à le voir comme le livre de la communion entre une âme et le Seigneur ressuscité, glorifié et béni.[279]

Tandis qu'il reconnaît le sens littéral, il voit une signification plus profonde à travers l'interprétation allégorique et spirituelle.

Karl Friedrich Keil et Franz Delitzsch reconnaissent les problèmes créés par l'approche allégorique du Cantique des cantiques, suggérant que cette approche,

> en dépit de deux mille ans de travail, n'a encore mis en lumière aucun résultat sûr, mais seulement d'innombrables absurdités, particulièrement là où le Cantique décrit les parties du corps des amants de la tête aux pieds et des pieds à la tête.[280]

Arnold Fruchtenbaum explique qu'il

> préfère la vision de l'interprétation littérale, puisque c'est la vision la plus cohérente et qu'elle ne laisse pas libre cours à l'imagination débridée. Ce point de vue interprète le livre

---

279. H. A. Ironside, *Proverbs and The Song of Solomon*, Nepture, N. J., Loizeaux Brothers, 1989, p. 11.
280. Keil et Delitzsch, *Commentary on the Old Testament, Ecclesiastes and Song of Solomon*, Peabody, Mass., Hendrickson, 1989, p. 2.

normalement, comme une description de la relation d'amour entre un homme et une femme.[281]

En ce qui concerne la prophétie d'Aggée 2.5-9,[282] Augustin n'en identifie pas l'accomplissement au sens littéral (raisonnant que la gloire de Dieu n'a jamais rempli le temple postexilique), mais affirme plutôt que son accomplissement est venu dans l'Église de Christ.[283] Il n'a pas envisagé la possibilité d'un troisième et futur temple (une signification simple proposée par l'emploi du futur dans le passage).

En ce qui concerne Ézéchiel 37 – 48, John Taylor identifie l'interprétation chrétienne symbolique, disant que cette interprétation a été « favorisée par de nombreux commentateurs anciens. Ils ont soutenu que cette vision a eu son accomplissement symboliquement dans l'Église chrétienne ».[284]

Sur la référence que fait Matthieu au royaume des cieux dans Matthieu 4.17, Augustin assimile le royaume des cieux à l'Église[285] et défend son point de vue par une interprétation allégorique d'Apocalypse 20.1-6 en affirmant :

> Mais alors que le diable est lié, les saints règnent avec Christ pendant les mêmes mille ans, compris de la même façon, c'est-à-dire depuis l'époque de sa première venue [...] l'Église ne pourrait pas être appelée maintenant son Royaume ou le Royaume des cieux à moins que ses saints ne règnent déjà aujourd'hui avec lui.[286]

---

281. Arnold Fruchtenbaum, *Biblical Lovemaking*, Tustin, Calif., Ariel Ministries Press, 1995, p. 2.

282. « Je reste fidèle à l'alliance que j'ai faite avec vous quand vous sortîtes de l'Égypte, et mon Esprit est au milieu de vous ; ne craignez pas ! Car ainsi parle l'Éternel des armées : encore un peu de temps, et j'ébranlerai les cieux et la terre, la mer et le sec ; j'ébranlerai toutes les nations ; les trésors de toutes les nations viendront, et je remplirai de gloire cette maison, dit l'Éternel des armées. »

283. Augustin, *La Cité de Dieu*, 18.48.

284. John Taylor, *Ezekiel*, Downers Grove, Ill., Intervarsity Press, 1969, p. 252.

285. Augustin, *La Cité de Dieu*, 20.9.

286. Ibid.

Interprétant Apocalypse 12.1-6, Matthew Henry présente ces versets comme une tentative de Satan pour contrecarrer l'Église :

> L'Église est représentée, (1) comme une *femme*, l'épouse de Christ et la mère des saints. (2) comme *enveloppée du soleil*. Ayant revêtu Christ, qui est *le soleil de justice*, elle brille par ses rayons. (3) comme ayant *la lune sous les pieds*. Son cœur et son espoir ne sont pas dans les choses sublunaires, mais dans les choses qui sont au ciel, là où se trouve sa tête. (4) comme ayant sur sa tête *une couronne de douze étoiles*, c'est la doctrine de l'évangile prêchée par les douze apôtres. (5) comme *en travail et dans les douleurs*, pour mettre au monde une sainte progéniture pour Christ.[287]

Sur l'interprétation d'Apocalypse 20.1-6, C. H. Little illustre tout d'abord l'allégorisation du royaume millénaire, en critiquant le chiliasme (prémillénarisme):

> C'est avec cette captivité de mille ans de Satan que les chiliastes élaborent leurs théories millénaristes. Prenant les mille ans comme un nombre littéral, ils maintiennent que pendant cette période Satan est lié de façon absolue [...] que Christ et ses saints au cours de cette période règnent paisiblement et sans interruption sur la terre ; et que les Juifs se convertiront, et tout sera bien tant que dureront les mille ans...[288]

Il propose ensuite la solution allégorique :

> En fait, les mille ans dans ce chapitre de l'Apocalypse commencent lorsque Satan est lié, ou en d'autres termes, à l'avènement du christianisme, lorsque le pouvoir de Satan a été freiné, afin qu'il ne puisse plus tromper les nations avec le succès dont il jouissait avant la proclamation de l'Évangile glorieux du salut de l'humanité.[289]

---

287. Matthew Henry, *Commentary on the Whole Bible*, édité par Leslie F. Church, Grand Rapids, Zondervan, 1961, 1979.
288. C. H. Little, *Explanation of the Book of Revelation*, St. Louis, Concordia, 1950, p. 202.
289. Ibid., p. 203.

L'interprétation non littérale est ici justifiée par « l'imagerie de laquelle il [le nombre 1000 ans] est entouré »[290]. L'approche non littérale doit ici être adoptée parce que d'autres références dans ce contexte sont également non littérales. Et comment l'approche non littérale du contexte est-elle justifiée ? La base est un raisonnement circulaire employé ici pour contrer ce qui est identifié comme « certaines opinions juives »[291] qui sont inacceptables pour l'auteur.

Le même type de raisonnement circulaire se voit dans l'approche de Louis Berkhof du même passage. Berkhof argumente contre un millénium littéral, disant que

> La seule base scripturaire pour cette théorie est Apocalypse 20.1-6, après qu'un contenu de l'Ancien Testament y ait été versé. Il s'agit d'une base très précaire pour diverses raisons. (1) ce passage se trouve dans un livre hautement symbolique et est certes très obscur, comme il ressort des interprétations diverses de celui-ci. (2) l'interprétation littérale [...] mène à une vision qui ne trouve aucun appui ailleurs dans l'Écriture, mais est même contredite par le reste du Nouveau Testament.[292]

Encore une fois, l'approche littérale est considérée comme invraisemblable en raison de l'» obscurité » du passage. Pourtant, le passage n'est obscur qu'en raison d'une présupposition allégorique.

Berkhof fait valoir que l'« Église de l'Ancien Testament » se retrouve dans Ésaïe 49.14 ; 51.3 ; 52.1,2 ; et que « le terme passe directement dans le Nouveau Testament, Galates 4.26 ; Hébreux 12.22 ; Apocalypse 3.12 ; 21.9 ».[293] Utiliser une approche allégorique pour le passage de l'Ancien Testament crée la possibilité d'une même approche dans le Nouveau, mais la motivation est un remplacement clair d'Israël par l'Église. La Confession d'Augsbourg de 1530, fondée sur ces principes, parle fortement, condamnant ceux

---

290. Ibid., p. 202.
291. Ibid.
292. Berkhof, *Systematic Theology*, p. 715.
293. Ibid., p. 713.

qui répandent certaines opinions juives, voulant qu'avant la résurrection des morts, les personnes pieuses prennent possession du Royaume du monde, les impies étant partout éliminés.[294]

Une application populaire contemporaine de la méthode allégorique est le prétérisme. Du latin *praeteritus*, qui signifie *passé*, le prétérisme est une démarche d'interprétation allégorique qui voit les événements prophétiques de l'Écriture comme ayant déjà eu lieu dans le passé. Le prétérisme modéré affirme, par exemple, que la majeure partie de l'Apocalypse (et par conséquent toutes les autres prophéties bibliques) a été accomplie en 70 apr. J.-C., avec la destruction de Jérusalem ; pourtant, il laisse de la place pour une seconde venue littérale de Christ. Le prétérisme modéré est habituellement postmillénariste. Le prétérisme radical affirme que toute prophétie a été accomplie par le passé.

Le prétérisme, en général, met l'accent sur le genre de la littérature apocalyptique comme caractérisant spécifiquement l'Apocalypse. Le passage clé utilisé pour justifier le prétérisme est Matthieu 24.34, étant compris comme faisant référence à la génération (c'est-à-dire, les disciples) présente lorsque ces paroles ont été prononcées (à la lumière de la référence contextuelle de Mt 23.36). Il est à noter que l'expression « cette génération » est utilisée dans l'Écriture à propos de générations auxquelles n'appartenait pas l'auditoire spécifique du passage (Hé 3.10) et que le passage de Matthieu 24.34 pris dans le contexte immédiat de 24.4-31 et interprété littéralement nécessite une compréhension futuriste.

Si un système herméneutique a comme conclusion logique la mise à l'écart d'Israël dans le plan de Dieu et ultimement le dénigrement du peuple juif, il faudrait naturellement mettre en doute les motifs derrière l'herméneutique. Particulièrement à la lumière d'Apocalypse 12, cette approche est plutôt dérangeante. L'affaiblissement de l'autorité scripturale par le biais de processus

---

294. « Article XVII », *The Augsburg Confession*, St. Louis, Missouri, Concordia Publishing House, 2006, p. 17.

herméneutiques erronés a un impact très profond sur la perspective concernant Israël.

L'herméneutique mystique ou de spiritualisation

Bien qu'étroitement liée à l'herméneutique allégorique, l'herméneutique de spiritualisation est motivée autrement. Alors que l'herméneutique allégorique cherche premièrement à résoudre les difficultés textuelles découlant de l'interprétation littérale, l'herméneutique de spiritualisation cherche une signification plus profonde dans le texte et utilise des méthodes allégoriques pour y arriver.

Clément d'Alexandrie a fait preuve d'une herméneutique mystique dans son approche de la loi mosaïque, y voyant quatre niveaux de sens (trois niveaux en plus du sens naturel) : naturel, mystique, moral et prophétique :

> Le sens de la Loi doit être vu sous trois angles, – soit comme présentant un symbole (mystique), soit comme posant un précepte pour une bonne conduite (morale), soit comme prononçant une prophétie (prophétique) [...] Car l'Écriture entière n'est pas dans sa signification un seul Mykonos, comme le veut l'expression proverbiale ; mais ceux qui cherchent la connexion de l'enseignement divin doivent l'aborder avec la plus grande perfection de la faculté logique.[295]

Origène croyait que l'Écriture portait trois sens : littéral, moral et spirituel. Au Moyen Âge, le spirituel a été divisé en allégorique et anagogique, rendant ainsi un quadruple sens. Tan illustre ce quadruple sens tel qu'il était appliqué à Genèse 1.3 (« Que la lumière soit... ») au cours du Moyen Âge :

> Les ecclésiastiques médiévaux interprétaient cette phrase comme signifiant (1) historiquement ou littéralement – un acte

---

295. Clément d'Alexandrie, « Miscellanies 1:28 », dans *The Ante-Nicene Fathers* [réimpr. 1885], édité par Alexander Roberts et James Donaldson, Grand Rapids, Eerdmans, 1989, vol. 2, p. 341.

de création ; (2) moralement – puissions-nous être mentalement éclairés par Christ ; (3) allégoriquement – que Christ soit amour ; et (4) de manière anagogique – puissions-nous être conduits par Christ vers la gloire.[296]

Swedenborg a identifié trois niveaux selon les trois cieux : naturel (le plus bas), spirituel (au milieu) et céleste (le plus haut). Notez le classement de l'ultraspirituel comme primordial, avec le naturel à l'échelon le plus bas.

Emmanuel Kant estimait que la valeur de l'Écriture se trouvait dans l'amélioration morale de l'humanité, et par conséquent, si une compréhension littérale d'un passage ne révélait aucune vérité morale particulière, il faudrait délaisser l'interprétation littérale au profit d'une approche allégorique d'où ressortirait une vérité morale.

Alors que le processus de spiritualisation utilise une approche allégorique, en raison de la distinction dans la motivation, la spiritualisation peut aussi procéder d'une herméneutique ultralittéraliste. Une insistance trop grande sur les mots eux-mêmes a entraîné une approche quasi rituelle de l'herméneutique spiritualisante. Le code biblique, la théomatique et la typologie excessive sont des exemples d'une herméneutique spiritualisante ou mystique.

La théologie dispensationaliste a traditionnellement mis un accent important sur les types et a souvent été critiquée pour cela. O. T. Allis est à juste titre critique de cette approche :

> C'est une anomalie singulière, qui ne manquera pas d'impressionner l'étudiant rigoureux de l'enseignement dispensationaliste, représentée, par exemple, dans la Bible de référence Scofield, qui accentue et mène à de tels extrêmes ces deux principes distincts et dans un sens opposés dans l'interprétation de l'Écriture. Lorsqu'il est question de l'histoire de l'Ancien Testament, son traitement est très figuratif. En effet, nous avons parfois l'impression que les événements de cette histoire ont peu de sens pour nous en eux-mêmes ; c'est leur signification typique, une signification que seuls ceux qui sont « profondément versés »

---

296. Tan, *The Interpretation of Prophecy*, p. 53.

dans l'Écriture sont en mesure d'apprécier, qui importe vraiment à leur sujet. Lorsqu'il est question de prophétie, son traitement est marqué par le littéralisme...[297]

L'herméneutique du genre ou de la forme littéraire

L'herméneutique du genre ou de la forme littéraire voit la reconnaissance de celui-ci comme le facteur déterminant dans la démarche herméneutique. En redéfinissant la structure de différents livres, l'herméneutique du genre fournit un moyen par lequel l'approche grammatico-historique littérale peut être abandonnée.

Marshall Johnson énonce son principe déterminant de l'herméneutique du genre (ce terme est le mien, non le sien) comme suit :

> tous les écrits doivent avoir eu un sens pour leurs premiers lecteurs, ou du moins, l'auteur doit l'avoir cru.[298]

Il s'agit d'une erreur clé, car il est évident que dans certains cas, les auteurs de l'Écriture n'avaient aucune compréhension de ce qu'ils écrivaient, et n'auraient donc pas eu l'espoir que leurs lecteurs n'aient eu une sagesse supplémentaire leur permettant de traiter l'information, mais par obéissance, ils ont simplement écrit ce qui leur a été dit. Même les interprètes alliancistes affirment que les prophètes n'étaient pas toujours conscients de la signification de leurs prophéties.[299]

Ironiquement, nous voyons cela dans les deux livres qui sont le plus souvent mal caractérisés par l'herméneutique du genre, soit Daniel (12.8,9) et l'Apocalypse (22.8-11). Notez que lors de la rédaction d'Apocalypse 22, Jean avait déjà écrit la majeure partie du « livre de cette prophétie », pourtant, il ne savait pas comment réagir ou quoi faire avec lui. L'ange a dû lui expliquer le but du

---

297. Allis, *Prophecy and the Church*, p. 22.
298. Marshall D. Johnson, *Making Sense of the Bible*, Grand Rapids, Eerdmans, 2002, p. 2-3.
299. Voir Gerstner, *Wrongly Dividing The Word of Truth*, p. 105.

livre et comment y réagir de façon appropriée. Il est très clair que Jean n'avait aucun auditoire particulier à l'esprit, surtout dans les chapitres 4 - 22. Depuis 1.11, il est évident que Jean a reçu de Christ son mandat et le contenu de ses écrits. Il n'était pas du ressort de Jean de rendre ses écrits « compréhensibles » pour son public.

> Bien qu'influencée en partie par les traditions de la prophétie et de la sagesse, la littérature apocalyptique telle qu'elle a émergé après l'exil babylonien est unique à plusieurs égards et ne doit pas être confondue avec l'un ou l'autre de ces prédécesseurs.[300]

Notez l'humanisation du texte par l'auteur – il met l'accent sur les influences culturelles plutôt que sur l'inspiration de Dieu. Il s'agit de l'erreur de l'herméneutique du genre et elle conduit à des conclusions extrêmement erronées sur la nature du texte, et donc sur son message.

Mark Virkler identifie l'objectif apocalyptique comme « la révélation de ce qui était caché, en particulier en ce qui a trait aux temps de la fin ».[301] Il suggère en outre que des écrits non canoniques partagent des points communs avec les canoniques, et identifie des sections de Daniel, Joël, Amos, Zacharie et de l'Apocalypse comme étant apocalyptiques.

Elliott Johnson affirme que Daniel écrit « dans un style typiquement apocalyptique ».[302] Il identifie également Apocalypse 4 - 22 comme de la littérature apocalyptique,[303] appuyant son argument sur l'utilisation par Jean du mot *apokalupsis* dans 1.1. C'est là une incapacité à comprendre le fait que Jean caractérise son ouvrage comme une prophétie (22.18,19, etc.) par la définition du Christ lui-même (22.7) et non comme de la littérature apocalyptique ; et que la référence de 1.1 à *apokalupsis* est une référence littérale au dévoilement de Christ – se référant à l'ensemble du programme

---

300. Ibid., p. 73.
301. Henry Virkler, *Hermeneutics*, Grand Rapids, Baker Book, 1981, p. 192.
302. Johnson, *Making Sense of the Bible*, p. 74.
303. Ibid., p. 77.

du livre prophétique comme culminant avec l'apparition finale de Christ en gloire.

Jeff Cate reconnaît également des éléments du livre de Daniel comme apocalyptiques, disant :

> [...] La matière apocalyptique peut être un peu étrange. Elle est visionnaire et hautement symbolique. Des exemples dans la Bible sont des parties de Daniel dans l'Ancien Testament et de l'Apocalypse dans le Nouveau Testament, ainsi que quelques passages d'autres livres dans les deux Testaments.[304]

La difficulté n'est pas tant dans l'utilisation du mot *apocalyptique*. Le problème se pose lorsque le terme est utilisé pour remplacer la description interne du livre. Daniel est un livre d'histoire, de visions et d'accomplissements. Et il est à noter que chaque accomplissement qui a eu lieu dans le livre (c'est-à-dire l'humiliation de Nebucadnetsar dans le chapitre 4 et la mort de Belschatsar dans le chapitre 5) est un accomplissement littéral (avec une reconnaissance évidente de la métaphore dans les prophéties). Même les prophéties du livre dont l'accomplissement est toujours à venir sont très spécifiques et nécessitent une réalisation très précise. Certains caractérisent le livre de Daniel comme *prophétie apocalyptique*.[305] D'autres sont capables de traiter Daniel sur les plans archéologique et linguistique sans catégoriser sa prophétie comme apocalyptique.[306] Arno Clemens Gaebelein est catégorique au sujet de l'impact prophétique de Daniel, l'identifiant comme une grande prévision prophétique :

> C'est la clé de toute prophétie ; sans une connaissance des grandes prophéties contenues dans cet ouvrage, toute cette partie de la

---

304. Robert Cate, *How to Interpret the Bible*, Nashville, Broadman, 1983, p. 33.
305. LaSor, Hubbard et Bush identifient Daniel comme « un type de prophétie différent, à bien des égards, de celui que l'on retrouve dans les Prophètes. Il s'agit bien néanmoins de prophétie. » William Sanford LaSor, David Allan Hubbard, et Frederic William Bush, *Old Testament* Survey, Grand Rapids, Eerdmans, 1982, p. 661.
306. A. C. Gaebelein, John C. Whitcomb, John Walvoord, Leon Wood, etc.

Parole de Dieu doit rester un livre scellé [...] Les grandes portions prophétiques du Nouveau Testament, le sermon sur la montagne [...] et [...] le livre de l'Apocalypse, ne peuvent être comprises que par les prophéties de Daniel.[307]

En substituant les identifications internes et les caractérisations de Daniel avec un genre apocalyptique, l'intégralité du message prophétique de Daniel peut être voilée. Et comme Gaebelein l'a souligné, les prophéties du Nouveau Testament sont tellement interreliées avec Daniel, et Daniel avec les alliances de l'Ancien Testament, que d'un seul coup de substitution de genre, la révélation prophétique de Dieu devient inaccessible à l'interprète.

Le livre de l'Apocalypse n'entre même pas dans la catégorie apocalyptique, puisqu'il s'autocaractérise à plusieurs reprises comme une prophétie (1.3 ; 11.6 ; 22.7,10,18,19). C'est la prophétie au sujet d'*apokolupsis*.

L'interprétation littérale de Genèse 1 - 11 est de plus en plus remise en cause sur une base de forme littéraire. Notez la description de J. F. Bierlein :

> La Bible contient une excellente illustration de la formidable puissance du mythe civique, et de ce qui arrive quand le mythe s'effondre. Être Juif dans l'ancien Israël voulait dire accepter le roi et la Torah comme autorités morales, civiques et religieuses. Il fallait s'identifier à l'histoire sacrée du peuple juif et accepter que la nation ait été définie par une alliance avec Dieu. L'Ancien Testament énonce qu'Israël a prospéré quand la nation était fidèle à l'alliance ; lorsque cette alliance fut abandonnée et que les gens adoraient les dieux des peuples voisins, la société s'est effondrée et les Juifs ont été envoyés en exil. C'est là la puissance du mythe en action.[308]

Cornélius Van Til identifie avec raison une conséquence clé d'une approche erronée de la Genèse :

---

307. A. C.Gaebelein, *The Annotated Bible Volume V Daniel to Malachi*, New York, Our Hope, p. 6.
308. J. F. Bierlein, *Parallel Myths*, New York, Ballantine, 1994, p. 21.

Si nous refusons l'historicité du récit de la Genèse, nous serons obligés de réduire si drastiquement la responsabilité de l'homme pour le péché qu'en réalité, il n'en restera rien [...] [Les hommes] qui réduisent pratiquement le récit de la Genèse au statut de mythe, se trouvent obligés de nier aussi la vision chrétienne historique du péché, de Christ et de l'expiation.[309]

Ce que l'herméneutique du genre commence dans la Genèse, elle n'arrêtera pas tant que l'entière autorité de l'Écriture n'est pas minée, plaçant l'interprète au-dessus de la révélation et donc la créature au-dessus du créateur (violant ainsi le pilier n° 2 : Dieu s'est révélé avec autorité dans l'Écriture).

H. C. Leupold décrit certains éléments de précompréhensions de la part des interprètes de l'école du genre en relation avec la Genèse :

> De forts présupposés dogmatiques sont révélés trop clairement par ces érudits : les miracles sont considérés comme pratiquement impossibles, tout comme l'inspiration plénière ; l'histoire d'Israël ne peut s'élever à un plus haut niveau que l'histoire babylonienne ou égyptienne ; une norme évolutionniste arbitraire doit être utilisée pour mesurer les preuves historiques.[310]

Pour ces quelques présupposés, il y a encore plus d'arguments à l'appui de l'historicité de la Genèse :

> Les faits suivants de l'histoire d'Israël sont négligés : a) la dissemblance totale du récit de la Genèse et des légendes des nations [...] b) la distinction claire préservée par les annales sacrées d'Israël des étapes successives de la révélation [...] c) l'exactitude de la tradition historique d'Israël, [...] d) les efforts distincts par les patriarches de perpétuer le souvenir d'événements d'une importance religieuse capitale [...] e) le ton solennel employé dans le récit de la révélation la plus exaltée [...] f) l'impartialité totale démontrée dans le récit de l'histoire de ceux qui sont les patriarches et les pères des tribus [...] Une évaluation juste des faits énumérés

---

309. Van Til, *The Defense of the Faith*, p. 211.
310. Leupold, *Exposition of Genesis*, vol. 1, p. 11.

ci-dessus conduit certainement à la conclusion que la Genèse donne un récit sobre, précis et historique des événements... »[311]

La forme littéraire doit en effet être prise en considération dans le processus de l'herméneutique, mais deux principes gouvernent l'analyse de la forme littéraire : (1) la forme littéraire ne devrait pas être une raison d'éviter l'herméneutique littérale. Quel que soit le genre, le texte doit être interprété littéralement. (2) l'Écriture est unique et donc l'identification de la forme littéraire ne doit pas se baser sur les écrits séculiers comme le mythe et la littérature apocalyptique.

Les cinq formes littéraires de base de l'Écriture vont de soi, avec un certain chevauchement :

(1) Le récit historique primaire — récit historique qui véhicule de façon délibérée la chronologie de l'histoire biblique : comprend la Genèse, l'Exode, les Nombres, Josué, Juges, 1 et 2 Samuel, 1 et 2 Rois, Esdras, Néhémie, les Évangiles et les Actes des apôtres.

(2) Le récit historique complémentaire — livres de récit historique qui complètent (dans la mesure où ils sont contemporains de) le récit historique primaire. Cette catégorie comprend Job, Lévitique, Deutéronome, Ruth, 1 et 2 Chroniques et Esther.

(3) La poésie et la louange — comprend Psaumes, Proverbes, Ecclésiaste, Cantique des cantiques, Lamentations

(4) La prophétie — entrecoupée de récits historiques et de poésie, cette forme présente, habituellement, la révélation de Dieu du jugement et de la restauration. Ésaïe, Jérémie, Ézéchiel, Daniel (bien qu'il ne soit pas inclus dans la section Nebi'im de l'Ancien Testament hébreu, sa forme est la prophétie et le récit historique complémentaire) et les douze petits prophètes.

(5) Les épîtres — lettres incluant celles de Paul et les lettres générales (Hébreux, Jacques, 1 et 2 Pierre, 1, 2 et 3 Jean et Jude).

---

311. Ibid., p. 11-12.

Au sein de ces différentes formes se trouvent des utilisations de l'allégorie, du symbolisme, du type, des paraboles et d'autres figures de style ; et il est important de reconnaître le contexte de base dans lequel ces outils littéraires sont utilisés afin de les comprendre dans leur sens le plus naturel et de saisir comment elles contribuent à la signification globale du passage.

L'herméneutique canonique

Herméneutique canonique se divise en deux principales branches : (1) canonique en ce qui concerne le canon ou le dogme de l'Église et (2) canonique en ce qui concerne le canon de l'Écriture. L'herméneutique canonique dogmatique est la précompréhension de l'Écriture qui s'appuie, comme principal facteur d'interprétation, sur la doctrine de l'Église précédemment déclarée. Bien qu'il y ait certainement d'autres exemples, le catholicisme illustre très bien cette approche. Bernard Ramm explique :

> L'interprète catholique accepte docilement tout ce que l'Église catholique a *expressément* dit au sujet de questions d'introduction biblique et sur l'identité des auteurs des livres de la Bible.
> … L'interprète catholique accepte tous les versets que l'Église a officiellement interprétés.[312]

Le Catéchisme de l'Église catholique met en évidence ce qui sous-tend le commentaire de Ramm :

> Lisez l'Écriture dans « la Tradition vivante de l'Église entière ». Selon un dicton des pères, l'Écriture sainte est écrite principalement dans le cœur de l'Église plutôt que dans des documents et des annales, car l'Église porte dans sa Tradition la mémoire vivante de la Parole de Dieu, et c'est le Saint-Esprit qui lui donne l'interprétation spirituelle de l'Écriture (« selon le sens spirituel que l'Esprit accorde à l'Église »).[313]

---

312. Ramm, *Protestant Biblical Interpretation*, p. 39-40.
313. *The Catechism of the Catholic Church*, p. 113.

Cela peut aussi être démontré par l'adhésion à diverses confessions et conseils en plus de permettre au texte de parler pour lui-même. Lewis Sperry Chafer souligne qu'il s'agit d'un problème important :

> L'une des plus grosses erreurs de l'Église de Rome est celle de faire de l'Église, et non de la Bible, l'autorité immédiate et finale sur toutes les questions relatives à la révélation divine...
>
> Elle fait valoir qu'il y a beaucoup de choses que Christ et les apôtres ont enseignées qui n'ont pas été écrites dans la Bible [...] mais elles [...] ont été préservées par l'Église et sont aussi valables que le sont les préceptes qui y sont écrits.[314]

L'herméneutique du processus canonique représente une constante redéfinition dans l'Écriture – une compréhension exagérée et quelque peu altérée de la révélation progressive. Bruce Waltke la définit comme suit :

> En parlant de l'approche par le processus canonique, je fais référence à la reconnaissance que l'intention du texte est devenue plus profonde et plus claire, tandis que les paramètres du canon ont été élargis. Tout comme la rédemption elle-même a une histoire progressive, de même aussi des textes plus anciens dans le canon ont subi une perception de sens progressive corrélative alors qu'ils sont devenus partie intégrante d'une littérature canonique en plein essor.[315]

Apparemment, cette opinion semble compatible avec l'herméneutique littérale et l'idée nécessaire de révélation cumulative ; cependant, Waltke lit la révélation cumulative dans la révélation antérieure, interprétant ainsi l'Ancien Testament à la lumière du Nouveau, plutôt que l'inverse. Il en résulte, par exemple, la conclusion de la théologie de remplacement ; notamment l'idée que les alliances d'Israël sont accomplies ultimement dans l'Église.

---

314. Chafer, *Systematic Theology*, vol. 1, p. 14.
315. Bruce Waltke, « A Canonical Process Approach to the Psalms », dans *Tradition and Testament*, John Feinberg et Paul Feinberg, éd., Chicago, Ill., Moody Press, 1981, p. 7.

Darrell Bock et Craig Blaising utilisent également cette approche (essentiellement cela est très fortement lié à leur herméneutique complémentaire) : ils suggèrent que le niveau canonique systématique de la lecture du texte biblique

> prend le passage à la lumière de l'ensemble, soit à travers l'ensemble des écrits de l'auteur, à travers le contexte d'une période donnée, ou, plus globalement, à la lumière de l'ensemble du canon.[316]

Ici, comme dans l'approche de Waltke, le Nouveau Testament est inséré dans l'Ancien, aliénant ainsi la révélation cumulative (un énoncé avec lequel ils ne seraient sûrement pas d'accord). Brevard Childs a démontré l'approche alors qu'il a insisté sur l'idée que l'Ancien Testament reçoit une nouvelle signification par l'ensemble du canon dûment complété.[317] George Eldon Ladd communique bien les enjeux :

> Voici donc la ligne de partage essentielle entre une théologie dispensationaliste et non dispensationaliste. Le dispensationalisme forme son eschatologie par une interprétation littérale de l'Ancien Testament puis y insère le Nouveau Testament. Une eschatologie non dispensationaliste base sa théologie sur l'enseignement explicite du Nouveau Testament. Elle avoue qu'elle ne peut être certaine de la façon dont les prophéties de l'Ancien Testament sur les temps de la fin doivent s'accomplir, puisque (a) la première venue de Christ s'est accomplie d'une manière imprévue par une interprétation littérale de l'Ancien Testament, et (b) il y a des indications incontournables voulant que les promesses de l'Ancien Testament à Israël sont réalisées dans l'Église chrétienne.[318]

---

316. Blaising et Bock, *Progressive Dispensationalism*, p. 101.
317. Paul Noble, *The Canonical Approach: A Critical Reconstruction of the Hermeneutics of Brevard S. Childs*, New York, EJ Brill, 1995, p. 26.
318. George E. Ladd, « Historic Premillennialism », dans *The Meaning of the Millennium: Four Views*, Robert G. Clouse, éd., Downers Grove, Ill., Intervarsity Press, 1977, p. 27.

L'herméneutique complémentaire

En identifiant l'herméneutique non dispensationaliste (théologie de l'alliance), Robert Saucy suggère que l'approche est à peu près identique à celle de l'herméneutique dispensationaliste :

> Une analyse des systèmes non dispensationalistes [...] révèle que leur approche non littérale d'Israël dans les prophéties de l'Ancien Testament n'est pas vraiment issue d'une herméneutique spiritualisante ou métaphorique préexistante. C'est plutôt le résultat de leur interprétation du Nouveau Testament à l'aide de la même herméneutique grammatico-historique que celle des dispensationalistes.[319]

Saucy sous-estime davantage la distinction entre l'herméneutique non dispensationaliste et dispensationaliste, en qualifiant la différence fondamentale entre les deux comme étant « ni un principe herméneutique de base ni leur idée du sens ultime de l'histoire humaine ».[320]

Pour prévenir tout malentendu de la part de ses lecteurs, il souligne plus tard :

> Nous ne rétractons pas notre affirmation antérieure, à l'effet que la procédure herméneutique de base, surtout dans ses principes de départ, est essentiellement la même pour les théologiens tant dispensationalistes que non dispensationalistes. Tous deux démontrent une herméneutique grammatico-historique.[321]

Saucy appelle cette approche la « compréhension naturelle ».[322] Il s'agit d'une description qu'il répète dans un traité ultérieur comme

---

319. Robert Saucy, *The Case For Progressive Dispensationalism*, p. 20.
320. Ibid.
321. Ibid., p. 29-30.
322. Ibid., p. 29.

un principe général d'interprétation biblique.³²³ John Gerstner affirme le même principe :

> Malgré toutes les prétentions selon lesquelles les dispensationalistes sont les littéralistes cohérents, ils débutent leur interprétation biblique à peu près là où tout le monde le fait. Ils suivent une méthode inductive, grammaticale, historique, tout comme d'autres le font.³²⁴

Un exemple de la « compréhension naturelle » des dispensationalistes progressifs est évident dans la compréhension de Saucy de la main droite de Dieu dans le Psaume 110 et Actes 2 :

> Le Psaume entier s'inscrit donc dans le tableau de l'espérance messianique de l'Ancien Testament, soit le règne du Messie sur la terre. « La droite de Dieu » est la position d'autorité messianique. Prenant « trône » dans son sens métaphorique comme un « symbole de gouvernement », la droite de Dieu est aussi le trône du Messie. C'est probablement dans ce sens que l'on doit comprendre la référence de Pierre à Christ comme ayant été élevé pour s'asseoir sur le trône de David ».³²⁵

La certitude de la position est précisée dans cette déclaration : « la signification de la "droite de Dieu" dans Psaume 110.1 et Actes 2.33 est, par conséquent, la position d'autorité messianique. C'est le trône de David.³²⁶

Cet exemple de « compréhension naturelle » n'est clairement pas l'approche grammatico-historique littérale utilisée par le dispensationalisme classique. Qu'est-ce donc ? L'auteur explique :

> La concrétisation de l'espérance prophétique de l'Ancien Testament implique nécessairement certains aspects nouveaux qui n'étaient pas visibles plus tôt. Ce qui a été dépeint dans l'Ancien Testament

---

323. Robert Saucy, « Is the Bible Important Today? », dans *Understanding Christian Theology*, Charles Swindoll et Roy Zuck, éd., p. 131.
324. John Gerstner, *Wrongly Dividing The Word Of Truth*, p. 91-92.
325. Robert Saucy, *The Case For Progressive Dispensationalism*, p. 71.
326. Ibid., p. 72.

comme un seul mouvement messianique a été divisé en deux phases de réalisation dans le Nouveau Testament. L'ascension du Messie au cours de la première phase n'était donc pas clairement visible dans l'Ancien Testament. Mais cette réalité n'annule pas un accomplissement futur dans le plein sens du psaume.[327]

C'est le concept selon lequel le Nouveau Testament apporte des modifications complémentaires à l'Ancien Testament. Blaising et Bock expliquent un peu plus le concept, disant :

> L'inscription supplémentaire de certains dans la promesse ne signifie pas que les destinataires d'origine soient ainsi exclus. L'expansion de la promesse ne signifie pas l'annulation des engagements antérieurs que Dieu a pris.[328]

Ils appellent ce principe le « principe complémentaire ».[329]

Ceux qui s'attachent à l'herméneutique complémentaire peuvent sembler parfois déroutés par les distinctions dans les conclusions exégétiques, attribuant les différences à d'autres facteurs (tels que la personnalité de l'interprète),[330] mais en réalité, il y a clairement une autre herméneutique en jeu ici.

Si Saucy n'est pas prêt à reconnaitre une différence d'approche herméneutique, Blaising et Bock semblent plutôt fiers de la distinction, traitant le système de peut-être plus raffiné que l'approche grammatico-historique littérale :

> Il est à noter que le dispensationalisme progressif n'est pas un abandon de l'interprétation « littérale » au profit d'une interprétation « spirituelle ». Le dispensationalisme progressif est un *développement* [italiques ajoutés], de l'interprétation « littérale » vers une interprétation historique et littéraire plus cohérente.[331]

---

327. Ibid., p. 71.
328. Blaising et Bock, *Progressive Dispensationalism*, p. 103.
329. Ibid.
330. Ibid., p. 20.
331. Blaising et Bock, *Progressive Dispensationalism*, p. 52.

Bock élabore :

> Lorsque les dispensationalistes progressifs parlent d'une relation complémentaire entre des passages de l'Ancien Testament et du Nouveau Testament, ils affirment qu'une lecture normale, déterminée par le contexte, relie souvent des concepts des Écritures hébraïques avec le Nouveau Testament d'une manière qui complète et explique ce qui était déjà présent dans la partie la plus ancienne de la Parole de Dieu.[332]

Tandis que le système dispensationaliste progressif affirme fortement des idées comme une signification unique et constante dans les textes, la double paternité et une révélation progressive,[333] il est tout de même évident, comme le fait remarquer Elliott Johnson, que « ce qui est affirmé est remis en question par ce qui est fait avec les passages ».[334] Et ce qui est atteint par la position est loin de ce qui est dit.[335]

L'herméneutique théologique

Alors que par nécessité, il doit y avoir un certain degré de précompréhension dans le processus de l'herméneutique, les éléments qui devraient être précompris sont ceux qui concernent le texte lui-même (p. ex., les mots ont un sens basé sur leur usage grammatical historique) et la façon d'aborder le texte (la méthode herméneutique), mais cette précompréhension ne devrait pas s'étendre aux conclusions doctrinales *a priori*.

Il est à noter que les prérequis formant les piliers de la méthode théologique employée dans le dispensationalisme présuppositionel ne sont pas incompatibles avec une herméneutique

---

332. Darrell L. Bock, « Hermeneutics of Progressive Dispensationalism », dans *Three Central Issues in Contemporary Dispensationalism*, édité par Herbert W. Bateman IV, Grand Rapids, Kregel, 1999, p. 89.
333. Ibid., p. 94.
334. Elliott E. Johnson, « Response to Darrell L. Bock », dans *Bateman*, p. 101.
335. Ibid., p. 105.

non théologique. Ces prérequis découlent d'une herméneutique grammatico-historique littérale et constituent la base doctrinale *a posteriori* comme un fondement inaltérable, ou plus précisément, les conclusions déterminantes du système théologique.

L'*herméneutique théologique* dans ce contexte fait référence à une grille eiségétique utilisée comme le facteur déterminant dans le processus de l'herméneutique. Jean Calvin, traitant de la nouvelle alliance de Jérémie 31, fait preuve d'eiségèse théologique quand il explique la raison de sa conclusion interprétative quant à la nature de l'alliance :

> Nous voyons donc que ce passage se rapporte forcément au royaume de Christ, car sans Christ le peuple n'aurait pu ni n'aurait dû espérer quoi que ce soit de supérieur à la Loi ; puisque la Loi était une règle de la plus parfaite doctrine. Si donc Christ est enlevé, il est certain que nous devons demeurer dans la Loi.[336]

Il faut noter son utilisation du mot *nous*, incluant l'Église dans la soumission à la Loi, contrairement à l'interprétation littérale de Jérémie 31, qui indique que l'ancienne alliance (et la nouvelle) ont été faites avec Israël. L'herméneutique théologique de Calvin prend la forme d'une théologie de remplacement *a priori* – le point de vue selon lequel l'Église a remplacé Israël.

L'herméneutique théologique est le fondement de l'herméneutique catholique romaine (la dogmatique canonique). La précompréhension théologique dans ce cas précis porte sur la croyance que l'Église est médiatrice dans le processus de révélation :

> Le théologien fera d'abord appel à la présence de l'événement révélateur de Christ dans sa vie. Ainsi, il ou elle dit et pense : « Je crois en Jésus-Christ. » En second lieu, cette foi personnelle est également reconnue comme transmise à une personne par le biais

---

336. John Calvin, *Commentaries on the Book of the Prophet Jeremiah and the Lamentations*, John Owen, trad., Grand Rapids, Baker, 1989, vol. 4, p. 124-125.

de la communauté de l'Église (à la fois la collectivité locale concrète et la communauté séculaire et abstraite de la tradition chrétienne).[337]

Autres considérations herméneutiques

Le cercle herméneutique renvoie à l'idée que, pour comprendre quelque aspect de la révélation, l'ensemble doit être compris. Dans le schéma ci-dessous, afin d'interpréter correctement le n° 1, le n° 4 doit être compris ; afin de comprendre le n° 2, le n° 3 doit être saisi.

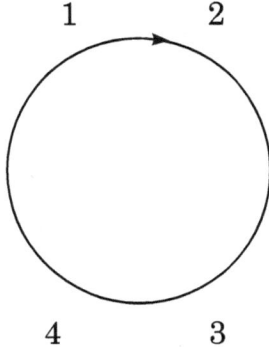

Dans l'herméneutique biblique, le cercle herméneutique est un aspect légitime et porterait sur l'idée de révélation cumulative ou progressive, soulignant la nécessité de permettre à l'Écriture d'interpréter l'Écriture et d'examiner toutes les parties lors de l'examen de l'ensemble, et l'ensemble lorsqu'on examine les parties. Le cercle ne rend pas l'interprétation impossible, mais il illustre la nécessité des considérations grammaticales-historiques.

Une intensification des problèmes liés au cercle herméneutique entraîne une spirale herméneutique – ici le cercle herméneutique s'étend indéfiniment, alors que le sens des différentes parties change continuellement à mesure que l'ensemble est compris.

---

337. Robert Grant et David Tracy, *A Short History of the Interpretation of the Bible*, Philadelphia, Fortress, 1985, p. 182.

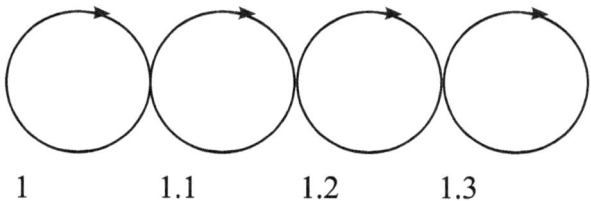

1 1.1 1.2 1.3

Dans le premier circuit, la signification de 1 est modifiée par la compréhension de l'ensemble pour ainsi devenir 1.1. Cela alors a un effet sur l'ensemble, ce qui se reflète dans le deuxième circuit 1.2, ce qui influe également sur la nouvelle compréhension de l'ensemble, altérant ainsi 1.2 pour le changer en 1.3, et ainsi de suite.

Il en résulte qu'il n'y a pas de sens définitif ou d'interprétation arrêtée, puisque le sens est constamment modifié pour prendre en compte les éléments de perspective, les précompréhensions, le dialogue avec le matériel, etc. Dans l'interprétation biblique, nous ne trouvons pas ce principe. La spirale suppose qu'atteindre le sens est ultimement impossible, et cette hypothèse est en contradiction avec les affirmations de l'Écriture (1 Co 14.10,11 ; 2 P 1.20,21, etc.).

L'herméneutique grammatico-historique littérale

Il y a un certain nombre de défis dans l'interprétation de la Bible. Aucun n'est aussi grand que le fait que nous sommes actuellement très éloignés des paramètres culturels et linguistiques des temps bibliques. Il est donc primordial que nous comprenions les paroles de l'Écriture dans le contexte approprié. C'est là le cœur de l'herméneutique grammatico-historique littérale. Milton Terry propose une définition très valable :

> Le sens grammatico-historique d'un auteur est une interprétation de son langage selon ce qu'exigent les lois de la grammaire et les faits historiques. Parfois, on parle du sens littéral, par lequel nous entendons le sens le plus simple, direct et ordinaire des expressions et des phrases. Ce terme a généralement une signification opposée au sens figuré ou métaphorique. Le sens grammatical est essentiellement le même que le littéral, l'une des expressions étant

dérivée du grec, l'autre du latin. Mais dans l'usage du français, le mot grammatical s'applique plutôt à l'arrangement et la construction des mots et des phrases. Lorsque nous parlons du sens historique nous désignons, au contraire, cette signification des mots de l'auteur qui est requise par des considérations historiques.[338]

Ce type d'interprétation est donc grammatical en ce qu'il comprend correctement l'utilisation des mots, des expressions, des phrases, etc., et il est historique en ce qu'il comprend correctement le contexte dans lequel les mots, les expressions et les phrases sont utilisés.

Encore une fois avec clarté, Terry décrit ainsi, plus précisément, la tâche fondamentale de la méthode grammatico-historique :

> recueillir dans les Écritures elles-mêmes le sens précis que les auteurs avaient l'intention de véhiculer. Elle applique aux livres sacrés les mêmes principes, le même processus grammatical et le même exercice de bon sens et de raison que nous appliquons à d'autres livres.[339]

Que voulaient dire les mots à l'époque où ils ont été écrits ? Qui les a écrits ? À qui étaient-ils adressés et pourquoi ? Que voulait dire l'auteur par l'utilisation de ses mots ? Voilà quelques-unes des questions pour lesquelles les principes suivants visent à fournir une méthode conduisant à des réponses justes.

Pour répondre à ces questions, cet auteur suggère huit principes généraux d'interprétation de la Bible.

(1) La Parole de Dieu dans son intégralité est la vérité propositionnelle qui fait autorité.

(2) Tous portent la responsabilité personnelle de l'étudier en entier.

(3) L'étude de la Parole de Dieu devrait influer sur la vie, et non simplement augmenter la connaissance (2 Ti 3.16).

---

338. Milton Terry, *Biblical Hermeneutics*, p. 203.
339. Ibid., p. 173.

(4) L'homme ne peut pas évaluer l'Écriture sans l'aide du Saint-Esprit et sans la pensée de Christ.

(5) L'Écriture est rédigée en langage commun, portant un seul sens (univoque) et doit être comprise dans son sens normatif (grammatico-historique littéral).

Quand le sens simple a du sens, ne cherchons aucun autre sens. Quant à la signification unique, Ames a dit :

> ... il n'y a qu'un seul sens pour chaque endroit dans l'Écriture. Autrement le sens de l'Écriture serait non seulement ambigu et incertain, mais il n'y aurait tout simplement aucun sens – car tout ce qui ne veut pas dire une seule chose ne signifie assurément rien.[340]

Milton Terry a également insisté sur la signification unique :

> Un principe fondamental dans l'exposition grammatico-historique est que les mots et les phrases ne peuvent avoir qu'une signification dans un même contexte. Dès que l'on néglige ce principe, on se met à dériver sur une mer d'incertitude et de conjecture.[341]

C'est *exactement* pour cela qu'une herméneutique cohérente est essentielle pour arriver à une théologie véritablement *biblique*. Une seule herméneutique peut être appliquée de façon constante et une seule herméneutique tient ferme dans la pratique avec la signification unique, et c'est l'approche grammatico-historique littérale.

Terry décrit en outre l'approche de la signification unique comme étant assez simple et généralement facilement identifiable :

> D'où le fait que la signification d'une phrase qui vient le plus facilement à l'esprit du lecteur ou de l'auditeur doit, en général, être reçue comme la seule vraie signification.[342]

---

340. William Ames, *The Marrow of Theology*, John D. Eusden, éd. et trad., Boston, Pilgrim, 1968, p. 188.
341. Milton Terry, *Biblical Hermeneutics*, p. 205.
342. Ibid.

Le sens figuré devrait seulement être identifié lorsque c'est le sens commun ou lorsqu'il est précisément reconnaissable par l'utilisation de figures de style ou plus précisément d'un langage symbolique.

(6) Le contexte détermine le sens des mots, y compris les versets qui entourent le texte, le paragraphe et le chapitre, le livre dans son ensemble, le contexte historique et culturel et la forme littéraire.

(7) La révélation cumulative détermine le contexte. C'est la Parole de Dieu, et il décide donc de ce qu'elle signifie ; par conséquent, il faut utiliser l'Écriture pour expliquer l'Écriture, plutôt que de placer des sources extérieures (la doctrine de l'Église, les conclusions théologiques, l'expérience personnelle, etc.) au-dessus de l'autorité de l'Écriture.

(8) Il y a une distinction à faire entre l'application primaire et secondaire, et nous devons être sûrs de ne pas confondre les deux.

D'autres ont énoncé des axiomes régissant l'interprétation biblique :

Les règles de Fruchtenbaum – Cooper[343]

(1) La règle d'or — quand le sens ordinaire a du sens, ne pas chercher un autre sens.

(2) La loi de la double référence — à ne pas confondre avec le double accomplissement – autrement dit, cette loi traite de prophéties se référant à deux événements distincts sans séparation distinguable dans le contexte immédiat (ex., Za 9.9,10).

(3) La loi de la récurrence — la répétition de la prophétie avec des détails ajoutés dans la prophétie récurrente (ex., Ge 1, 2 ; És 30, 31).

(4) La loi du contexte

---

343. Adapté de Fruchtenbaum, qui s'est inspiré de David Cooper. Arnold Fruchtenbaum, *Footsteps of the Messiah*, San Antonio, Ariel Press, 2004, p. 3-6.

(5) La loi de non-contradiction — (ex., 1 Co 1.10-17 et 1 Pi 3.21 ; 1 Jn 1.8 et 3.9).

Les règles de Hodge
(1) Les mots doivent être pris dans leur sens ordinaire historique.[344]

(2) L'Écriture est l'œuvre d'un seul esprit (non contradiction).

(3) La direction de l'Esprit est nécessaire.

Les règles de Benware pour l'interprétation de la prophétie[345]
(1) Interpréter littéralement le passage prophétique.

(2) Interpréter en comparant la prophétie avec la prophétie.

(3) Interpréter à la lumière des intervalles de temps possibles.

(4) Interpréter à la lumière de la double référence (avec beaucoup de précautions).

(5) Interpréter le langage figuratif de façon scripturale.

> Bien que la Bible soit en grande partie écrite en style factuel devant être interprété comme une présentation normale, factuelle, la Bible, comme toute autre littérature, utilise des figures de style, et ils doivent être reconnus dans le sens voulu par l'auteur. Toutes les formes de littérature biblique transmettent ultimement une vérité factuelle.[346]

---

344. Charles Hodge, *Systematic Theology*, Grand Rapids, Eerdmans, 1977, vol. 1, p. 187. Toutefois, dans son approche de l'interprétation de la prophétie, Hodge a violé sa propre règle #1.
345. Paul N. Benware, *Understanding End Times Prophecy: A Comprehensive Approach*, Chicago, Moody, 1995, p. 21-30.
346. John Walvoord, *The Prophecy Knowledge Handbook*, Dallas, Dallas Seminary Press, 1990, p. 13.

Les principes de Kaiser en herméneutique générale[347]

(1) La Bible doit être interprétée par les mêmes règles que pour d'autres livres.

(2) Les principes d'interprétation sont aussi innés et universels à l'homme que le langage lui-même.

(3) Ma réception personnelle et mon application des mots d'un auteur est un acte distinct et secondaire de la nécessité première de comprendre ses paroles.

PROCESSUS D'INTERPRÉTATION DE BASE

Le processus interprétatif décrit ici est composé de quatre étapes fondamentales : (1) l'observation — rassembler les données ; (2) l'interprétation — l'hypothèse basée sur les données ; (3) la corrélation — la vérification des données ; et (4) l'application — la bonne utilisation des données. Remarquez que la prière n'est pas incluse comme une étape distincte du processus d'interprétation, simplement en raison de la nécessité de la prière et la communion à chaque étape de l'interprétation biblique. La prière est donc un aspect intrinsèque et nécessaire pour l'ensemble du processus.

(1) L'observation (rassembler les données)

Le raisonnement inductif traite de l'observation et l'accumulation de données pour élaborer des règles. Il s'agit de l'approche nécessaire pour l'observation impartiale comme première étape dans le processus de l'herméneutique. Robert Traina décrit l'approche inductive comme fondamentale à cet égard, en raison du positionnement de l'interprète comme nécessairement dégagé de ce qu'il interprète :

---

347. Walter Kaiser, « Legitimate Hermeneutics », dans *Inerrancy*, Norman L. Geisler, éd., Grand Rapids, Mich., Zondervan, 1980, p. 118-122.

Maintenant, l'Écriture est distincte de l'interprète et ne fait pas partie intégrante de lui. Si les vérités de la Bible résidaient déjà chez l'homme, il n'y aurait aucun besoin de la Bible [...] Mais en fait, la Bible est un corps littéraire objectif qui existe parce que l'homme a besoin de connaître certaines vérités qu'il ne peut connaître par lui-même, et qui doivent lui venir de l'extérieur. Par conséquent, s'il veut découvrir les vérités qui résident dans ce corps de littérature objectif, il doit adopter une approche qui lui correspond par nature, c'est-à-dire une approche objective.[348]

Alors que l'étude objective et inductive est l'idéal, il y a des limites évidentes lorsqu'on traite de l'esprit humain. Elliott Johnson prône certains avantages de l'étude inductive, mais il met en garde qu'ultimement elle

> fournit un modèle inadéquat pour une étude complète et suffisante de l'Écriture [...] parce qu'il ne peut y avoir d'étude inductive « pure ». Nous apportons tous nécessairement des prémisses ou des présupposés à l'étude du texte. Ces prémisses influencent la façon dont nous comprenons le sens, la manière dont nous le saisissons – elles ont une influence épistémologique.[349]

Malgré ces limitations, les principes inductifs demeurent essentiels. En raison à la fois de la nécessité et des limitations de la démarche inductive, il faut user de prudence en entreprenant la tâche de l'interprétation.

L'observateur doit choisir d'étudier un échantillon de matériel observable, de taille appropriée, en comprenant la primauté du contexte et non simplement du texte (les mots eux-mêmes). Le processus d'observation devrait envisager la *représentativité* – incluant dans son champ d'application des sujets semblables ou similaires, utilisant de manière appropriée des données corrélatives.

---

348. Robert Traina, *Methodical Bible Study A New Approach to Hermeneutics*, Grand Rapids, Mich., Francis Asbury Press, 1985, p. 7.
349. Elliott Johnson, *Expository Hermeneutics: An Introduction*, Grand Rapids, Mich., Academie, 1990, p. 19.

Le raisonnement déductif commence avec une règle et l'applique à l'observation. Ce type de raisonnement n'est pas idéal pour l'observation de base comme première étape de l'approche herméneutique, car il se prête à l'eiségèse. Au sujet de l'étude biblique inductive, Chafer énonce comme deuxième exigence essentielle la reconnaissance que les lois de la méthodologie sont aussi essentielles à la théologie qu'à toute science, soulignant l'importance en particulier de l'approche inductive.[350]

En pratique, il faut observer l'utilisation des mots et concepts clés : la répétition, ce qui est accentué, l'auditoire, le contexte physique, les marqueurs de relation (par conséquent, ainsi, donc, mais, pour cette raison, etc.), les impératifs, etc. Il faut trouver l'idée clé de la phrase, puis du paragraphe, puis du chapitre, puis du livre.

Observer les termes — termes normatifs, uniques, fréquemment utilisés, rarement utilisés, etc.

Observer les relations — syntaxique (du sujet au verbe, du pronom à son antécédent, etc.), comparaisons, contrastes, répétitions, continuité, progression, apogée, moments cruciaux (ex. Mt 12 comme point tournant dans l'Évangile de Matthieu), réciprocités, particularisations, généralisations, causalités, attestations, instrumentations, explications, analyses, synthèses, interrogations, harmonies, etc.

Observer les éléments structuraux et contextuels — biographiques, historiques, chronologiques, géographiques, idéologiques, logiques, etc.[351]

Poser les grandes questions : qui, quoi, où, quand, pourquoi et comment :

Qui ? Qui parle à Agar ? Genèse 16.11-13 ; Avec qui la nouvelle alliance est-elle faite ? Jérémie 31 ; Tous les amis de Job sont-ils

---

350. Chafer, *Systematic Theology*, vol. 1, p. 8.
351. Adapté de Robert Traina, *Methodical Bible Study A New Approach to Hermeneutics*, p. 40-56.

réprimandés par Dieu ? Job Job 42.7-9 ; Quel est le destinataire indiqué de l'Évangile de Luc et des Actes ? ; De qui parle-t-on dans Hébreux 6 et 10 ?

Quoi ? Quels sont les trois obstacles d'Éphésiens 2.2,3 ? Quel est le don mentionné dans Éphésiens 2.8-10 ? Quelle sont les circonstances du cantique de Moïse dans Exode 15 ? Quelles sont les divisions du livre d'Habakuk ?

Où ? Genèse 22.2,14 ; 2 Chroniques 3.1 ; Éphésiens 1.3 ; où est Timothée dans 1 Timothée 1.3 ?

Quand ? Dans Matthieu16.28 quand ceux qui se tenaient là verraient-ils son Royaume ? Quand la vie éternelle est-elle donnée ? Jean 3.16 ; 2 Thessaloniciens 2.2 etc.

Pourquoi ? Pourquoi « beaucoup » sont-ils morts, et qui étaient-ils ? Romains 5.12-18 ; Pourquoi Christ utilisait-il des paraboles, et à qui s'adressaient-elles ? Matthieu 13.10-17.

Comment ? Comment Israël a-t-il été délivré de la main de l'Égypte? Exode 3.8, etc.

(2) L'interprétation (l'hypothèse basée sur les données)

Il y a trois dangers dont il faut se méfier:[352] (a) l'interprétation erronée – manquer de comprendre le message du passage ; (b) la sous-interprétation – défaut d'interpréter le message complet du passage ; et (c) la surinterprétation – projeter trop de choses dans la signification du passage.

(3) La corrélation (la vérification des données)

Les idées parallèles dans le contexte immédiat d'abord, puis dans d'autres contextes afin de comprendre des idées semblables. Comment les Thessaloniciens se référaient-ils à l'Évangile (1 Th 1) ?

---

352. Robert Traina, *Methodical Bible Study A New Approach to Hermeneutics*, p. 181.

Sur quoi cela repose-t-il ? Avons-nous cette histoire (voir Actes 17) ? Comment la prophétie d'Apocalypse 20.1-10 est-elle corroborée ? Corroborer (a) à l'interne – dans le livre, (b) contextuellement – dans les autres livres de la Bible et (c) à l'externe – à l'aide d'autres ressources, commentaires, etc. (pour des études de cas, examiner Ro 2.13 ; 3.20 ; 10.9,10 ; Ja 1.22 ; 2.21-24)

(4) L'application (la bonne utilisation des données)

Tout comme les trois étapes précédentes exigeaient beaucoup de soin et de discipline, l'utilisation des données nécessite au moins autant de prudence. Il y a ici un ordre prescrit qui ne doit pas être confus.

L'application principale

Dans cette première étape, l'interprète se préoccupe du sens du texte *à l'époque de sa rédaction* pour les lecteurs initiaux.

Dans toute interprétation, il est très important de décider à qui le passage est adressé, puisque cela joue sur l'application de l'énoncé.[353]

L'auditoire aura déjà été identifié dans le processus d'interprétation. Des vérités exclusives doivent ensuite être identifiées – celles qui s'appliquent spécifiquement à cette époque ou condition (p. ex., Actes 15.23-29 – aux croyants non juifs d'Antioche, de Syrie et de Cilicie concernant les relations avec les croyants juifs). Des vérités générales devraient également être reconnues (encore une fois, en ce qui concerne Actes 15.23-29 – donnant à ces mêmes destinataires un principe général de considération envers les questions culturelles délicates) ; celles-ci sont pertinentes pour des groupes spécifiques de n'importe quelle époque ou situation.

L'application secondaire

Walter Kaiser définit avec justesse l'importance de cette étape dans le processus d'interprétation :

---

353. John Walvoord, *The Prophecy Knowledge Handbook*, p. 13.

Si la question herméneutique clé est [...] « Que voulait dire l'auteur biblique lorsqu'il a écrit un texte en particulier ? » alors nous devons nous poser une autre question, qui est également devenue épineuse...: « Quelles sont les implications de cette signification spécifique pour ceux qui vivent et lisent ce texte à une époque et dans une culture différente ? »[354]

C'est ici que le principe général établit la connexion avec les lecteurs en général. Le principe peut être identifié comme surtout doctrinal, fournissant une étude de cas ou un exemple, ou encore comme un récit historique utile pour la compréhension globale du déroulement des événements. Toute Écriture est inspirée de Dieu et utile pour la croissance du croyant (2 Timothée 3.16), et par conséquent toute Écriture s'applique à chaque croyant – mais seulement après qu'elle ait d'abord été comprise adéquatement dans son contexte.

L'interprète doit exercer ici une prudence extrême, car une application précipitée peut souvent s'avérer mal à propos. Tout aussi importante est la réalisation effective de chaque étape du processus d'interprétation pour s'assurer de l'exactitude constante, résultant en un usage et une application appropriée du texte.

Aborder l'étude d'un livre en particulier

(1) Première lecture — pour saisir le message global, observer les mots clés, les thèmes, etc.

(2) Deuxième lecture — pour les divisions majeures selon les idées, les thèmes et les dialogues.

(3) Troisième lecture — une attention supplémentaire accordée au contexte et aux passages difficiles.

(4) Dresser un plan du livre selon les divisions internes identifiées.

---

354. Walter Kaiser, « Legitimate Hermeneutics », p. 138.

Pilier #4 : Une herméneutique cohérente 193

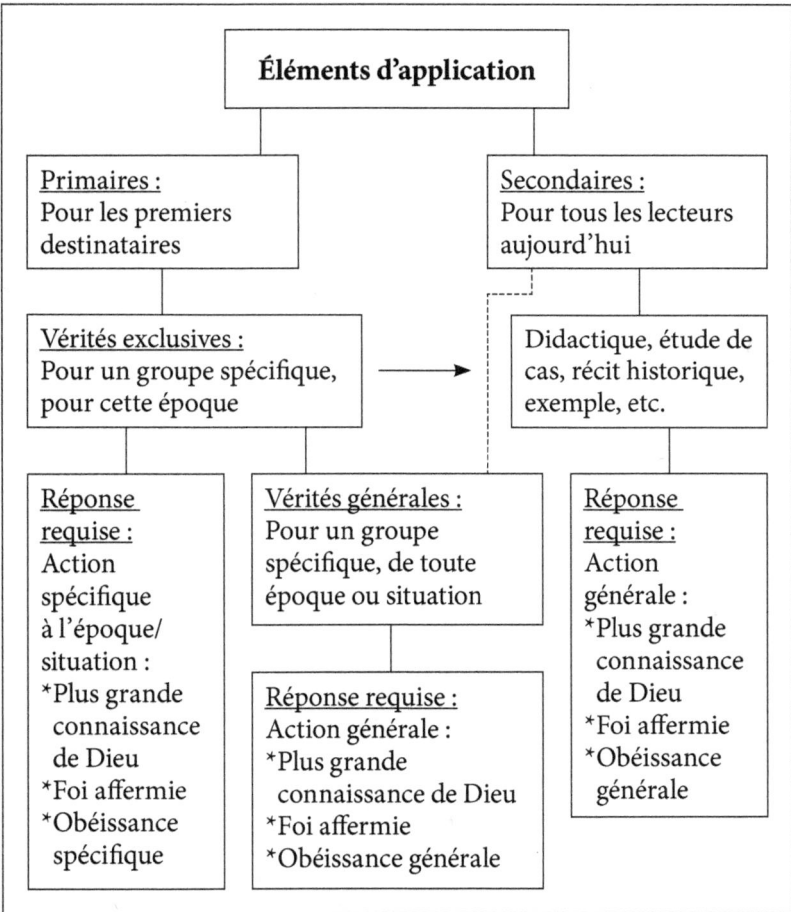

(5) Développer les éléments matériels de l'introduction et du contexte par des corrélations à l'aide de la chronologie biblique (p. ex., la relation entre les ministères d'Aggée et de Zacharie et Esdras 5,6 ainsi qu'entre les épîtres aux Thessaloniciens et Actes 17,18).

(6) Vérifier le plan selon le contexte glané en corrélation.

(7) Commencer le processus exégétique pour l'analyse des versets.

DÉMARCHES
EN THÉOLOGIE BIBLIQUE

Trois démarches, en ordre d'importance, forment l'épine dorsale de la théologie biblique : (1) exégétique ; (2) synthétique ; et (3) systématique. À des degrés divers, ces trois démarches sont interdépendantes. Une saine approche synthétique aide à formuler une approche systématique appropriée et vice versa. De même, de saines approches synthétique et systématique fournissent des indices corrélatifs indiquant qu'une saine exégèse a été réalisée (l'Écriture interprète l'Écriture). Pourtant c'est une réalité vitale que l'exégèse constitue le fondement et doit donc être la première démarche pour élaborer une théologie biblique.

En ce qui concerne l'analogie de la forêt et des arbres, l'approche exégétique est l'examen des arbres individuels – notant les moindres détails ; l'approche synthétique regarde la forêt dans son ensemble ; la systématique répertorie les types d'arbres dans la forêt selon les espèces semblables, les sous-ensembles, etc. En d'autres termes, pour acquérir une excellente connaissance de l'ensemble de la forêt, les trois approches sont utiles.

196 Introduction à l'herméneutique et à la méthode d'étude biblique

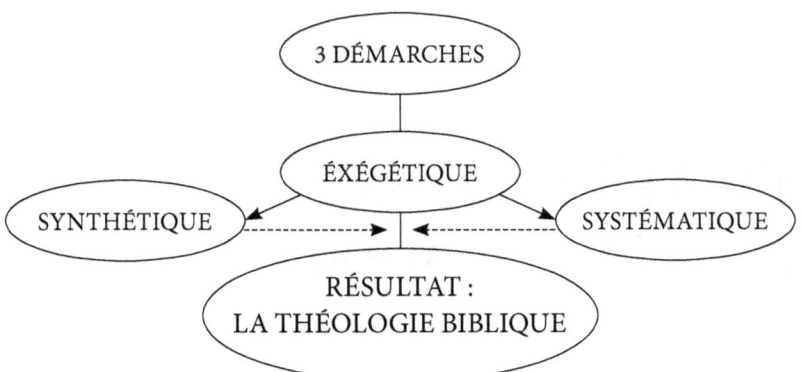

La démarche exégétique : la base de la théologie biblique

La première démarche du théologien est exégétique[355]

Le terme *exégèse* est dérivé d'un terme grec composé signifiant « mener vers l'extérieur » et se réfère à l'application des principes de l'herméneutique. Considérant que l'herméneutique se réfère aux principes eux-mêmes, l'exégèse les matérialise. L'herméneutique est la théorie. L'exégèse est la pratique. Gordon Fee utilise le terme en référence à

> L'investigation historique sur le sens du texte biblique. L'exégèse, par conséquent, répond à la question : que voulait dire l'auteur biblique ? Elle s'intéresse tant à ce qu'il a dit (le contenu lui-même) qu'aux raisons pour lesquelles il l'a dit à un moment donné (le contexte littéraire). En outre, l'exégèse se préoccupe essentiellement de l'intentionnalité : qu'est-ce que l'auteur voulait que ses premiers lecteurs comprennent ?[356]

Il est à noter ici que l'étude des langues originales est nécessaire pour avoir une compréhension précise. La démarche exégétique peut

---

355. W. G. T. Shedd, *Dogmatic Theology*, vol. 1, p. 11.
356. Gordon Fee, *New Testament Exegesis, A Handbook For Students and* Pastors, Philadelphia, Penns., Westminster, 1983, p. 21.

se faire seulement dans les langues originales, et donc une étude exégétique dans la Bible en français est d'une efficacité limitée. Il est à noter que des périodes de croissance significative dans l'histoire de l'Église ont été accompagnées d'un accent renouvelé sur l'étude biblique dans les langues originales, et que des périodes de stagnation n'avaient généralement pas un tel accent.

Cet auteur désire inciter le lecteur à poursuivre de telles études, car cette quête fournira à l'étudiant de la Bible une profondeur beaucoup plus grande dans l'étude biblique. Milton Terry est même catégorique à l'effet que, sans une telle poursuite, la compréhension grammatico-historique est inaccessible. Il dit :

> L'exégète grammatico-historique... étudiera la langue et la signifiance de chaque livre avec une indépendance assurée. Il maîtrisera la langue de l'auteur, le dialecte spécifique qu'il a utilisé, son style et son mode d'expression particuliers. Il cherchera à connaître les circonstances dans lesquelles il a écrit, les mœurs et les coutumes de son époque et l'objectif qu'il avait en vue.[357]

La démarche exégétique consiste à effectuer une analyse détaillée et approfondie du texte afin d'arriver à une interprétation correcte et une bonne utilisation du passage. Le processus peut être laborieux et parfois même fastidieux (ce n'est pas sans raison que Paul exige la diligence de Timothée en 2 Timothée 2.15), toutefois le juste maniement de la Parole de vérité est un travail très enrichissant.

L'exégèse n'est pas une tâche réservée à l'érudit, mais c'est une tâche nécessaire pour développer une relation plus profonde avec le Seigneur et aura pour conséquence une saine vision du monde – une vision biblique du monde. Le processus n'est pas facile, mais il est certainement joyeux. L'exégète doit être constamment conscient, alors qu'il étudie les pages de l'Écriture, de sa rencontre directe avec Dieu. Dieu a parlé, et entendre et étudier sa Parole devraient avoir un effet profond sur l'étudiant de l'Écriture. Comme le dit Thomas R. Schreiner :

---

357. Milton Terry, *Biblical Hermeneutics*, p. 173.

Si un cœur ne chante jamais en faisant de l'exégèse, alors le processus n'a pas atteint son point culminant. Et celui qui n'a jamais tremblé en faisant de l'exégèse (Ésaïe 66.2) n'est pas à l'écoute de la voix de Dieu.[358]

Le démarche commence donc avec excitation, sobriété, diligence et une attitude de prière constante, alors que neuf étapes fondamentales sont entreprises : (1) vérifier le texte et la traduction ; (2) comprendre l'arrière-plan et le contexte ; (3) identifier la structure ; (4) identifier les clés grammaticales et syntaxiques ; (5) identifier les clés lexicales ; (6) identifier le contexte biblique ; (7) identifier le contexte théologique ; (8) effectuer une vérification secondaire ; et (9) développer l'exposition.

(1) Vérifier le texte et la traduction

(a) Vérifier les limites du texte. Il faut essayer de traiter le passage comme une unité propositionnelle ou une pensée complète. Pour éviter de faire des divisions douteuses et maladroites, il faut reconnaître et identifier les divisions naturelles et fluides. Notez la division de chapitre artificielle d'Habakuk 2.1. Le premier verset est une continuation de l'unité dialogique précédente, amorcée dans 1.12. Aussi, comparez le contexte de Marc 9.1,2 avec la division entre Matthieu 16 et 17. Comme c'est le cas dans toutes les étapes de la démarche exégétique, l'accès au texte dans les langues originales est crucial.

(b) Vérifier le meilleur texte selon les indices suivants pour une lecture de manuscrit :

---

358. Thomas Schreiner, *Interpreting the Pauline Epistles*, Grand Rapids, Mich., Baker Books, 1990, p. 18.

Indices externes :
(1) Ce qui est appuyé par les plus anciennes sources externes est généralement authentique ;

(2) L'âge, la localisation et le caractère, plutôt que le nombre d'exemplaires d'un manuscrit sont plus déterminants pour son authenticité ;

(3) Lorsqu'il y a un conflit largement attesté, une attention particulière doit être placée sur l'accord entre les manuscrits initialement séparés par les plus grandes distances géographiques ;

(4) Un grand soin et une attention aux détails doivent être utilisés dans l'analyse de ces indices ;

Indices internes :
(1) La lecture qui est en harmonie avec le style de l'auteur, la nature de l'écrit et le contexte doit être préférée à celle qui ne dispose pas de ces évidences ;

(2) La lecture la plus courte doit être préférée à la plus longue ;

(3) La lecture la plus difficile doit être préférée à la plus simple ;

(4) La lecture à partir de laquelle les autres lectures ont vraisemblablement été développées doit être préconisée. (p. ex., 1 Th 2.7 *nepioi* vs *epioi*).[359]

Notez également les lectures du *Texte byzantin/Textus Receptus* de Jean 7.53 – 8.11 ; 1 Timothée 3.16 ; et Jean 3.13. Notez l'expression « parmi les hommes qu'il agrée » de Luc 2.14. Son corps a-t-il été brisé ou pas (voir 1 Co 11.24) ?

Comparez Marc 3.20 avec Matthieu 8.20. Marc 3.20 affirme-t-il que Jésus avait une maison ? Ou est-ce que *maison* est une traduction maladroite de *oikon* ?

---

[359]. Adapté de Terry's evidences, Milton Terry, *Biblical Hermeneutics*, p. 132-133.

Pour l'étude de la Bible en français, étudiez le passage dans plusieurs versions différentes et identifiez les différences marquantes ou les problèmes dans les traductions. Notez les différences majeures dans les passages suivants :

Osée 6.7 — *Darby* vs *NEG* : Adam ou pas Adam ? Peut-on en déduire une alliance adamique ?

Amos 4.4 — *Martin 1744* vs *NEG* : trois ans ou trois jours ?

Luc 9.44 — *KJV*, *NASB* et *NIV*, remarquez l'équivalence dynamique dans la *NIV*.

Jean 3.10 — Dans la plupart des versions, Christ fait référence à Nicodème comme *docteur d'Israël*, alors que dans la *Nouvelle Bible Segond*, Christ l'identifie comme *maître en Israël*. En français, il y a une distinction importante entre un maître et un docteur. Qu'en était-il au temps de Jésus ? Quel choix de mots est le plus précis ?

Jean 3.36 — *Ne croit pas* (*NEG*) vs *désobéit* (*Darby*). Il s'agit d'un exemple d'un différend de traduction, qui se pose uniquement dans la traduction du grec vers le français.

Jean 6.47 — La plupart des versions se lisent : *celui qui croit en moi*, tandis que la *Nouvelle Bible Segond* omet les mots « en moi ». Il s'agit d'un exemple d'un différend textuel. Dans ce cas, il y a variation dans les manuscrits de ce passage.

Actes 12.4 — Pâques (*KJV*) ou la Pâque (*NASB*) ?

Philippiens 2.5 — La version Darby donne ce commandement : *Qu'il y ait donc en vous cette pensée*, alors que la plupart des autres versions disent au lecteur : *Ayez en vous les sentiments*. Y a-t-il une différence significative entre la pensée et les sentiments ? Quel est le meilleur phrasé ?

1 Jean 5.7 — Comparez les différences significatives entre la formulation de *Martin 1744* et de la *NEG*.

(c) Écrire votre esquisse du passage, en incluant les éléments suivants :
(1) Identifier les variantes ou les différences de traduction dans le texte, ou les deux.

(2) Résumer brièvement le passage.

(3) Résumer votre compréhension actuelle de l'impact théologique du passage.

(4) Identifier les présupposés doctrinaux que vous avez en abordant le passage.

(2) Comprendre l'arrière-plan et le contexte

(a) Identifier, défendre et expliquer l'importance de la forme et du genre littéraire.

Cet auteur suggère qu'il y a essentiellement cinq formes littéraires de base dans l'Écriture, et que la classification du matériel biblique est comme suit :

Récit historique primaire — récits historiques qui relatent de façon délibérée la chronologie de l'histoire biblique : comprend la Genèse, l'Exode, les Nombres, Josué, Juges, 1 et 2 Samuel, 1 et 2 Rois, Esdras, Néhémie, les Évangiles et les Actes ;

Récit historique complémentaire — récits historiques qui complètent (dans la mesure où ils en sont contemporains) le récit historique primaire. Cette catégorie comprend Job, Lévitique, Deutéronome, Ruth, 1 et 2 Chroniques et Esther ;

Poésie et louange — comprend les Psaumes, Proverbes, Ecclésiaste, Cantique des cantiques et Lamentations ;

Prophétie — entrecoupée de récits historiques et de poésie, cette forme présente habituellement la révélation de Dieu du jugement et de la restauration. Ésaïe, Jérémie, Ézéchiel, Daniel (bien que non inclus dans la section Nebi'im de l'Ancien Testament hébreu, sa forme est prophétique et il contient aussi du récit historique complémentaire), les douze petits prophètes et l'Apocalypse ;

Épîtres — lettres de Paul et générales (Hébreux, Jacques, 1 et 2 Pierre, 1, 2 et 3 Jean, et Jude).

(b) Faire des recherches sur des questions clés concernant l'arrière-plan du livre (auteur, composition, but, etc.). Répondre aux grandes questions d'introduction :

(1) Qui a écrit ce livre ? (2) À qui était-il destiné ? (3) Où l'a-t-il écrit ? (4) Quand l'a-t-il écrit ? (5) À quelle occasion l'a-t-il écrit ? (6) Quel était le but pour lequel il a écrit ? (7) Quelles étaient les circonstances de l'auteur quand il écrivait ? (8) Quelles étaient les circonstances de ceux à qui il a écrit ? (9) Quels indices le livre nous donne-t-il sur la vie et la personnalité de l'auteur ? (10) Quelles sont les idées principales du livre ? (11) Quelle est la vérité centrale du livre ? (12) Quelles sont les caractéristiques du livre ?[360]

(c) Résumer l'arrière-plan et le contexte mettant en évidence les éléments suivants : contexte historique, social et géographique, auteur, date, forme littéraire.

(d) Déterminer la pertinence de ces conclusions pour l'interprétation du passage. Par exemple, puisque Luc est médecin (Col 4.14), sa perspective a-t-elle une incidence sur son Évangile ou sur les Actes (c.-à-d., le choix de termes médicaux, etc.) ? Pourquoi la datation de Daniel est-elle cruciale pour le message du livre ? Quel est l'objet des critiques de Paul dans 1 Timothée, et comment cela est-il lié à la haute critique de 1 Timothée ? Comment devrions-nous comprendre la période et la chronologie de l'emprisonnement de Paul, cité dans 2 Timothée ? Quels sont les indices internes sur la paternité de l'épître aux Hébreux ?

---

360. R. A. Torrey, *You and Your Bible*, Westwood, N. J., Revell, 1958, p. 97.

(3) Identifier la structure

(a) Identifier les clés et les développements structurels (développement du récit, développement de l'argumentation, chiasme, etc.).

Notez les divisions du récit, selon qui en fait la narration, ainsi que les divisions *toledoth* de Genèse ; comparez 2 Rois 18 – 20 avec Ésaïe 36 – 39. Le contexte de chaque passage précise l'arrière-plan de l'autre.

Notez les divisions narratives et géographiques d'Actes 1.8 fournissant une esquisse du livre. La division basée sur des personnages importants (tels que Pierre et Paul) est également présente.

Jean 20.30,31 fournit l'identification de clés structurelles dans l'Évangile de Jean comme des signes indiquant l'identité de Jésus. Le livre peut donc être esquissé selon la manifestation de ces signes. La caractérisation de son propre livre par Jean influence la compréhension des enjeux chronologiques dans le livre ; Luc 1.1-4 fournit des informations similaires sur l'Évangile de Luc ; Apocalypse 1.19 donne une clé chronologique aux divisions de ce livre prophétique ; observez les chiasmes dans Jean 1.1,2, Ecclésiaste 11.3 – 12.2, et Genèse 1 – 12, etc.

(b) Exposer les grandes lignes du livre, identifiant les divisions principales et secondaires.

(c) Préciser l'importance de la structure dans l'interprétation du passage. Considérez, par exemple, la structure de la prophétie d'Habakuk. La structure révèle un dialogue entre Dieu et Habakuk.

Habakuk : La souveraineté de Dieu	1re pétition : Pourquoi la méchanceté n'est-elle pas jugée ? (1.1-4)
	Réponse de Dieu : Le jugement viendra via les Chaldéens (1.5-11)
	2e pétition : Pourquoi utiliser les méchants pour juger Israël ? (1.12 – 2.1)
	Réponse de Dieu : les 5 malheurs (2.2-20)
	Prière d'Habakuk : Dieu est souverain (chap. 3)

(4) Identifier les clés grammaticales et syntaxiques

(a) Identifier les références historiques et culturelles, le langage figuré, les formules rhétoriques, les citations, la structure des phrases clés, les propositions, etc.

Apocalypse 12 est un récit décrivant des signes importants. Ce qui est parfois considéré comme un langage figuré dans ce contexte n'est en fait aucunement figuratif, mais plutôt une description littérale d'une figure, c'est-à-dire un signe.

Remarquez les termes récurrents *grâce et paix* dans les salutations de Paul apparaissant au début de chacune de ses lettres. Les seules exceptions se trouvent dans ses lettres à Timothée et Tite. Les salutations sont culturellement importantes, la grâce plaisant à l'esprit des non-Juifs et la paix plaisant à l'esprit des Juifs. Quelle est donc l'importance de l'altération de la salutation par Paul ?

Notez les formules rhétoriques employées dans le texte. La méthode dialogique est utilisée par Paul dans Romains 9.14,19,22,30,32. Les questions et réponses ajoutent à la clarté du passage et démontrent l'utilisation du raisonnement logique dans l'argumentation de Paul, mais indiquent également les limites de la logique humaine (9.19,20). Des parénèses (exhortations) se trouvent dans Romains 12.1 – 15.13 ; 1 Thessaloniciens, etc. On retrouve aussi des formules judiciaires, délibératives, épidictiques (démonstratives, persuasives), etc. Jésus utilise le langage figuré (métaphore) dans

Jean 11.11 dans la description de la mort de Lazare. La métaphore est également appliquée dans Psaume 17.15 et 1 Thessaloniciens 4.14.

Actes 2.38 inclut un impératif important concernant la repentance et le baptême qui, dans la traduction française, semble indiquer que la repentance et le baptême sont tous deux nécessaires pour le pardon. Toutefois, l'impératif *repentez-vous* est à la deuxième personne du pluriel alors que *être baptisé* est à la troisième personne du singulier (que chacun de vous soit baptisé) ; le pronom (vos péchés) est également à la deuxième personne. Cette clé grammaticale, qui peut passer inaperçue, est essentielle pour comprendre le verset.

Dans le récit de la création de Genèse 1, chaque jour est décrit comme étant composé d'un soir et d'un matin. L'ordre (le soir d'abord) est significatif. Comment est-ce lié à la culture juive ? Quel est l'impact de cette répétition syntaxique pour définir la portée de chaque journée (soit 24 heures) ? Cette formulation supporte-t-elle une création littérale en six jours ? Comment le soir et le matin pouvaient-ils exister avant que le soleil ne soit créé ?

Remarquez la formulation de Psaume 1.1. Il y a une progression de l'action à l'inaction (marcher, s'arrêter, s'asseoir). Comment est-ce important pour décrire l'homme heureux ?

Identifiez les propositions au sujet de la *bouche* et du *cœur* dans Romains 10.1-10. Remarquez l'importance de ces propositions et leur relation avec Deutéronome 30.14 (cité dans Romains 10.8) en révélant la clarté des affirmations souvent mal comprises des versets 9 et 10.

Qu'est-ce que le *roc* dans Matthieu 16.18 ? Quelle est la signification grammaticale de la distinction entre les terminaisons des deux mots : *petros* est un morceau de roche ou une pierre, *petra* est un gros roc ou rocher. Notez la corrélation de 1 Pierre 2.8, Romains 9.33 et 1 Corinthiens 10.4.

(b) Analyser les phrases dans la langue d'origine afin de s'assurer d'avoir une bonne compréhension grammaticale et syntaxique.

(c) Résumer l'importance de ces clés grammaticales pour l'interprétation du passage.

(5) Identifier les clés lexicales

Poser cette question clé : quels mots apparaissent le plus souvent dans toute la section ?[361]

(a) Identifier les mots clés par l'emphase.

(b) Faire des études lexicales sur les mots clés du passage en trois grandes étapes:
(1) Identifier, définir (grammaire et étymologie) et analyser le mot (sa morphologie) à l'aide d'un lexique.

(2) Examiner l'utilisation du mot dans d'autres contextes (une concordance est particulièrement utile pour ceci).

(3) Résumer les concepts clés découlant des mots clés.
Identifiez un lien important entre Exode 3.14 et Jean 8.24,28,58. Quelle est la différence majeure entre Exode 7.13,22 ; 8.19 ; 9.7,35 et 8.15,32 ; 9.34 ?

Combien de fois l'expression *sous le soleil* est-elle utilisée dans le livre de l'Ecclésiaste, et pourquoi est-ce important en relation avec le thème du livre ? Notez le mot *yom* dans l'Ancien Testament, quantifié par le contexte, qui parfois désigne une période de 24 heures (p. ex., Ge 1), parfois une période plus longue (p. ex., le jour du Seigneur, notamment dans Joël). Qu'entend-on par le terme *semaines* tel que traduit par *Louis Segond* dans Daniel 9.24-27 ? Quels mots signifiant *amour* sont utilisés dans le dialogue relaté dans Jean 21.15-17 ? Pourquoi sont-ils importants ?

Quels sont les mots clés dans Jean 1.1-18, Romains 5.1-11, Galates 3.16-22, et Éphésiens 1.1-14 ? Comment sont-ils utilisés ? Quelle est leur importance ? Notez dans la version *Segond 21* de

---

361. Gordon Fee, *New Testament Exegesis: A Handbook For Students and Pastors*, p. 33.

1 Corinthiens 5.5, le choix de *nature pécheresse* comme traduction du grec *sarx*, tandis que les autres versions utilisent le mot *chair* ; quel serait le meilleur choix ? Comment la signification du mot *Sauveur* est-elle cruciale dans 1 Timothée 4.10 ? Quel mot unique est répété quatre fois dans Apocalypse 19.1-7 ? Qu'est-ce que cela signifie ? Comment le mot est-il relié à Psaume 111.1 ; 112.1 ; et 113.1, etc. ?

(6) Identifier le contexte biblique

(a) Identifier le thème général du livre. En complétant les premières étapes de la démarche exégétique, le thème du livre choisi devrait maintenant être évident.

(b) Résumer le contexte immédiat entourant le passage.

Notez combien il est important de reconnaître le contexte immédiat des passages suivants :

Genèse 49.10 (pour la définition du contexte, voir 49.1) — le contexte immédiat démontre l'importance de la déclaration au sujet de Juda. Quel *genre* de déclaration était-ce ?

Exode 20 — Les dix commandements. Ce passage devrait-il être appliqué à l'Église aujourd'hui ? Pourquoi ou pourquoi pas ? Comment le contexte immédiat clarifie-t-il la question ?

2 Chroniques 7.14,15 — Ce passage a souvent été appliqué par l'Église à l'Église. Est-ce approprié ? Qu'est-ce que le contexte immédiat nous dit sur le public visé ? Quelles conséquences sont promises ? Quelle en est la signification ?

Job 34.37 — Élihu accuse-t-il personnellement Job d'avoir péché ?

Psaume 58.7 — Comment est-ce une prière appropriée ?

Ésaïe 6.8 — Ce verset semble être une réponse très hardie de la part d'Ésaïe. Comment les évènements précédents modifient-ils cette perception du passage ?

Ézéchiel 40 à 48 — Quelle période de temps le contexte suggère-t-il ?

Matthieu 13 — Pourquoi Christ parle-t-il en paraboles ? En quoi est-ce important ?

Matthieu 16.27,28 — Selon le contexte, à quel événement Christ fait-il référence ? (Notez comment la division de chapitres de Marc 9 s'intègre mieux au contexte que la division de chapitres entre Matthieu 16 et 17).

Actes 2.4 — Comment le contexte immédiat définit-il *parler en d'autres langues* ? Voir 2.11.

Galates 3.28,29 — Comment le contexte immédiat définit-il et limite-t-il l'élimination de toutes les distinctions ?

Éphésiens 3.3 — Comment le *mystère* est-il défini dans ce contexte ?

Hébreux 6.4-6 — Qui est décrit, croyant ou incroyant ?

(c) Comparer le thème général avec le passage spécifique et le contexte immédiat entourant le passage. Déterminer comment le passage spécifique, défini par le contexte immédiat, contribue au thème général du livre.

(7) Identifier le contexte théologique

(a) Identifier les principes théologiques dans le passage.

Reconnaître qu'en général, des contextes plus larges doivent être observés afin d'identifier les principes théologiques, bien que parfois, certains mots clés peuvent fournir un cadre théologique significatif (ex. justification, rédemption, propitiation, prédestination, etc.).

Quels principes théologiques de l'Église (ekklesia) sont présentés dans Matthieu 16.13-20 ? Qui bâtit l'Église ? Quelle est la portée de l'Église ? Noter l'importance d'une étude lexicale et grammaticale suffisante ici, car « sur ce roc » a été compris de différentes façons : (1) le roc est Pierre – une compréhension fondamentale pour le développement de la succession apostolique, (2) le roc est la terre –

un argument pour la portée terrestre de l'Église et un rouage dans la défense de la théologie du remplacement, (3) le roc est la confession que Pierre a faite – détachant cette phrase de sa signification prophétique cruciale et (4) le roc est Christ (le point de vue qui considère correctement chacun des éléments exégétiques requis).

Noter l'explication de Pierre dans 1 Pierre 2.4-10 se référant à Ésaïe 8.14, etc. Si les étapes précédentes (grammaticale, syntaxique, lexicale, contextuelle, etc.) ne reçoivent pas suffisamment d'attention, les principes théologiques d'un passage peuvent être significativement mal compris, menant à des conclusions trop larges et inexactes.

Dans Jean 14.1-3, comment l'enlèvement est-il théologiquement présent, bien que grammaticalement et syntaxiquement absent ? Christ ne détaille pas ici l'enlèvement, mais par le biais de révélations futures et de théologies développées plus tard (c.-à-d. 1 Th 4 ; 1 Co 15, etc.), l'enlèvement est en vue ici. Dans Romains 3.21-31, quelle est la signification théologique de la justice ? Dans Éphésiens 1.1-14, qu'entend-on par *prédestination* ? Comment le principe de la prédestination influence-t-il le passage ? Dans Jacques 2.14-26, quel est le lien théologique entre la foi et les œuvres ?

(b) Lier les principes au contexte général du livre.

Quel principe théologique important découle de Romains 5.12,17-19 ? Comment soutient-il l'argumentation de l'épître ? Dans Galates 3.15-29, quelle était la raison d'être de la loi ? Comment est-ce lié au thème théologique de l'épître ?

(c) Comparer avec les contextes plus vastes afin de vérifier les principes théologiques.

Dans Jacques 3.1-12, au sujet de la théologie de la langue, comparer Éphésiens 4.15,29,30 ; 5.4, Colossiens 3.5-10 ; 4.5,6 ainsi que Proverbes 6.17 ; 10.20,31 ; 12.18,19 ;15.2,4 ; 17.4 ; 18.21 ; 21.6,23 ; 25.15,23 ; 26.28, et 28.23. Quel principe théologique est clarifié par une comparaison de Jean 14.1-3 ; 1 Corinthiens 15.50-58, et 1 Thessaloniciens 4.13-18 avec les grandes lignes du livre de l'Apocalypse ? Quel principe théologique clé est décrit dans Éphésiens 2 et 3, et comment une comparaison de Jérémie 31,

Romains 9 – 11, 2 Corinthiens 3, Galates 3 et 6.16 ; 1 Jean 2.25 et Apocalypse 19.11-14 ; 20.1-6 permet-elle de clarifier la question ?

(d) Résumer les thèmes et principes théologiques selon le contexte.

(8) Vérification secondaire

La vérification primaire (telle qu'élaborée dans les étapes précédentes) provient de l'examen contextuel de l'Écriture – d'abord le contexte immédiat dans une vérification exégétique, puis des contextes plus vastes dans une vérification systématique. À ce stade, la vérification primaire devrait être complétée de façon satisfaisante. La vérification secondaire offre une occasion supplémentaire de remettre en question son travail exégétique en le comparant avec l'œuvre exégétique d'autres exégètes pieux et érudits.

À ce stade, des ressources externes sont précieuses et incluent les introductions (généralement à l'étude de l'Ancien ou du Nouveau Testament), les survols (offrant le plus souvent des aperçus de l'Ancien et du Nouveau Testament ou de livres individuels), les livres de référence et dictionnaires (présentant des esquisses et des définitions) et les commentaires exégétiques (fournissant une analyse verset par verset et d'autres informations exégétiques essentielles).

(a) Utiliser plusieurs ressources couvrant le passage sélectionné.

Éviter de se limiter à un commentateur, mais plutôt utiliser une pluralité. Comparer une exégèse avec un seul commentateur n'offre généralement pas une vision assez large pour bien évaluer le travail exégétique. Cette démarche ne vise pas simplement à être en accord avec un commentateur crédible, mais plutôt à jeter un regard critique sur le travail exégétique déjà fait.

(b) Identifier la démarche herméneutique des commentateurs.

Il s'agit d'une étape essentielle, non seulement pour évaluer la validité et l'utilité d'un commentaire, mais aussi dans l'élaboration d'une approche critique de la littérature de recherche biblique. Prendre conscience des présupposés du commentateur, de ses penchants théologiques et de ses méthodologies est crucial dans ces deux domaines.

(c) Résumer les similitudes et les différences dans les interprétations des commentateurs.

Examiner les similitudes et différences de chaque commentateur de manière exégétique et critique. Ont-ils traité des éléments clés, ou ont-ils plutôt occulté les questions difficiles ou controversées ? Surtout en considérant la méthode herméneutique utilisée, certaines conclusions sont prévisibles. Une approche allégorique mènera généralement aux conclusions de la théologie de remplacement. La spiritualisation minimisera souvent l'importance des applications primaires. L'herméneutique théologique peut souvent conduire à des conclusions débridées et non vérifiables. Les commentateurs utilisant des méthodologies semblables arrivent-ils aux mêmes conclusions ?

(d) Défendre votre interprétation ou la modifier à la lumière de vos découvertes.

Si la vérification secondaire dévoile des failles dans une démarche exégétique, l'ensemble de la démarche devrait être revue afin d'en déterminer la cause. Ce qui est souhaité ici n'est pas seulement un raffinement des conclusions concernant le passage en particulier, mais aussi un raffinement de l'ensemble de la démarche – s'assurant que le prochain exercice exégétique soit plus solide que le précédent.

(9) Le développement de l'exposition

(a) Effectuer une analyse verset par verset – un commentaire continu sur le passage.

En général, cela peut être aussi élémentaire qu'un simple résumé de chaque passage en relation avec le contexte global, ou encore cela peut être aussi complexe qu'un relevé exhaustif de tous les éléments d'intérêt exégétique découverts. Dans les deux cas et pour tous ceux dans l'intervalle, le contenu doit être le résultat direct de l'étude exégétique.

(b) Résumer le principe, l'application primaire et l'application secondaire.

Si un principe universel est évident dans le passage, il devrait être noté comme essentiel pour l'application primaire et secondaire. L'application primaire se rapporte directement à l'auditoire cible original, tandis que l'application secondaire se rapporte à des auditoires plus tardifs, y compris l'exégète lui-même. Les principes et les applications devraient être énoncés avec clarté et concision pour s'assurer que les éléments essentiels ont été compris.

(c) Déterminer l'impact du passage sur votre propre vie et commencer à agir en conséquence.

Comme c'est le cas tout au long du processus d'étude, le passage devrait avoir un impact personnel. Jacques exhorte les croyants à mettre la Parole en pratique au lieu de se contenter de l'écouter (Ja 1.22-27) et plus tard met en garde contre le danger d'être trop « empressé » à enseigner. L'application à soi-même doit précéder l'édification des autres. L'attitude et les actions d'Esdras étaient exemplaires :

> Car Esdras avait appliqué son cœur à étudier et à mettre en pratique la loi de l'Éternel, et à enseigner au milieu d'Israël ses lois et ses ordonnances (Esdras 7.10).

Les priorités d'Esdras révèlent une emphase sur trois points : (1) faire preuve de la diligence nécessaire pour l'étude et l'apprentissage, (2) être un homme d'action efficace, pratiquant tout ce que Dieu avait dit et (3) alors seulement être un enseignant fidèle de l'Écriture.

À ce stade, il peut être facile de se concentrer sur la façon dont le passage sera livré à un public cible ou à l'Église locale, mais les exemples d'hommes pieux de la Bible montrent l'importance devant Dieu de mettre en premier la consécration personnelle et la piété. La pratique vient avant l'enseignement. L'adage dit : « Ceux qui ne savent pas faire enseignent », mais en réalité l'adage plus vrai devrait être « Ceux qui veulent enseigner (et ceux qui ne le veulent pas) *doivent agir* ».

(d) Développer une présentation du passage pour l'édification des autres.

Voici un modèle de base efficace pour la structure et la communication d'un exposé : (1) lecture du passage entier à couvrir, (2) prière pour l'orientation dans l'étude, (3) bref résumé de l'arrière-plan et du contexte, (4) lecture d'une section spécifique (verset, phrase ou paragraphe), (5) lien entre la section et le contexte global, (6) résumé de l'analyse par verset de chaque section et principaux éléments exégétiques, (7) exposition des principes et des applications aux points appropriés, (8) bref résumé du contexte global exégétique, faits saillants, principes et applications et enfin, (9) prière pour la sagesse et la force afin de mettre en pratique la Parole, à la gloire de Dieu.

Examinez l'exposé relaté dans Néhémie 8.1-12. Notez particulièrement les emphases concernant le contenu et la réponse. Le contenu – le manuel – était la Parole de Dieu (8.1). Il a été considéré dans la prière (8.6). Il a été ouvert et lu (8.3,5). Il a été expliqué, afin de s'assurer que les auditeurs avaient compris (8.8), l'enseignement incluait des appels à l'action et des encouragements (8.10). En réponse, le peuple s'est réuni pour l'entendre (8.1). Il a été entendu avec attention (8.3) et respectueusement (8.5). Il a été reçu comme vrai (8.6). Il a été reçu patiemment (8.7). Il a suscité une réponse personnelle (8.9). Il a suscité l'adoration de Dieu (8.6). Il a été compris et le peuple a agi conséquemment (8.12).

Survol de la théologie biblique par la démarche synthétique

Une vue de l'ensemble de l'Écriture et de la relation entre les différentes parties qui la composent est indispensable pour apprécier pleinement la révélation biblique. Vous serez brièvement introduits à cette approche, en particulier dans les livres historiques de l'Ancien et du Nouveau Testament. L'accent est mis sur le message global ou le thème de chaque livre et la relation de chaque partie à ce thème.[362]

L'approche synthétique, du grec *sunthetos*, signifiant *combiné ou réuni*, met l'accent sur un fil conducteur dans la révélation divine. Bien qu'il existe un certain nombre de ces fils conducteurs qui peuvent être mis en évidence, le motif principal est la glorification de Dieu, le moyen d'y parvenir étant la proclamation et la réalisation de diverses promesses et alliances.

Un examen synthétique s'occupe non seulement du livre individuel, mais cherchera aussi à le relier à l'ensemble de l'Écriture. Par exemple, les prophéties de Daniel peuvent être bien comprises sans l'aide du contexte plus large des autres livres bibliques ; toutefois, les prophéties de Daniel s'agencent comme les pièces d'un casse-tête dans ce contexte plus large, contribuant au panorama des époques et jetant une grande lumière sur leurs détails par des livres connexes comme Ézéchiel et l'Apocalypse. La démarche synthétique devient donc un élément essentiel de l'étude de la Bible.

Deux grands axes (parmi beaucoup d'autres) d'une approche synthétique sont (1) les alliances bibliques et (2) les dispensations.

Grandes lignes des alliances bibliques

Une alliance est un accord ou un pacte entre deux parties. Le mot hébreu *berith*, d'une racine signifiant *couper* est traduit par *alliance*. Une alliance est une « section », se référant au fait que les personnes contractantes coupaient des animaux en deux parties et passaient entre les deux (Ge 15 ; Jé 34.18,19). Cette définition exige que deux parties ratifient l'alliance d'une quelconque manière.

---

362. C. I. Scofield, *Scofield Bible Correspondence Course Volume I Introduction to the Scriptures*, Chicago, Moody Bible Institute, 1959, p. 12.

Démarches en théologie biblique 215

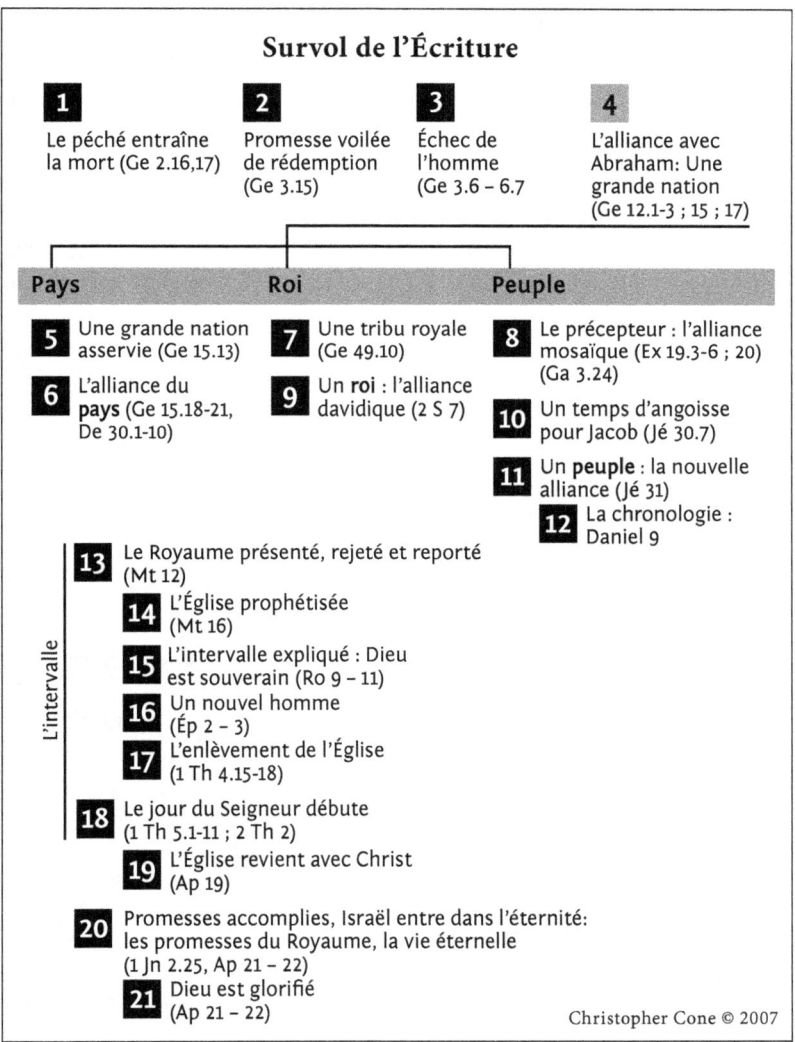

Christopher Cone © 2007

Certaines promesses de Dieu, appelées traditionnellement des alliances, ne seront pas considérées ici comme des alliances, en raison d'une herméneutique littérale : elles ne sont jamais appelées alliances, elles impliquent des promesses de Dieu et n'ont aucune ratification en tant qu'alliances, mais sont en fait des promesses que Dieu va tenir. Ces promesses incluent : (1) La promesse en Éden (Ge 1.26-31 ; 2.16,17), (2) La promesse à Adam (Ge 3.16-19),

(3) La promesse à Salomon (1 R 9.1-9). (Remarque : l'alliance de la terre promise de De 30 n'est pas spécifiquement appelée *alliance*, cependant, comme il s'agit d'une reprise de l'élément « pays » dans l'alliance avec Abraham, elle sera appelée alliance, plutôt qu'une simple promesse.)

Ces promesses sont absolument essentielles pour une bonne compréhension de l'Écriture et ne doivent pas être négligées. Toutefois, techniquement, il est préférable qu'elles ne soient pas appelées alliances.

L'alliance avec Noé (Ge 8 – 9)
* Non reliée aux autres alliances
* Inconditionnelle
* **Exercice herméneutique** :
  Pouvait-elle être brisée (Ge 9.16 ; Lé 24.8 ; És 24.5) ou Ésaïe se réfère-t-il à l'alliance mosaïque?
* Inclut : Plus jamais de malédiction de la terre, la grâce de la vie, la continuité des saisons, l'impératif de multiplier, la crainte des animaux, les animaux comme nourriture, l'importance du sang, la peine de mort, plus jamais de déluge, le signe (arc-en-ciel).

L'alliance avec Abraham (Gen 12 – 17, 22)
* Inconditionnelle (sauf pour la condition initiale)
* Ratifiée par Dieu seul (Ge 15)
* Sept promesses, trois éléments généraux (un peuple, un pays, un royaume)
* Éternelle

L'alliance avec Moïse/ l'ancienne alliance (Ex 20)
* Non reliée aux autres alliances, sauf en mettant en évidence le besoin d'une nouvelle alliance
* Conditionnelle, elle peut être brisée
* Couverture temporaire du péché
* Inclut les lois morales, civiles et cérémonielles

La Terre promise (Gen 15 ; De 30)
* Conclusion inconditionnelle d'une alliance conditionnelle
* Présuppose le non-respect de l'alliance avec Moïse
* Inclut la restauration physique et spirituelle
* Expansion de l'élément «pays» dans l'alliance avec Abraham

L'alliance avec David (2 S 7)
* Inconditionnelle
* Inclut un pays, la paix, une maison pour David et un royaume éternel
* Expansion de l'élément «royaume» dans l'alliance avec Abraham

La nouvelle alliance (Jérémie 31)
* Inconditionnelle
* Inclut la responsabilité individuelle (plutôt que nationale), la restauration spirituelle et le pardon permanent des péchés
* Expansion de l'élément «peuple» dans l'alliance avec Abraham

Démarches en théologie biblique 217

Israël : Les promesses éternelles

Genèse 12.1-3 – Alliance avec Abraham
Deutéronome 30.1-10 – Alliance au sujet du pays
2 Samuel 7.8-17 – Alliance davidique
Jérémie 51.27-40 – Nouvelle alliance

Daniel 9 – Les 70 semaines d'Israël prophétisées
Matthieu 12 – Israël rejette son Messie

TERRESTRES

Romains 9 – 11

L'Église : La promesse éternelle

Allusion voilée
Genèse 12.3c – Bénédiction des nations
Jérémie 31.34b – Pardon des péchés
Joël 2.28 – Le Saint-Esprit annoncé
Jean 16 – Le Saint-Esprit promis

Révélation directe
Matthieu 16.13-20 – Première prophétie de l'Église
Actes 2 – La naissance de l'Église
Éphésiens 1 - 3, 5 – Le mystère de l'Église
Galates 3 - 4 – L'économie de l'Église
1 Jean 2.25 – La promesse définie
Apocalypse 1 - 3 – La conclusion de l'Église
1 Thessaloniciens 4.13-18 – l'enlèvement de l'Église

CÉLESTE

Apocalypse 4 - 18 – L'angoisse de Jacob : la Tribulation (la 70ᵉ semaine de Daniel)

Apocalypse 19 – La venue du roi

Apocalypse 20 – Le Royaume
Apocalypse 21 - 22 – L'éternité

(l'Église dans le ciel)

Apocalypse 19 – Christ revient avec son épouse
Apocalypse 20 – Le Royaume
Apocalypse 21 - 22 – L'éternité

---

363. Tableau tiré de Christopher Cone, *The Promises of God: A Bible Survey*, Arlington, Tex., Exegetica Publishing, 2005, p. 181.

Facteurs de division chronologiques : les dispensations

Un auteur met en évidence une faiblesse dans notre compréhension des dispensations, alors qu'il observe :

> [...] une définition adéquate du dispensationalisme n'a probablement jamais été écrite. Dès que les suffixes sont ajoutés au mot, le sujet passe immédiatement du terrain biblique au théologique. La littérature récente sur le sujet a rendu nécessaire une révision de la définition théologique. [...] La conception actuelle du terme dans l'esprit populaire est tout à fait inadéquate.[364]

Malgré leur son familier, ce ne sont pas là des mots contemporains. Il ne s'agit pas de verbiage semblable au débat actuel entre dispensationalistes classiques et progressifs. En 1945 Arnold Ehlert a écrit ces paroles dans une thèse de doctorat à Dallas Theological Seminary (approuvé par John Walvoord), et ils révèlent l'insatisfaction avec les définitions traditionnelles et contemporaines. Cette discussion vise à combler certaines lacunes dans la définition et la division des dispensations.

« Dispensation », dérivé du latin *dispensatio (économie, gestion ou administration*[365]*)*, est la traduction de la version *Martin 1744* du mot grec *oikonomia* (p. ex., dans 1 Co 9.17 ; Ép 1.10 ; 3.2 ; Col 1.25) duquel provient le mot français *économie*. Le terme grec est un composé qui signifie littéralement *maison-loi* et se réfère à la gérance, l'administration, ou l'appropriation et la gestion des ressources. On le comprend comme étant un arrangement, un ordre ou un plan.[366]

Il est évident qu'il y a de telles administrations dans l'Écriture, et que la chronologie de l'Écriture est marquée par des changements

---

364. Arnold Ehlert, *A Bibliography of Dispensationalism*, Th.D., Dallas Theological Seminary, novembre 1945, p. 33.
365. D. P. Simpson, *Cassell's Latin Dictionary*, New York, MacMillan Publishing Co., 1959, p. 195.
366. William F. Arndt, F. Wilbur Gingrich, *A Greek Lexicon of the New Testament and Other Early Christian Literature*, 4ᵉ éd., Chicago, The University of Chicago Press, 1957, p. 559.

(parfois mineurs) d'une administration à l'autre. Même ceux qui s'opposent au système théologique du dispensationalisme reconnaissent différentes administrations dans le plan souverain de Dieu.[367] Les auteurs bibliques ont clairement reconnu que ces distinctions existent. Remarquez, par exemple, les différentes esquisses et chronologies dans le livre de Daniel, la terminologie utilisée par Paul dans les passages incluant le terme *oikonomia*, ainsi que le résumé fait par Jean de l'Apocalypse (Ap 1.19), qui met en évidence au moins trois distinctions dans son contexte immédiat, etc. ; et l'Église de la deuxième génération et au-delà (y compris Justin Martyr, 110-165 apr. J.-C. ; Irénée, 130-200 apr. J.-C. ; Clément d'Alexandrie, 150-220 apr. J.-C. ; Augustin, 354-430 apr. J.-C., etc.[368]) qui, bien qu'ils ne reconnaissaient certainement pas les divisions spécifiques dont nous parlerions aujourd'hui, ont également observé des divisions chronologiques dans le plan révélé de Dieu. Il y a eu beaucoup de travail minutieux révélant la reconnaissance historique de ces divisions, nous n'insisterons donc pas ici sur ce point, mais la reconnaissance par Jean Calvin de l'activité « dispensatrice »[369] de Dieu mérite d'être soulignée, tandis que Calvin fait observer combien le concept d'une dispensation est élémentaire et raisonnable, disant (entre autres choses, dans une discussion au sujet de la dispensation et de la distinction entre les diverses économies bibliques) :

> Dieu ne devrait pas être considéré comme changeant simplement parce qu'il a conçu diverses formes d'administration pour différentes époques, puisqu'il savait ce qui était opportun pour

---

367. Même le système des alliances, qui s'appuie sur au moins deux grandes divisions (la loi et la grâce) reconnaît (au moins) deux grandes divisions fonctionnelles dans le plan de Dieu.

368. Pour une liste plus exhaustive, voir Arnold Ehlert, *A Bibliography of Dispensationalism*, Th.D., Dallas Theological Seminary, novembre 1945, p. 10-29.

369. John Calvin, *Institutes of the Christian Religion*, John T. McNeill, éd., Ford Lewis Battles, trad., Philadelphia, Penn., Westminster Press, 1940, vol. 1, p. 61.

chacune... Pourquoi donc traiter Dieu d'incohérent, parce qu'il a habilement distingué une diversité d'époques ?[370]

Sans faire beaucoup de bruit pour rien, on peut supposer qu'il n'y a aucun doute quant à l'existence et à la réalité des dispensations[371] ; l'investigation portera plutôt sur la définition et les divisions. Ces dernières années, plus d'attention a été accordée aux définitions, et une définition a émergé comme étant, à l'heure actuelle, peut-être la plus connue et la plus souvent citée : celle de C. I. Scofield, qui croyait qu'une dispensation était

... une période pendant laquelle Dieu traite d'une manière spécifique avec l'homme en ce qui concerne le péché et la responsabilité de l'homme.[372]

Avec plus de précision, il dit :

Ces périodes sont marquées dans l'Écriture par un changement dans le moyen dont Dieu traite avec l'humanité, ou une partie de l'humanité, en ce qui concerne les deux questions : le péché et la responsabilité de l'homme. Chacune des dispensations peut être considérée comme un nouveau test de l'homme naturel, et chacune se termine par un jugement, marquant son échec total dans chaque dispensation.[373]

Cette qualification spécifique donne lieu à la délimitation classique de Scofield de sept dispensations :

---

370. Ibid., p. 462.
371. Ehlert a été consciencieux de citer les évidences historiques qui supportent une telle affirmation ; de plus Ryrie résume bien quelques points importants dans « Update on Dispensationalism », Wesley R. Willis, John R. Master, et Charles C. Ryrie, *Issues in Dispensationalism*, p. 15-27 et présente un excellent résumé historique dans Charles C. Ryrie, *Dispensationalism*, p. 61-77.
372. C. I. Scofield, *Scofield Bible Correspondence Course*, Chicago, Moody Press, 1959, vol. 1, p. 46.
373. C. I. Scofield, *Rightly Dividing the Word of Truth*, p. 12.

(1) L'innocence — Genèse 1.3 – 3.6
(2) La conscience — Genèse 3.7 – 8.14
(3) Le gouvernement — Genèse 8.15 – 11.9
(4) La promesse — Genèse 11.10 – Exode 18.27
(5) La loi — Exode 19.1 – Jean 14.30
(6) La grâce[374] — Actes 2.1 – Apocalypse 19.21
(7) Le règne millénaire — Apocalypse 20.1-5

Dans sa définition, les dispensations sont limitées à des périodes de *temps*, d'où la nécessité qu'ils s'inscrivent dans le cadre *chronologique* de Genèse à Apocalypse (soit depuis le premier jour de la semaine de la création jusqu'à l'institution des nouveaux cieux et de la nouvelle terre[375]). Par conséquent, les événements qui se déroulent avant et après l'apparition du temps ne sont pas incorporés dans son panorama dispensationnel. En outre – et peut-être plus important, cette définition a un accent plus sotériologique que doxologique. Il y a actuellement une dépendance notable sur la définition de Scofield, comme en témoigne la définition fournie par Paul Enns :

> Le dispensationalisme est un système d'interprétation qui cherche à établir une unité dans l'Écriture *par son emphase centrale sur la grâce de Dieu* [italiques ajoutés]. Même si les dispensationalistes reconnaissent différentes intendances ou dispensations *par lesquelles l'homme a été soumis à une certaine gestion par le Seigneur* [italiques ajoutés], ils enseignent que la réponse à la révélation de Dieu dans chaque dispensation est par la foi (le salut est *toujours* par grâce, par le moyen de la foi). Les dispensationalistes arrivent à leur système d'interprétation par le biais de deux principes fondamentaux : (1) maintenir une méthode d'interprétation littérale cohérente et (2) maintenir une distinction entre Israël et l'Église.[376]

---

374. Bien que Scofield ait initialement communiqué sa sotériologie dispensationnelle avec une certaine ambiguïté (voir *La Bible de référence Scofield*, 1917, p. 1115), les dispensationalistes s'entendent pour dire que le salut s'est toujours obtenu par la foi, le contenu variant selon la dispensation.
375. Ibid., p. 58.
376. Enns, *Moody Handbook of Theology*, p. 547.

Notez l'accent placé sur le plan de la rédemption et l'accent mis sur l'homme. Le point de vue de cet auteur est que ces emphases sont inappropriées, et qu'il en résulte un cadre moins qu'idéal.

À cause de ces nuances, la définition de Scofield (même si nous lui devons énormément et lui en sommes reconnaissants) semble être moins qu'idéale, surtout si l'on considère ces trois emphases bibliques importantes :

(1) Des événements majeurs ont eu lieu avant le début du temps : notamment l'existence de Dieu, son interaction avec lui-même (Jn 17.24 ; Ro 1.20 ; 16.26 ; 1 Ti 1.17 ; 1 Pi 1.20), ses activités (Mi 5.1) et son œuvre d'élection et de prédestination (Ép 1.4,5 ; 3.11 ; 2 Ti 1.9), etc.

(2) Il y a continuation de la réalité après la fin des temps documentés : y sont inclus la future glorification de Dieu et son règne souverain ininterrompu (1 Ti 6.16 ; 2 Pi 1.11 ; 3.18), la continuité du salut et de la vie des croyants (És 45.17 ; Mt 19.28 ; Jn 3.15,16,36 ; 5.24,39 ; 6.40,54 ; 17.3 ; 2 Co 4.17 ; Hé 9.12 ; 1 Jn 2.25) et la continuité du jugement et du châtiment des impies (Mt 18.8 ; 25.41,46 ; Mc 3.29 ; 2 Th 1.9 ; Hé 6.2).

(3) Il y a un fort accent sur la centralité du plan doxologique de Dieu, le plan rédempteur (auquel Scofield fait ici allusion, en insistant sur le péché et la responsabilité de l'homme) lui étant subordonné et y étant inclus (Ps 86.9,12 ; Éz 39.13 ; Jn 17.3-5 ; Ro 11.36 ; 12.1,2 ; 1 Co 6.20 ; 10.31 ; Ép 2.8-10 ; 1 Pi 4.11 ; És 6.3 et Ap 4.11).

La centralité du dessein doxologique de Dieu est soulignée par Charles Caldwell Ryrie et incluse comme troisième élément de ses *éléments essentiels*, malgré la suggestion occasionnelle par certains que le dessein doxologique n'est pas pertinent pour le point de vue dispensationaliste. En réalité, cet élément est *le résultat le plus concluant d'une herméneutique littérale et cet auteur suggère donc qu'il est le plus important des trois éléments.*[377] La définition de Scofield des dispensations semble ne pas reconnaître cette emphase.

Il est à noter, en cherchant l'emphase appropriée sur cette doctrine, que les grandes œuvres de Dieu révélées dans l'Écriture servent *toutes* le dessein doxologique (Ps 86.9,10 ; Ap 15.4) ; en fait, l'Écriture n'identifie aucun dessein plus grand pour chacun des éléments suivants : l'œuvre de prédestination et d'appel de Dieu (Ép 1.5-12 ; 2 Pi 1.3) ; le ministère de Christ (Jn 13.31,32 ; 17.1-5 ; 21.19 ; 2 Co 1.20 ; Hé 13.21) ; la création (Ps 19 ; És 40 ; Ap 4.11) ; la préservation de sa Parole (Ro 3.1-7) ; le salut Ps 79.9 ; Ro 15.7 ; 16.25-27 ; Ép 1.14 ; 1 Ti 1.15-17 ; 2 Ti 4.18 ; Jud 24,25) ; l'Église (1 Co 10.31 ; 2 Co 4.15 ; Ép 1.12 ; Ph 1.11 ; 2 Th 1.11,12 ; 1 Pi 4.11,16) ; le fruit porté par les croyants (Jn 15.8 ; 1 Co 10.31 ; le royaume (Ph 2.11 ; 1 Th 2.12 ; Ap 1.6) ; la maladie, la mort et la résurrection (1 S 6.5 ; Lu 17.11-18 ; Jn 9.1-3 ; 11.4) ; le jugement (Ro 3.7 ; Ap 14.7) ; la délivrance d'Israël (És 60.21 ; 61.3) ; l'accomplissement des alliances et la conclusion de toutes choses (És 25.1-3 ; 43.20 ; Lu 2.14 ; Ro 4.20 ; 15.8,9 ; 2 Co 1.20 ; 2 Pi 1.3,4 ; Ap 19.7).

Alors que Chafer calcule le même nombre de dispensations que Scofield, une emphase plus grande sur le dessein doxologique l'a conduit à offrir une perspective plus vaste sur la portée du mot. Chafer définit une dispensation comme

> ... une période qui est reconnue par sa relation à un objectif spécifique de Dieu – un but à accomplir dans cette période.[378]

Dans l'estimation de Chafer, le point de mire de la construction dispensationnelle est précisément le dessein spécifique de Dieu. Cette définition semble plus précise en ce qu'elle permet un

---

377. Bien sûr, on déduit l'objectif doxologique d'une lecture littérale de l'Écriture, et c'est donc aussi une compréhension qui découle de l'application cohérente d'une herméneutique littérale. Toutefois, la centralité de l'objectif doxologique est claire de toute manière, et est donc placée comme le dessein global de Dieu en toutes choses. À cause de cette emphase, il doit logiquement être vu comme l'élément le plus essentiel — ou du moins le résultat le plus définitif d'une interprétation littérale de l'Écriture.

378. Chafer, *Systematic Theology*, vol. 1, p. 40

épicentre dispensationnel portant non pas tant sur l'homme et sa rédemption que sur Dieu et son dessein doxologique, évitant l'erreur du centre sotériologique et celle que Walvoord appelle *l'erreur réductrice* – « l'utilisation d'un aspect de l'ensemble comme élément déterminant »[379]. L'élaboration de Ryrie sur le troisième élément de ses *éléments essentiels* nécessite une définition encore plus raffinée de cette étrange unité de mesure qu'est une dispensation. Il dit :

> Pour les dispensationalistes, le programme sotériologique ou salvifique de Dieu n'est pas le seul programme mais bien l'un des moyens que Dieu utilise dans le programme global de sa propre glorification. L'Écriture n'est pas anthropocentrique comme si le salut en était le thème principal, mais elle est théocentrique, parce que la gloire de Dieu est le centre. La Bible elle-même enseigne clairement que le salut, si important et merveilleux soit-il, n'est pas une fin en soi, mais sert plutôt à l'objectif de la glorification de Dieu.[380]

Par conséquent, une définition plus raffinée, tenant compte de la priorité doxologique que Ryrie, Walvoord et d'autres ont reconnue, serait la suivante :

Une dispensation est une économie ou une administration particulièrement distinctive dans laquelle et par laquelle Dieu démontre ou exprime sa propre gloire.

Divisions dispensationnelles

Si donc la définition qui mène directement aux divisions doit être reconsidérée, alors peut-être que les divisions elles-mêmes pourraient être mieux exprimées pour accommoder le terme nouvellement défini. Des délimitations dispensationnelles historiques soulignant soit un programme principalement

---

379. Walvoord souligne, en particulier, qu'il s'agit d'une erreur de la théologie des alliances (Walvoord, *The Millennial Kingdom*, p. 92).
380. Ryrie, *Dispensationalism Today*, p. 46.

rédemptif[381] ou un programme relatif au royaume,[382] existent sous toutes les formes et tailles, délimitant soit trois (Gaebelein[383]), quatre (dispensationalisme progressif[384]) cinq, sept (Scofield), ou parfois jusqu'à huit divisions dispensationnelles.[385]

Toutefois, un survol synthétique mettant en lumière le dessein doxologique de Dieu semble dévoiler pas moins de 12 divisions dispensationnelles dans l'Écriture. Et tandis que le nombre de dispensations n'est peut-être pas d'une grande importance (peut-être que 3, 5, 7 ou 8 *sont* des nombres plus appropriés, après tout), dans l'estimation de cet auteur, il semble que les 12 divisions suivantes représentent plus convenablement le récit biblique de trois manières spécifiques : (1) le survol synthétique de l'Écriture basé directement sur les alliances et les promesses de Dieu s'inscrit très bien dans

---

381. Incluant William Gouge (1575-1653) ; Pierre Poiret (1646-1719) ; John Edwards (1639-1716) ; Isaac Watts (1674-1748) ; Jonathan Edwards (1703-1758) ; John Fletcher (1729-1785) ; JN Darby (1800-1882) ; Robert Jamieson (1802-1880), A. R. Fausset (1821-1910) et David Brown (1803-1897), dans leur commentaire en six tomes, utilisent le terme dispensation/dispensations plus de 100 fois, semblant opter pour une approche rédemptive et se basant sur des commentaires sur Genèse 2.17, etc. ; Charles Hodge (1797-1878) ; R.L. Dabney (1820-1898) ; J.R. Graves (1820-1893) ; George Pember (1837-1910) ; James Gray (1851-1935) ; C . I. Scofield (1843-1921) ; I.M. Haldeman (1845-1933) ; W. Graham Scroggie (1877-1958) ; L. S. Chafer (1871-1952) ; H. A. Ironside (1876-1951) ; etc.

382. Dans les approches d'Adam Clarke (1760/62-1832) et de Richard Watson (1781-1833), un certain accent est mis sur le royaume ; John Cumming (1810-1881) place l'emphase sur des éléments du royaume ; Samuel Andrews (1817-1906) bien que se basant sur une prémisse rédemptive, insiste sur la soumission graduelle de l'humanité à l'autorité de Dieu ; G. B. M. Clouser souligne à la fois les éléments rédemptif et du gouvernement ; Clarence Larkin (1850-1924) place l'emphase sur le royaume ; A.C. Gaebelein (1861-1942) et Alva J. McClain (1888-1968) mettaient tous les deux l'accent sur le royaume.

383. Voir Michael C. Stallard, *The Theological Method of Arno C. Gaebelein*, Ph.D., Dallas Theological Seminary, 1992.

384. Patriarcal (au Sinaï), mosaïque (à l'ascension du Messie), ecclésial (au retour du Messie), sionique (1. millénnial, 2. éternel), tiré de Craig A. Blaising et Darrell L. Bock, *Progressive Dispensationalism*, p. 123.

385. Blaising et Bock présentent une excellente charte des délimitations dispensationelles historiques dans Craig A. Blaising et Darrell L. Bock, *Progressive Dispensationalism*, p. 118-119.

ce cadre ; (2) chaque dispensation annonce (ou du moins requiert logiquement) la venue de l'autre ; et (3) cette approche de 12 divisions unit étroitement les emphases sur le royaume et sur le salut *sous* le dessein doxologique conformément aux *éléments essentiels* de Ryrie et comme résultat naturel de l'approche d'interprétation grammatico-historique littérale.

LES DOUZE DISPENSATIONS : L'HISTOIRE DE LA LOUANGE DÉVOILÉE

(1) La planification : l'éternité passée (Jn 17.24 ; Ac 4.28 ; Ép 1.4 ; 1 Pi 1.20)

Avant la fondation du monde, dans l'éternité passée, Dieu est. Il était en relation avec lui-même (Jn 17.24), existant dans l'aséité, ne manquant de rien et étant en substance et en caractère saint, saint, saint (És 6.3 ; Ap 4.8). Il n'avait pas de besoin intrinsèque de communion avec qui que ce soit (encore incréé) et il n'avait pas besoin de créer quoi que ce soit. Pourtant, avant la fondation du monde, Dieu a déterminé précisément comment et avec qui il se glorifierait lui-même, en présentant plus tard son caractère à sa création comme une expression divine de lui-même.

Son œuvre de prédestination a fourni le fondement de la sagesse qui serait plus tard révélée à sa création (1 Co 2.7) et a préparé le terrain pour tout ce qui était à venir (Ac 4.28), alors que toutes choses seraient soumises au conseil souverain de sa volonté (Ép 1.11). Son plan de prédestination incluait le fait que certaines parmi ses créatures auraient une relation unique avec lui (p. ex., Ép 1.5) par la grâce, par le moyen de la foi (Ha 2.4 ; Ép 2.8,9). La planification révélée dans l'éternité passée démontre que Dieu est souverain, libre d'agir, tout-puissant, et digne d'adoration par sa création.

Bien que n'ayant pas à ce stade (dans l'éternité passée) d'annonce spécifique des dispensations à venir, logiquement la mise en œuvre de cette étape est requise.

(2) Le prélude : l'innocence de l'homme (Ge 1.1 – 3.6)

Conformément à son propre plan, il a créé les cieux et la terre et tout ce qu'ils contiennent (Ge 1,2). L'apogée de son œuvre créatrice fut l'homme, créé à son image. Il le plaça dans le jardin comme bénéficiaire du plan doxologique et lui donna un seul impératif. La conséquence s'il violait ce seul commandement serait la mort spirituelle (2.17). Adam, pour une période non divulguée, marcha innocemment et en communion avec Dieu. Cette ère a démontré (1) la perfection de l'œuvre créatrice de Dieu ; (2) La permission accordée par Dieu à sa création d'être en communion avec lui, selon des termes spécifiques et bien délimités, c'est-à-dire, l'obéissance – il est pourtant clair, même à ce stade, qu'il démontrerait l'incapacité de l'homme à maintenir l'obéissance ; et (3) en communiquant et en créant une alternative à l'obéissance humaine volontaire (désobéissance, Ge 2.15) ;

Dieu a démontré que son plan pour tous les âges était beaucoup plus complexe que même l'œuvre créatrice révélée, qu'ultimement la communion avec lui ne sera possible que par la justice que lui seul pouvait offrir – par la grâce, par le moyen de la foi (que l'on peut clairement voir alors que les dispensations se dérouleront) et que le point culminant de son plan dépendrait entièrement de lui-même et non de ses créatures finies. L'impératif de Genèse 2.17 constitue la toile de fond pour la dispensation suivante : être caractérisé soit par l'obéissance continue ou par la désobéissance dramatique. Le commandement a été donné, et l'homme allait être éprouvé. Sa réponse allait donner le ton pour la prochaine dispensation.

(3) La peine : l'échec de l'homme (Genèse 3.6 – 6.7)

La désobéissance délibérée de l'homme, calculée par Dieu dans sa planification avant la création, transforme très vite l'homme – l'apogée de la création, fait à l'image de Dieu – en un être dépravé, privé de la gloire de Dieu et ultimement en rien de moins qu'une entité entièrement mauvaise et violemment rebelle (Ge 6.5), méritant la pleine colère de Dieu. Cette période montre qu'aucun être ne pourra approcher la gloire de Dieu indépendamment de l'œuvre de Dieu, car l'homme n'aurait aucune capacité à se frayer un chemin vers la présence de Dieu, et met en évidence le fossé entre la sainteté du souverain créateur et l'impiété et l'indignité de l'homme, infranchissable par tout autre que Dieu lui-même. Des éléments voilés du comblement de cet écart sont en vue particulièrement avec la promesse voilée de la rédemption (3.15), l'immolation d'un animal pour couvrir les premiers pécheurs (Ge 3:21) puis par l'approbation par Dieu du sacrifice animal d'Abel et son mécontentement envers l'offrande végétale de Caïn (4.4,5).

Genèse 6.3 laisse entrevoir la prochaine dispensation. Tandis que Dieu allait exterminer l'homme à cause de sa méchanceté (6.7), il allait préserver la semence de l'homme, permettant une durée de vie de 120 ans. En outre, si l'on considère 6.8 comme la conclusion de cette dispensation, il y aura une annonce supplémentaire de la prochaine dispensation dans l'affirmation que Noé trouva grâce aux yeux de l'Éternel.

(4) La préservation et la provision : grâce commune et gouvernement humain (Ge 6.8 - 11.9)

Compte tenu de la dépravation totale et complète de l'homme, la destruction complète par Dieu de toute l'humanité aurait été légitime – surtout en raison de la conséquence conditionnelle annoncée dans Genèse 2.17. Mais Dieu s'est lui-même limité par sa propre Parole, puisqu'il avait déjà offert une promesse voilée de rédemption (3.15) qui nécessitait la survie et la prolifération de l'homme et de la femme. Dieu a donc fourni deux éléments pour la préservation de sa promesse, à sa propre gloire : (1) la préservation de la semence de l'homme par le biais de Noé et sa famille, en les délivrant de la destruction par ailleurs mondiale du déluge ; et (2) la provision du gouvernement humain – la souveraineté de l'homme sur la nature (Ge 9.1-3) et sur l'autre (9.5) – comme un moyen par lequel divers contrôles seraient en place pour protéger la vie de l'humanité contre les menaces externes (les bêtes des champs) et les menaces internes (la nature pécheresse meurtrière de l'homme). Cette époque a de plus offert un énorme contraste entre la sainteté de Dieu et la dépravation de l'homme, puisqu'après que la préservation et la provision eurent été réalisées, l'homme se révolte encore contre Dieu, affirmant sa propre méthode et sa volonté à demeurer indépendant de Dieu (Ge 11.1-4). Même ces efforts rebelles sont soumis au contrôle souverain de Dieu, qui contrecarre les plans de l'homme (11.5-9), ce qui démontre une fois de plus que les meilleurs efforts de l'homme sont inutiles pour atteindre la piété.

(5) Les promesses prononcées (Ge 11.10 – Ex 18.27)

En commençant par Abraham, le schéma de la sotériologie et du royaume de Dieu est dévoilé un peu plus. De cet homme serait issue une grande nation (Ge 12.2), possédant ces éléments définitifs : un peuple, un pays et un royaume – chaque élément devant être élargi et dévoilé dans des promesses subséquentes. Cette période trace les générations depuis Abraham, Isaac, Jacob et ses douze fils, jusqu'à la naissance de la nation israélite alors que Dieu l'extirpe, juste au bon moment, de la servitude précédemment promise en Égypte (Ge 15.13,14). Puisque cette nation se développe rapidement de la descendance d'Abraham, Dieu commence une grande œuvre – orientée à la fois vers la sotériologie et le royaume, bien que centrée principalement sur son caractère comme le Dieu qui garde l'alliance – celui qui gouverne et fait tout concorder pour son propre plaisir.

(6) Le prérequis dépeint : l'alliance rompue, le précepteur (Ex 19.1 – Ma 4.6 [Ga 3.24,25])

De peur que le peuple élu de Dieu ne pense qu'il a un héritage de bénédictions en dehors des œuvres de Dieu et de ses promesses inconditionnelles, Dieu initie avec Israël l'alliance conditionnelle par Moïse – une alliance d'obéissance qui, si elle est gardée, se traduirait par la bénédiction physique d'Israël dans le pays, et qui, si elle est rompue, entraînerait une malédiction incluant le retrait d'Israël de la Terre promise (De 28). Israël serait incapable et même empêché de s'acquitter de son engagement (De 31.16-21), caractérisant cette époque comme une représentation graphique de l'incapacité de l'homme à marcher conformément aux saintes exigences de Dieu, et soulignant en fait le besoin de l'homme de la rédemption que seul Christ pourra offrir. Le prérequis pour vivre sous la bénédiction de Dieu et en communion avec lui est une justice que lui seul peut fournir. À cette époque, la sainteté et la justice de Dieu sont amplifiées, alors que le contraste entre son caractère et celui de l'homme est accentué.

Un autre élément important à cette époque est l'expansion des promesses inconditionnelles de l'alliance de Dieu avec Abraham : (1) l'élément du pays de Genèse 15.18-21 est précisé dans Deutéronome 30 ; (2) l'élément du royaume, assurant le leadership nécessaire pour une grande nation, est clarifié dans 2 Samuel 7 ; et (3) l'élément du peuple, sans lequel la grande nation serait dépourvue de tout citoyen, est dévoilé dans Jérémie 31, fournissant un tremplin vers l'accomplissement de l'élément de bénédiction universelle (Ge 12.3) pour tous les peuples.

(7) Les promesses données : le royaume offert (Mt 1.1 - 12.45)

Le royaume de Dieu[386] se réfère à sa domination universelle et éternelle appliquée physiquement sur la terre en accomplissement direct des promesses de l'alliance, en particulier à Abraham (Ge 12 - 17) et David (2 S 7). Matthieu (exclusivement, puisqu'aucun des autres auteurs des Évangiles ne le fait) parle fréquemment du royaume des cieux, après lequel soupire l'esprit juif, par une

---

386. Pour une excellente discussion sur la nature du royaume, voir Stanley Toussaint, *Behold the King*, Portland, Oreg., Multnomah Press, 1980, p. 19-20, 65-68, 171-173.

terminologie bien comprise[387] et indiquant que le royaume céleste de Dieu était sur le point de trouver une maison terrestre, accomplissant la promesse faite à David. (Il est à noter que Toussaint suggère que ces termes [le royaume des cieux et le royaume de Dieu] sont interchangeables[388] – c'est un point important pour comprendre l'identification et la nature du royaume.) Peters reconnaît l'importance de cette offre du royaume et sa portée terrestre :

> Ce royaume en est un se rapportant à la terre. Avant la création du monde, il n'existait que dans la détermination ou le dessein de Dieu, mais à la création, le fondement même du monde fut posé pour préparer sa venue... « depuis la fondation du monde », indique que Dieu a, dès le départ, désigné cette terre même pour y établir ce royaume.[389]

C'était un royaume destiné à la terre et donc promis à Abraham et à David. Les disciples ont à juste titre compris l'offre du royaume comme faisant référence à la restauration du royaume davidique et donc à l'accélération des accomplissements de l'alliance.

> On peut sans risque affirmer... que c'est une croyance bien ancrée que le royaume était une chose avec laquelle ils [les disciples] étaient familiers, et à propos duquel, en ce qui concerne sa nature ou son sens, ils *n'avaient besoin*, en raison de sa représentation claire dans l'Ancien Testament, d'aucune instruction spéciale...
> ... rien n'indique qu'ils aient *mal interprété* le royaume des prophètes sous ses aspects fondamentaux...
> ... une telle ignorance supposée *refléterait sérieusement* sur les alliances, les prophéties et sur la prédication des premiers prédicateurs de « l'évangile du royaume ».[390]

---

387. George Peters, *The Theocratic Kingdom*, Grand Rapids, Mich., Kregel, 1972, vol. 1, p. 195.
388. Stanley Toussaint, *Behold the King*, Portland, Oreg., Multnomah Press, 1980, p. 65-68.
389. Ibid., p. 35.
390. Ibid., p. 182-184.

Il est donc clair que la première proclamation publique de Jésus (Mt 4.17) impliquant l'offre préliminaire de ce royaume attendu a été comprise pour ce qu'il était vraiment. Cette période que nous considérons fut un moment unique dans l'histoire d'Israël – une époque hautement critique (quoiqu'elle fut brève) qui, si elle avait été accueillie positivement, aurait certainement précipité l'accomplissement du plan eschatologique. Bien sûr, dans la prédétermination de Dieu et sa souveraineté, la réponse négative d'Israël à cette offre était déjà prévue (És 6.9,10). Ce rejet temporaire se révélera être l'occasion que Dieu avait conçue pour fournir un accomplissement élargi de la bénédiction universelle de Genèse 12.3 – dans ce cas, l'élément spécifique de la bénédiction étant la justice de Dieu devenue accessible par l'intermédiaire de Christ, autant pour les païens que pour les Juifs.

La gloire de Dieu est démontrée dans cette courte période à travers l'exécution de son plan (1) pour affiner et préparer la nation d'Israël pour une bénédiction future promise, et (2) pour ouvrir la voie au dévoilement du mystère (révélé plus tard dans Ro 11.25-36 et Ép 2.11 – 3.12) – que Dieu a pourvu un moyen par lequel l'humanité tout entière, les Juifs et les païens, aurait accès au salut, par la grâce et par le moyen de la foi.

(8) La propitiation suivant le report : le royaume reporté et la nouvelle alliance ratifiée (Mt 12.46 – Ac 1.26)

Immédiatement après le rejet collectif de Jésus comme Messie par Israël, tel qu'il avait été prophétisé (És 6.9,10, etc. ; et par conséquent le rejet de l'offre du royaume), commence une période de report qui sert le plan prédéterminé de Dieu de manière très significative. Les réalisations de l'alliance avec Israël sont mises en attente, alors que Dieu fournit le moyen de leur accomplissement ultime, à savoir le sang de Christ. Sans le travail propitiatoire de Christ, comme ratification de la nouvelle alliance, l'accomplissement de la nouvelle alliance serait impossible, et donc toutes les autres bénédictions de l'alliance seraient rendues nulles puisqu'il ne pourrait y avoir de peuple pour en profiter dans l'éternité, car tous les hommes seraient par ailleurs éternellement condamnés. Par conséquent, cette très courte période est cruciale dans l'exécution du plan de Dieu, car elle rend possible l'accomplissement (littéralement et complètement) des alliances inconditionnelles de l'Ancien Testament, tout en assurant (en accord avec l'aspect universel des bénédictions de l'alliance avec Abraham, Ge 12.3) une extension de la volonté de Dieu révélée qui est d'inclure les nations dans le plan de la vie éternelle.

Cette période est unique et distincte de la période précédente, clairement délimitée par la poursuite par Jésus de sa mission et par la modification de ses méthodes d'enseignement (commençant à enseigner les multitudes exclusivement en paraboles, voir Mt 13). La lecture la plus simple de l'Écriture exige une compréhension selon laquelle le royaume a été reporté, et sans cette compréhension, la clarté du ministère terrestre de Jésus lui-même est compromise. Ted Peters a qualifié cette compréhension comme étant d'une grande importance, disant :

> Le rejet du report du royaume est un rejet de *la seule clé* qui peut permettre de comprendre les affirmations singulières et autrement mystérieuses de Jésus.[391]

Cet aspect du ministère terrestre de Jésus semble du moins caractériser cette période comme une dispensation tout à fait unique dans le plan de Dieu. En outre, cette époque est distincte de la suivante qui sera définie par l'ascension de Christ et le rôle du Saint-Esprit.

Ultimement, la gloire de Dieu est profondément manifeste dans ce court laps de temps, alors qu'autant d'éléments sont réunis à ce stade pour apporter continuité et cohésion au plan de Dieu qui se déroule.

Cette époque offre une caractéristique unique en ce que toutes les dispensations subséquentes y sont annoncées au préalable par Christ : dans Matthieu 16.18, l'ère de la participation (l'ère de l'Église), couplé avec Jean 14-16, qui décrit le rôle futur que jouera le Saint-Esprit pendant ce temps ; dans Matthieu 24.1-28, l'ère de

---

391. Peters, *The Theocratic Kingdom*, vol. 1, p. 622-623.

la purification (la Tribulation) ; dans Matthieu 24.29-31, l'ère des promesses accomplies (le royaume instauré) ; et dans Luc 18.29,30 et Jean 6.40,54 (conjointement avec l'ensemble de son enseignement sur la vie éternelle et sur la condamnation éternelle), la postface (l'éternité future) est certainement en vue. Particulièrement si l'on considère le ministère prophétique de Christ pendant ce temps, ces divisions semblent tout à fait naturelles.

(9) La participation : l'ère de l'Église (Ac 2.1 - Ap 3.22)

Cette époque est peut-être la plus surprenante des dispensations puisque sa grande dame (l'Église) est introuvable dans les prophéties de l'Ancien Testament (malgré les allusions à une emphase plus grande sur les nations, que l'on trouve dans des passages comme Ge 12.3*b* ; De 32.20,21,43 ; 2 S 22.50 ; Ps 18.50 ; 117.1 ; És 11.10 ; et plus tard dans Lu 21.24, etc..). L'Église est nommée pour la première fois dans Matthieu 16.18, est remarquablement absente du point de vue terrestre dans Apocalypse 4.1 - 19.10, et réapparaît (par implication forte et en corrélation avec Ap 19.7,8) dans 19.14. La portée des bénédictions et du point focal de l'Église est, au cours de cette période, dans les lieux célestes en Christ (Ép 1.3).

Des aspects du mystère de l'Église incluent (1) la transposition (l'enlèvement) des saints à la fin de l'ère de l'Église (1 Co 15.51) ; (2) l'endurcissement partiel d'Israël par Dieu (c'est-à-dire, favoriser le rejet de l'offre du royaume, voir Mt 13.10-17, etc.) afin de faire entrer la totalité des païens (Ro 11.25) ; (3) la révélation subséquente de Dieu de sa personne à toutes les nations (Ro 16.25,26) ; (4) l'unité des Juifs et des païens dans le corps de Christ (c'est-à-dire l'Église, Ép 2.11 - 3.12) ; (5) la relation de Christ en tant qu'époux de son Église (Ép 5.32) ; et (6) Christ vivant par le Saint-Esprit dans le croyant (Col 1.27).

L'héritage de l'Église réside dans la promesse (au singulier, voir Ép 3.6 ; 2 Ti 1.1 ; 1 Jn 2.25, etc.), ce qui met en évidence un domaine important de sa distinction d'Israël, dont l'héritage se trouve dans les alliances et les promesses (au pluriel, voir Ro 15.8 ; Ga 3.16 ;

Ép 2.12 ; Hé 6.12 ; 7.6 ; 8.6 ; 11.17). Il y a du moins plusieurs éléments clés à prendre en considération dans ce contexte, qui contribuent de manière significative à la compréhension de cette dispensation, et ceux abordés ici sont : (1) la nouvelle alliance et son lien ou manque de lien avec l'Église, (2) le problème de la parenthèse et (3) l'illustration de l'olivier.

La nouvelle alliance et l'Église

Dans l'Écriture on trouve huit références directes, comportant le titre de la nouvelle alliance (et d'autres, moins directes mais tout aussi précises) :

(1) Jérémie 31.31 — Ici la nouvelle alliance comporte au moins les éléments suivants : elle est conclue directement avec les maisons d'Israël et de Juda (31.31) ; elle est distincte et différente de l'alliance mosaïque (31.32) ; elle est prophétisée comme étant encore à venir (31.31) ; elle est caractérisée par le fait que Dieu dans un temps futur écrira sa loi sur les cœurs des destinataires (31.33) ; elle indiquait une relation de possession entre Dieu et Israël et Juda (31.33) ; elle menait à la connaissance universelle de Dieu au sein d'Israël et Juda (31.34) ; elle incluait le pardon des péchés (31.34) ; et elle comprenait la restauration physique et éternelle d'Israël et Juda (31.27,28,37-40).

(2) Luc 22.20 (Mt 26.28 ; Mc 14.24) — Dans cette inauguration de la nouvelle alliance, le sang de Christ est annoncé à l'avance comme étant la ratification de la nouvelle alliance, qui sera instaurée avec la venue du royaume (Lu 22.18).

(3) 1 Corinthiens 11.25 — Paul raconte ici à l'Église de Corinthe l'initiation (le repas du Seigneur) à la nouvelle alliance, pointant vers la ratification de Christ (sa mort et sa résurrection).

(4) 2 Corinthiens 3.6 (Ro 11.25-32) — Ce passage désigne « nous » (l'antécédent spécifique est identifié dans 1.19 comme étant Paul, Silvain, et Timothée) comme serviteurs (*diakonous*) d'une *nouvelle alliance*. Il est à noter que tandis que ces serviteurs de la nouvelle alliance sont *de* l'Église, il n'y a aucune affirmation ou indication

contextuelle que la nouvelle alliance soit faite *avec* l'Église. Il est plus approprié de comprendre qu'en tant que ministres de l'Évangile, les apôtres ont permis de faciliter la nouvelle alliance, tout comme l'Église sert d'instrument pour susciter la jalousie d'Israël, accélérant ainsi l'inauguration de l'alliance.

(5 et 6) Hébreux 8.6 – 13 (7.22) — En décrivant la supériorité du ministère de Christ, le contraste est ici tracé entre la loi (8.4) et la meilleure alliance (8.6). L'accent est mis ici sur Jésus et sa supériorité comme en témoigne son rôle de médiateur de la nouvelle alliance – le contexte de l'alliance est alors en relation avec lui et non avec l'Église. Il est le souverain sacrificateur (immensément qualifié) du croyant (8.1). Voilà donc le lien entre la nouvelle alliance et l'Église : le même médiateur de la nouvelle alliance est le grand prêtre pour le croyant, et par conséquent le croyant est bénéficiaire de certains éléments de la nouvelle alliance (p. ex., le pardon des péchés et la vie éternelle, És 55.5 ; Jé 31.34 ; 1 Jn 2.25) ; toutefois, l'attribution de ces bénéfices à l'Église n'est pas reliée à la nouvelle alliance (puisqu'elle a été faite seulement avec Israël et Juda, És 55.1-11 ; 59.21 ; 61.8,9 ; Jé 31.31 ; 32.37-42 ; 50.4,5 ; Éz 16.59-63 ; 34.22-31 ; 37.21-28) mais plutôt au médiateur qui accorde le pardon, la justice et la vie selon la volonté de Dieu, et à sa gloire.

(7) Hébreux 9.15 — En raison de la mort du Médiateur, la promesse de l'héritage éternel peut être reçue, car sans la vie éternelle, nul ne pourrait jouir d'aucune des promesses éternelles. Cette promesse amplifie l'importance de la nouvelle alliance, puisqu'elle qu'elle a comblé l'élément d'un peuple de l'alliance avec Abraham. Sans cet élément littéralement rempli, l'alliance avec Abraham serait dépourvue de substance.

(8) Hébreux 12.24 (10.15-18,29 ; 13.20) — Ce passage parle de l'efficacité du sang du Christ, soulignant à nouveau son identité comme le médiateur de cette meilleure alliance. L'importance de la nouvelle alliance dans chacun des passages de l'épître aux Hébreux réside dans sa relation à Christ, et non à l'Église.

Le problème de la parenthèse

O. T. Allis reconnaît que le fondement de la distinction entre Israël et l'Église est en effet l'interprétation littérale de la prophétie de l'Ancien Testament, en disant :

> La vision de la parenthèse de l'Église est le résultat inévitable de la doctrine selon laquelle la prophétie de l'Ancien Testament doit être remplie littéralement envers Israël...[392]

Cette mention d'Allis du point de vue de la parenthèse fait référence à la compréhension de la part d'un certain nombre de théologiens dispensationalistes disant que l'Église est une *parenthèse* – que c'est une interruption du programme de Dieu avec Israël. Cette compréhension, tout en reconnaissant bien une distinction entre Israël et l'Église, ne semble pas être un point de vue tout à fait exact.

Il y a en effet clairement une distinction entre Israël et l'Église, mais l'Église ne représente pas une *parenthèse*, mais plutôt simplement *une étape ou un aspect* du programme rédempteur de Dieu, agissant comme un simple rouage dans son programme doxologique. L'application de l'expression *entre parenthèses* à l'Église implique une discontinuité dans le plan éternel de Dieu, qui de l'avis de cet auteur n'existe pas, et qui semble causer préjudice au plan doxologique.

L'olivier

Dans Romains 11.16-24 Paul présente l'exemple de l'olivier, identifiant (ou du moins faisant allusion à) plusieurs personnages clés : l'olivier sauvage (les païens qui sont greffés, 11.17) ; les branches (les Juifs, 11.16) ; la racine (le Messie,[393] 11.16-18 ; 15.12 ; Ap 5.5 – *riza*

---

392. Allis, *Prophecy and the Church*, p. 54.
393. Plusieurs voient ici la racine comme faisant référence à Abraham ou aux alliances, mais cela semble peu naturel, puisque (1) il y a un précédent dans lequel Christ est la racine dans la prophétie – tant d'un point de vue contextuel que grammatical, (2) il n'y a pas de précédent dans lequel Abraham ou les alliances seraient la racine dans la prophétie, et (3) bien que ce soit seulement ici une illustration, Christ comme racine semble illustrer plus puissamment le fait que les non-Juifs aient accès à Christ en raison de son rejet initial par les

comme dans la version des Septante dans És 11.10 ; 53.2). Dans ce tableau, Paul démontre que les païens ont accès au Messie (et, par conséquent, à ses bénédictions salvifiques) directement à cause du rejet initial par Israël du Messie. Les païens, dans cette métaphore, sont greffés non pas à Israël, ni à *toutes* les promesses de l'alliance, mais à Christ lui-même, récoltant le bénéfice profond de son œuvre de salut. Nous voyons ici l'accomplissement magnifique de Dieu du septième élément de l'alliance avec Abraham (Ge 12.3*b*) – toutes les familles de la terre bénies en Abraham – à travers Christ.

Ainsi le mystère de l'endurcissement partiel est dévoilé (11.25) comme un élément prédéterminé du grand dessein de Dieu : ce virage remarquable et inattendu (bien qu'en quelque sorte préfiguré) dans son plan rédempteur sert son dessein doxologique, démontrant sa sagesse incommensurable – laissant Paul dans l'émerveillement à cette pensée (11.33-36).

Cette époque de participation couvre une période limitée, qui constitue l'écart entre la 69e et la 70e semaine de Daniel (Da 9.26,27) et depuis le début des temps des nations (Lu 21.24) jusqu'à ce que la totalité des païens soit entrée (Ro 11.25) – éléments qui seront complétés dans la dispensation suivante.

(10) La purification : la Tribulation, l'angoisse de Jacob (Ap 4.1 – 19.10 [Jé 30.7])

Replaçant l'emphase sur la nation d'Israël et fournissant une continuation de l'échéancier de Daniel 9, cette période de sept ans sera inaugurée alors qu'une alliance sera faite avec la multitude par le prince (romain[394]), qui doit venir (Da 9.27). Cette alliance

---

Juifs, (4) Les nations avaient déjà reçu la promesse de bénédiction directement via l'alliance avec Abraham, par conséquent la métaphore de la greffe semble superflue – la bénédiction des nations serait un résultat naturel de l'alliance, et non une réalité artificielle ; d'un autre côté, jouir de l'unité avec Christ semble nécessiter une greffe, (5) une greffe implique un plein accès aux bienfaits de la racine ; par contre les nations ne bénéficient pas de l'ensemble de l'alliance avec Abraham, mais jouissent assurément d'un plein accès à Christ.

394. Voir Da 9.26,27.

sera rompue à mi-chemin (trois ans et demi), date à laquelle la *grande* tribulation (une période d'épreuves plus intenses, voir Mt 24.15-22[395]) commence, culminant lorsque les puissances des cieux seront ébranlées et lors de la seconde venue du roi Messie (Mt 24.29,30). C'est le temps de l'angoisse de Jacob (Jé 30.7), qui précède la restauration de la nation.

La gloire de Dieu est démontrée au cours de cette période d'au moins trois manières principales: (1) sa sainteté s'exprime alors qu'il juge fidèlement (sans volte-face) la nation pour ses échecs (Jé 30.24) ; (2) sa protection de la nation, même lorsqu'il veille sur eux « pour arracher, abattre, détruire, ruiner et faire du mal » (Jé 31.28), fournit un témoignage de sa fidélité et de son respect de l'alliance ; (3) comme dessein secondaire pour cette période de la tribulation, la colère de l'Agneau fondra sur les nations (Ap 6.16,17), démontrant qu'il est digne d'être juge et ultimement roi.

La période qui suit immédiatement est annoncée dans plusieurs contextes clés, principalement (1) Jérémie 31.27-34 — le temps du jugement et de la purification sera suivi d'une restauration spirituelle et physique de la nation ; et (2) Apocalypse 19 – 20 — Le roi reviendra triomphant avec ses rachetés, initiant l'accomplissement de la promesse davidique d'un trône éternel (2 S 7).

---

395. Walvoord croit aussi que la grande tribulation aura lieu pendant les 42 derniers mois de la tribulation, tel qu'il le dit : « La grande tribulation, en conséquence, est une période spécifique débutant avec l'abomination de la désolation et se terminant avec la seconde venue de Christ, à la lumière des prophéties de Daniel et confirmée par la référence à quarante-deux mois » (John Walvoord, *Matthew: Thy Kingdom Come*, Chicago, Ill., Moody Press, 1974, p. 188). Il est à noter que ni Walvoord ni cet auteur ne cherchent à diviser cette période de sept ans en deux parties dissociées tel que J. Dwight Pentecost déconseille de le faire (J. Dwight Pentecost, *Things to Come*, Grand Rapids, Mich., Zondervan, 1958, p. 184). Il y a bien une distinction exégétique entre les deux moitiés, mais les deux sections font partie intégrante de la tribulation comme le démontre une comparaison entre Mt 24.9 et 24.21.

(11) Les promesses réalisées : le royaume instauré (Ap 19.11 – 20.6)

Les évènements majeurs qui se déroulent au cours de cette période incluent : (1) le retour du roi (Za 14.4), (2) l'enchaînement de Satan, (3) l'inauguration du royaume davidique promis, (4) la libération de Satan et la révolte finale subséquente – une révolte qui ouvre la voie à la démonstration finale de la gloire de Dieu dans le temps révélé, à savoir l'exécution de son jugement.

(12) La postface : l'éternité future (Ap 20.7 – 22.21)

L'éternité future est inaugurée par (1) le jugement du grand trône blanc et (2) la destruction du ciel et de la terre actuels (Ap 21.1). Bien que Chafer situe la destruction comme ayant lieu avant le jugement du grand trône blanc, notez les expressions françaises semblables à propos de la terre qui s'enfuit ou s'en va, (voir Ap 20.11 et Ap 21.1), mais cette disparition est désignée par deux termes grecs différents (*ephugen* dans 20.11 et *apelthan* dans 21.1, ce dernier étant anticipé dans Mt 5.18 avec *parelthe* et dans Mt 24.35 avec *pareleusontai* – les deux provenant de la même racine *erchomai*), impliquant deux actions ou événements différents et (3) la création du nouveau ciel et de la nouvelle terre, avec la nouvelle Jérusalem décrite avec éclat et Dieu étant vu dans toute sa gloire, qui sera magnifique au point d'éliminer la nécessité de toute lumière extérieure :

> Il n'y aura plus de nuit ; et ils n'auront besoin ni de lampe ni de lumière, parce que le Seigneur Dieu les éclairera. Et ils régneront aux siècles des siècles (Ap 22.5).

Tandis que des conclusions divergentes concernant le nombre réel des dispensations semblent assez importantes et certainement dignes d'examens, il convient de comprendre que tant que les éléments de base (p. ex., les *conditions essentielles* de Ryrie, en raison de sa représentation exacte des emphases bibliques) sont reconnus, des divisions aussi précises ne font pas partie intégrante des conclusions générales de la théologie dispensationnelle. Ces questions doivent être abordées avec de faibles niveaux de dogmatisme, puisque ces divisions ne sont pas révélées expressément dans le texte de l'Écriture, mais sont plutôt dérivées par déduction. Lorsque peu a été révélé, nous devons être extrêmement prudents pour ne pas insérer beaucoup de commentaires ; les observations de Ryrie à cet égard méritent d'être notées :

> [...] la divergence d'opinions quant au nombre [des dispensations] n'est pas due à un défaut dans le schéma des dispensations, mais dépend plutôt du manque de révélation détaillée concernant les premières périodes de l'histoire biblique. Nous n'avons pas dans les écrits sacrés tout ce que Dieu peut avoir dit ou révélé à l'homme dans ces premières périodes.[396]

Il appelle le calcul des divisions dispensationnelles une entreprise déductive,[397] soulignant la nécessité de la réflexion et de la considération, car la démarche déductive implique d'autres prémisses.

La prémisse affirmée ici comme ayant une importance inestimable est le dessein doxologique de Dieu. Si en effet il tient un aussi grand rôle que ce qui est révélé dans l'Écriture – découlant en fait de la vision du monde de Dieu – alors il doit nécessairement être aussi un *principe central* dans notre pensée et dans notre marche. À la suite de cette attention concentrée, nos conclusions systématiques refléteront une estime de Dieu rehaussée, et une estime amoindrie de nous-mêmes – des développements essentiels pour une saine théologie et une marche biblique.

On peut prétendre, alors, que cet arrangement particulier des divisions fait défaut pour telle ou telle raison. On peut également faire valoir que puisque la Bible ne précise pas directement un nombre particulier de divisions, toute énumération codifiée n'est pas fiable. Cependant, ce qui est certain c'est la priorité que Dieu accorde à ses propres desseins et à sa propre glorification. Cette tentative spécifique de définition et d'énumération vise uniquement à respecter cette priorité. De telles tentatives singulièrement

---

396. Ryrie, *Dispensationalism*, p. 53.
397. Ibid.

motivées, espère cet auteur, devraient aboutir à une compréhension globale du déroulement de l'histoire biblique – passé, présent et futur – comme contribuant à ce but.

En lui nous avons la rédemption par son sang, le pardon des péchés, selon la richesse de sa grâce, que Dieu a répandue abondamment sur nous par toute espèce de sagesse et d'intelligence ; il nous a fait connaître le mystère de sa volonté, selon le bienveillant dessein qu'il avait formé en lui-même, pour le mettre à exécution lorsque les temps seraient accomplis, de réunir toutes choses en Christ, celles qui sont dans les cieux et celles qui sont sur la terre. En lui nous sommes aussi devenus héritiers, ayant été prédestinés suivant le plan de celui qui opère toutes choses d'après le conseil de sa volonté, afin que nous servions à *célébrer sa gloire*, nous qui d'avance avons espéré en Christ (Éphésiens 1.7-12, italiques ajoutés).[398]

---

398. Tableau tiré de Christopher Cone, *The Promises of God: A Bible Survey*, Arlington, Tex., Exegetica Publishing, 2005, p. 181.

Les dispensations : nombre et objectifs

12 dispensations : *Doxologique*	7 dispensations : *Sotériologique*	3 dispensations : *Royaume*
1. La planification Éternité passée (Jn 17.24 ; Ép 1.4 ; 1 Pi 1.20)		
2. Le prélude Innocence de l'homme (Ge 1.1 – 3.5)	1. L'innocence (Ge 1.3 – 3.6)	
3. La peine Échec de l'homme (Ge 3.6 – 6.7)	2. La conscience (Ge 3.7 – 8.14)	1. La préparation (Commençant dans Ge 3.15)
4. La préservation, la provision Grâce commune, gouvernement humain (Ge 6.8 – 11.9)	3. Le gouvernement (Ge 8.15 – 11.9)	
5. Les promesses prononcées (Ge 11.10 – Ex 18.27)	4. La promesse (Ge 11.10 – Ex 18.27)	
6. Le prérequis essentiel dépeint L'alliance rompue : Le tuteur (Ex 19.1 – Ma 4.6 ; Ga 3.24,25)	5. La loi (Ex 19.1 – Jn 14.30)	
7. Les promesses données Le royaume offert (Mt 1.1 – 12.45)		
8. La propitiation après le report Le royaume reporté et la nouvelle alliance ratifiée (Mt 12.46 – Ac 1.26)		
9. La participation L'ère de l'Église (Ac 2.1 – Ap 3.22)	6. La grâce (Ac 2.1 – Ap 19.21)	2. La participation (À partir de Ac 2)
10. La purification La tribulation, l'angoisse de Jacob (Ap 4.1 – 19.10)		
11. Les promesses réalisées Le royaume instauré (Ap 19.11 – 20.6)	7. Le millennium (Ap 20.1-5)	3. La consommation (À partir de Ap 19)
12. La postface L'éternité future (Ap 20.7 – 22.21)		

Survol de la théologie biblique par la démarche systématique

L'exégèse prend l'Écriture et en analyse chaque partie en détail. La théologie biblique prend les fruits de l'exégèse et les organise en diverses unités pour retracer la révélation de Dieu dans l'Écriture selon son développement historique. Elle met en évidence la théologie de chaque partie de la Parole de Dieu comme elle nous a été transmise en différentes étapes, par le biais de divers auteurs. La théologie systématique utilise ensuite les fruits des travaux de la théologie exégétique et biblique et les réunit en un système concaténé.[399]

Une approche systématique d'une théologie biblique dévoile *onze sujets fondamentaux* de discussion (la doctrine de Dieu comporte trois catégories, les autres sujets étant au nombre de huit) :

(1) La doctrine de Dieu : la théologie proprement dite

Mettant l'accent sur la sainteté de Dieu (És 6.3 ; Ap 4.8), sa « triunité » (en tant que Père, Fils et Esprit) et son interaction personnelle avec sa création, une investigation de la doctrine de Dieu approfondira ses attributs et cela généralement en deux catégories que voici :

(1) celles qui sont indépendantes de sa création, y compris :
   a. l'aséité et
   b. la sainteté
(2) celles qui sont relatives à sa création (sa nature divine, sa puissance éternelle et ses perfections invisibles, voir Ro 1.20)
   a. la nature divine — grandeur, éternité, immensité, immuabilité, incompréhensibilité, intelligibilité, etc.
   b. puissance éternelle — transcendance, immanence, omnipotence, souveraineté, omniscience, etc.

---

399. Van Til, *Introduction to Systematic Theology*, p. 2.

c. perfections invisibles — justice, colère, patience, fidélité, miséricorde, grâce, bonté, etc.

En plus de réfléchir sur ses attributs, la théologie proprement dite se renseignera sur les œuvres de Dieu, y compris son dessein doxologique comme cadre, ses œuvres de création, de rédemption et relatives au royaume.

Comme créateur souverain, il a tous les droits souverains de régner sur la création. Le royaume comprend les éléments suivants : l'autorité (le droit de Dieu de régner), la portée (le domaine dans lequel l'autorité se manifeste) et l'exercice de l'autorité. La souveraineté de Dieu est sans commencement (Ps 10.16 ; 145.13 ; Jé 10.10 ; La 5.19), et la portée de son autorité s'étend partout (1 Ch 29.11,12 ; Ps 103.19).

Il manifeste cette autorité sous toute forme qu'il voudra, et il a communiqué l'exercice de son autorité, dans son royaume éternel, en deux éléments distincts. Tout d'abord, le royaume céleste représente le règne souverain éternel de Dieu, et plus particulièrement à l'égard de la création. La portée est céleste (Ép 1.3 ; Ph 3.20 ; 2 Ti 4.18 ; Hé 3.1 ; 9.24 ; 1 Pi 1.4), le point de mire éternel (futur) étant la nouvelle Jérusalem (Ga 4.26 ; Hé 12.22 ; Ap 3.12). Cette ville descendra du ciel (*katabainousin ek tou ouranou*, Ap 21.10). L'expression est utilisée plus tôt (10.1-3) pour décrire un ange qui se tenait sur la terre et sur la mer et une autre fois (13.13) pour décrire le feu venant du ciel jusqu'à la terre. L'expression est également utilisée par Jean dans son Évangile, lorsque Christ décrit son incarnation (6.41,42,50,51,58). Remarquez Ézéchiel 37.28 ; 43.7.

Les bénéficiaires secondaires sont les croyants de toutes les dispensations. L'admissibilité à l'entrée est la justice de Dieu. En opposition stérile au royaume est l'astre brillant, fils de l'aurore (És 14.12-15), le roi de Tyr (Éz 28.12-19), le dieu de ce siècle (2 Co 4.4), le prince de la puissance de l'air (Ép 2.2), les forces spirituelles de la méchanceté (Ép 3.10 ; 6.12), et le dragon (Ap 12).

En second lieu, le royaume terrestre de l'alliance est l'accomplissement de l'alliance davidique (2 S 7), tel qu'offert par Christ dans les Évangiles. L'expression « le royaume des cieux » (en insistant sur son origine, par opposition à sa portée ; elle ne procède pas de la terre) se trouve seulement dans Matthieu (31 fois), adressée aux Juifs, comme la manifestation terrestre de l'autorité de Dieu au-dessus de tout, telle que définie par l'alliance davidique. Notez l'utilisation de *royaume de Dieu* dans Matthieu 12.28 (et encore dans 19.24 ; 21.31,43) – le royaume n'est pas identifié comme tel (par Matthieu) jusqu'à ce qu'Israël ait rejeté l'offre. Le royaume sera instauré sur le fondement de l'autorité du Messie, le roi digne, et comme fils de David, respectant l'alliance davidique. La portée est terrestre, le point de mire éternel (futur) étant Jérusalem (Éz 43.7) – le trône est de la maison de David et se situera littéralement dans la Jérusalem physique. Après le royaume millénaire, la nouvelle Jérusalem remplacera l'ancienne, toutefois les promesses ont toujours des accomplissements physiques littéraux (2 S 7.13 ; Hé 11.10-16 ; Ap 21.22).

Les principaux bénéficiaires sont les personnes identifiées comme de vrais Israélites (Ro 9.6 ; 11.5-7). La qualification pour entrer est la justice de Dieu – les Évangiles présentent aux Juifs la justice requise – les fruits d'un cœur régénéré – pour entrer dans ce royaume. Les Évangiles contiennent donc une application directe aux Juifs à ce sujet, mais puisque cette manifestation de l'autorité de Dieu implique la même exigence que l'autre (la justice), les Évangiles présentent donc l'application de la justice qui est caractéristique de toutes les dispensations. Le dragon est en opposition stérile à ce royaume (12.13,17).

(2) La doctrine de Dieu : la christologie

Traitant de la personne de Christ, la christologie discute de questions telles que la personne et l'œuvre de Christ. Concernant sa personne, les sujets d'étude incluent sa divinité, sa nature pré-incarnée (ses apparitions incluent celle à Agar : Ge 16.7,11,13 ; à Abraham : Ge 18.2,22 ; 22.11-15 ; à Moïse : Ex 3.2 ; à Balaam : No 22.22-35 ; à Josué : Jg 2.1-4 ; et à Gédéon : Jg 6.11,22), sa nature incarnée double (Dieu et homme[400]), ses noms, son rôle en tant que membre éternel de la Trinité, et sa qualification comme Sauveur.

Au sujet de son œuvre, on considérera son identité en tant que Messie agissant comme prophète (De 18.15, Jn 5.46 et Ac 3.22-26), prêtre (Ps 110.4 ; Hé 5.6 ; Za 6.12,13 ; 1 Ti 2.5 ; Hé 2.14-18 ; 4.14-16 ; 5.1-10 ; 6.19,20 ; 7.11-28 ; 8.1-13 ; 10.1-31 ; Ph 2.5-11 ; Hé 5.9) et roi (2 S 7.12-16 ; És 9.6,7 ; Mi 5.2 ; Lu 1.32,33), qui ultimement dominera sur tout.

(3) La doctrine de Dieu : la pneumologie

Du grec *pneuma* (*esprit*), la pneumatologie est un discours sur le Saint-Esprit (Jn 14.16 ; 15.26,27 ; Ro 8.9 ; Tit 3.5 ; 1 Pi 3.21 ; Ép 1.13,14, etc.). D'une manière semblable aux précédentes études de la théologie proprement dite et de la christologie, les deux éléments de la personne et de l'œuvre sont mis en évidence.

L'étude de la personne du Saint-Esprit traite de questions telles que sa divinité (et la possession des attributs de Dieu qui en découle), sa personnalité mise en évidence par l'utilisation de pronoms personnels, par exemple dans Jean 15.26, etc. et par de nombreux autres éléments démontrés de sa personnalité, ses noms, son rôle en tant que membre éternel de la Trinité, et sa procession (envoyé du Père : Ps 104.30 ; És 48.16 ; Jn 15.26 ; par le Fils : Jn 15.26 ; Ga 4.6 ; Ro 8.9).

Un examen de l'œuvre du Saint-Esprit inclura des éléments tels que son rôle dans la création (Ge 1.2 ; Job 26.13 ; 33.4 ; Ps 33.6 ; 104.30), dans l'inspiration de l'Écriture (2 Ti 3.15,16 ; 2 Pi 1.20,21), combattant, restreignant et convainquant de péché (Ge 6.3 ; Jn 16.7-11 ; 2 Th 2.6-8), accomplissant la régénération et la nouvelle naissance (Mt 19.28 ; 1 Co 15.24-28 ; Tit 3.5 ; Jn 3.6 ; 10.10 ; 2 Co 5.17 ; 1 Pi 1.23), la sanctification (2 Th 2.13 ; 1 Pi 1.2),

---

400. Preuves bibliques de sa nature charnelle : [Jn 1.14 ; Ro 1.3,4 ; 5.12-21 ; 1 Co 15.45-47 ; Hé 2.14-18 ; 7.14 ; 10.4-10 ; 1 Jn 4.2 ; 2 Jn 1.7]. Preuves bibliques de sa divinité [Jn 8.58,59 ; 10.30 ; Ro 1.3,4 ; Col 1.15 ; Tit 2.13 ; Hé 1.3 ; 2 Pi 1.1 ; (És 44.6 ; 48.12,16 et Ap 1.17 ; 2.8 ; 22.13)]. Preuves bibliques de sa double nature [Ro 1.3,4 ; Col 2.9 ; (És 44.6 ; 48.12,16 et Ap 1.17 ; 2.8 ; 22.13)].

la justification (1 Co 6.11), demeurant dans le croyant (Jn 7.37-39 ; Ac 11.17 ; Ro 5.5 ; 8.9-11 ; 1 Co 2.12 ; 3.16 ; 6.19,20 ; 12.13 ; 2 Co 5.5 ; Ga 3.2 ; 4.6 ; Ép 2.22 ; 2 Ti 1.14 ; Ja 4.5 ; 1 Jn 3.24 ; 4.13), scellant le croyant (2 Co 1.22 ; Ép 1.13 ; 4.30), baptisant (Mt 3.11 ; Mc 1.8 ; Lu 3.16 ; Jn 1.33 ; Ac 1.5 ; 2.2,3 ; 11.16 ; Ro 6.1-4 ; 1 Co 12.13 ; Ga 3.27 ; Ép 4.5 ; Col 2.12), les dons (Ac 2.38 ; 10.45, Ro 12.6-8 ; 1 Co 12 – 14 ; Hé 2.4), la plénitude (Ac 2.4 ; 4.8, 4.31 ; 9.17 ; 13.9 ; 13.52 ; Ép 5.18), l'illumination (Jn 16.12-15 ; 1 Co 2.9-12), l'aide et le réconfort (Jn 13.1 – 17.26), l'intercession (Ro 8.26,27), l'engendrement du Fils incarné (Lu 1.35) et sa fonction générale au sein de la Trinité.

(4) La bibliologie

La bibliologie est l'étude de la Bible (Ps 19 ; 2 Ti 2.15 ; 3.16 ; Hé 4.12 ; 2 Pi 1.20,21) et s'interroge sur des éléments tels que la nature de la révélation, les distinctions et les définitions de la révélation naturelle et spéciale, ainsi que l'inspiration, l'inerrance, la canonicité, la transmission et la suffisance de la Bible. Des éléments de la haute et de la basse critique sont généralement examinés dans cette catégorie également.

Une autre considération importante ici est l'interprétation biblique. *L'Abc de Théologie chrétienne* de Ryrie est exemplaire en ce qu'il inclut une discussion approfondie sur l'herméneutique dans son chapitre consacré à la bibliologie.

(5) L'angélologie

L'étude des anges (Ge 19.1 ; 28.12 ; Ps 91.11 ; 148.2 ; És 14 ; Éz 28) inclut une investigation de l'origine, de la nature, de la chute, de la classification, des fonctions et de l'avenir des êtres angéliques. Les discussions sur Satan et les démons sont aussi comprises dans cette catégorie.

(6) L'anthropologie

Dérivé du grec *anthropos* (*homme*), Le mot anthropologie fait référence à l'étude de l'homme (Ge 1.26,27 ; Ro 9.16-21) et comprend des éléments tels que son origine (création), sa nature (à l'image de Dieu, à l'image d'Adam), sa raison d'être, sa chute (y compris les conséquences immédiates et à long terme) et son avenir (résurrection, ciel ou enfer, etc.). Y seront également considérées les controverses comme le libre arbitre, la nature de l'âme et la thanatologie (à partir du grec *thanatos*, signifiant *mort*), qui sonde l'origine, l'étendue et la nature de la mort.

(7) L'hamartiologie

Du grec *hamartia* (*péché*), l'hamartiologie est l'étude du péché (Ge 2.16,17 ; Ro 5.12-14,19 ; És 64.5 ; Ro 3.23 ; 6.23). Des questions importantes dans ce domaine incluent la définition, l'origine, l'imputation et l'impact du péché sur la création en général et sur l'humanité en particulier, démontrant l'incapacité de l'homme à s'approcher de Dieu sans l'œuvre divine pour compenser les conséquences du péché.

(8) La sotériologie

Du grec *soterion* (*délivrance* ou *salut*), la sotériologie est l'étude du salut (Ge 3.15 ; És 53.5,6 ; Ge 12.3 ; Jé 31.34 ; Jn 3.16 ; Ro 5.6 ; Ép 2.8-10 ; 1 Pi 1.3-5). Les concepts étudiés ici comprennent la définition du salut (la nature de la justification), la nécessité, la disposition (par la grâce par le moyen de la foi) et les résultats du salut (y compris la régénération, la réconciliation, le baptême et la sanctification), l'activité de Dieu en ce qui concerne l'accomplissement de l'œuvre du salut (y compris l'œuvre d'élection et de prédestination du Père, l'œuvre de pardon, de rédemption et d'expiation du Fils et l'œuvre de scellement et de baptême du Saint-Esprit), les réalités positionnelles (telles que la sécurité éternelle et la sanctification positionnelle) pratiques (telles que la sanctification progressive et la marche chrétienne) du salut, et l'héritage actuel (toute bénédiction spirituelle et promesse, etc.) et éternel des rachetés.

(9) L'israélologie

L'étude d'Israël (Ge 12.1-3 ; Ex 20 ; De 30 ; 2 S 7 ; Jé 31 ; Da 9 ; Ro 9 – 11 ; Ap 20.1-6), l'israélologie, traite de questions telles que la définition, l'identité, l'origine, le dessein, le passé, le présent et l'avenir d'Israël. Nous devons beaucoup à Arnold Fruchtenbaum qui nous rappelle l'importance d'Israël dans le plan de Dieu. Fruchtenbaum, à juste titre, évalue avec précision le rôle central d'Israël dans le vaste plan de Dieu et observe que peu d'efforts systématiques ont inclus une emphase appropriée sur l'israélologie.[401] S'il doit y avoir une catégorie d'études consacrée à l'Église, autant d'attention – sinon plus – doit sûrement être accordée à la nation d'Israël.

(10) L'ecclésiologie

Du grec *ekklesia* (*église ou assemblée*), ce terme fait référence à l'étude de l'Église (Mt 16.18 ; Ac 2 ; Da 9 ; Lu 21.24 ; 1 Th 4.13-18 ; Ap 1-3,19). L'ecclésiologie traite de sujets tels que la définition et l'identité de l'Église, les distinctions entre Israël et l'Église (notez des passages comme Ép 2.12-21) ; l'olivier (Ro 11 ; Hé 3.5,6 et No 12.7 ; Hé 12.22,23 ; Mt 21.43 ; Lu 12.32 ; Jn 10.16 ; Ga 6.16 ; 1 Pi 1.1 ; Ja 1.1 ; 2.2, etc.), l'origine de l'Église (dans la prophétie – telle que mentionnée dans Mt 16 – et dans la réalité, telle que discutée dans Ac 2), l'économie, l'objectif, et l'avenir de l'Église comme organisme spirituel – le corps de Christ, les caractéristiques organisationnelles de l'Église (incluant les questions du leadership, de l'administration et du service), et la fonction de l'Église (incluant ses rôles principaux tels que l'adoration, l'instruction, la communion et l'édification).

Ce champ d'études considère également la participation personnelle dans l'Église, y compris le combat spirituel (contre trois éléments : (1) le monde — Ép 2.1-3 ; 6.12 ; 1 Co 3.19 ; Ja 4.4 ;

---

401. Fruchtenbaum, *Israelology*, Tustin, Calif., Ariel Ministries, 1989, p. 1.

1 Jn 2.15-17 ; (2) le diable — Ép 2.1-3 ; Ge 3.1-5 ; Ép 4.26,27 ;
1 Ti 3.6,7 ; 2 Ti 2.26 ; 1 Pi 5.8 ; et (3) la chair — Ép 2.1-3 ; Ro 7.24,25 ;
Ga 5.17-19), la provision (Ép 6.13-20 ; 2 Co 6.7 ; 10.3-5 ; Ps 119.9-11 ;
1 Co 10.12,13 ; Mt 4.1-11 ; contre le monde — Ro 12.2 ; contre le
diable — Ja 4.7 ; contre la chair — Ga 5.16 ; Ro 6 ; 1 Co 6.18 ; 10.14 ;
2 Ti 2.22), les dons et la croissance.

(11) L'eschatologie

Du grec *eschatos* (*final* ou *dernier*) le sujet ici est l'étude des évènements de la fin et de la prophétie biblique (Ge 12,15,17,49 ; De 30 ; 2 S 7 ; Jé 30 – 31 ; Da 9 ; Mt 24 – 25 ; 1 Co 3 ; 2 Th 3 ; Ap 1 – 22). L'eschatologie a pour racine les alliances bibliques et comprend une étude portant sur les événements futurs comme l'enlèvement (comparant les points de vue de l'enlèvement post-tribulation, mi-tribulation, partiel, précolère et prétribulation), la tribulation (en mettant l'accent sur son but identifié comme l'angoisse de Jacob et la soixante-dixième semaine de Daniel, et sa durée de sept ans et l'importance de sa division en deux parties : la première période de trois ans et demi et la seconde période de trois ans et demi – que Christ a appelé la grande Tribulation), la bataille d'Armageddon, la seconde venue de Christ, les diverses résurrections, le royaume millénaire, les divers jugements, les nouveaux cieux, la nouvelle terre et la nouvelle Jérusalem, et enfin le début de l'éternité. Dans cette étude, on accordera beaucoup d'importance à l'analyse des promesses prophétiques et de leurs accomplissements littéraux tout au long de l'histoire et dans les temps encore à venir.

CONCLUSION

J'espère que ce texte puisse donner à l'étudiant de la Bible beaucoup de matière à réflexion. Pour résumer, le lecteur devrait se concentrer sur six exhortations :

(1) L'étudiant de la Bible doit être réfléchi dans la compréhension des conditions essentielles de la doctrine biblique. Les présupposés ne doivent pas être négligés et suffisamment d'attention doit être accordée aux questions préliminaires pour s'assurer que l'étudiant de la Bible part sur des bases solides.

(2) L'étudiant de la Bible doit être au courant des diverses méthodes d'étude de la doctrine biblique et doit maintenir une approche cohérente et correcte en herméneutique et en exégèse.

(3) L'étudiant de la Bible doit être attentif au développement de l'habitude personnelle de l'exégèse biblique. Loin d'être simplement un exercice académique, l'exégèse biblique constitue une discipline spirituelle vitale.

(4) L'étudiant de la Bible doit être diligent pour synthétiser et systématiser les thèmes bibliques centraux, se rappelant l'importance du contexte, du contexte et du contexte.

(5) L'étudiant de la Bible doit être très conscient du dessein doxologique de Dieu, reconnaissant la majesté de Dieu et lui répondant avec une crainte, une humilité et un amour appropriés.

Enfin, (6) l'étudiant de la Bible doit se rappeler que l'étude biblique devrait produire une vie transformée. Comme Paul le rappelle au lecteur dans 1 Timothée 1.5, l'objectif de l'enseignement biblique est l'amour d'un cœur pur, une bonne conscience et une foi sincère.

Que la parole de Christ demeure en vous dans toute sa richesse...
Colossiens 3.16

BIBLIOGRAPHIE

Abravanel, Isaac, *Principles of Faith*, Rosh Amanah, trad., Menachem Kellner, Oxford, Littman Library of Jewish Civilization, 2000

Acosta, Anna M., « Conjectures and Speculations: Jean Astruc, Obstetrics, and Biblical Criticism in Eighteenth Century France », *Eighteenth-Century Studies* 35 (Hiver 2002).

Allis, O. T., *Prophecy and the Church*, Philipsburg, N. J., 1945.

Ames, William, *The Marrow of Theology*, John D. Eusden, éd. et trad., Boston, Pilgrim, 1968.

Anderson, Sir Robert, *The Coming Prince*, Grand Rapids, Mich., Kregel, 1984.

Archer, Gleason, *A Survey of Old Testament Introduction*, Chicago, Moody Press, 1995.

Armstrong, Karen, *The Battle for* God, New York, Ballantine, 2000.

Arndt, William F., F. Wilbur Gingrich, *A Greek Lexicon of the New Testament and Other Early Christian Literature*, 4ᵉ éd., Chicago, The University of Chicago Press, 1957.

Augsburg Confession, St. Louis, Missouri, Concordia Publishing House, 2006.

Augustine, *City of God*, trad. par Marcus Dods, dans *Nicene and Post-Nicene Fathers of the Christian Church*, édité par Philip Schaff, réimpr. 1886, Grand Rapids, Eerdmans,1988, vol. 2.

Bahnsen, Greg, « The Concept and Importance of Canonicity », dans *Antithesis*, vol. 1, n° 5.

Bateman, Herbert IV, *Three Central Issues in Contemporary Dispensationalism*, Grand Rapids, Kregel, 1999.

Beaty, Michael, éd., *Christian Theism and the Problems of Philosophy*, Notre Dame, Ind., Notre Dame Press, 1990, p. 24.

Benware, Paul N., *Understanding End Times Prophecy: A Comprehensive Approach*, Chicago, Moody, 1995.

Berkhof, Louis, *Systematic Theology*, Grand Rapids, Eerdmans, 1941.

Bierlein, J. F., *Parallel Myths*, New York, Ballantine, 1994.

Blaising, Craig et Darrell Bock, *Progressive Dispensationalism*, Grand Rapids, Baker Books, 1993.

_____, éd., *Dispensationalism, Israel, and the Church*, Grand Rapids, Mich., 1992.

Bratton, Fred G., « Precursors of Biblical Criticism », *Journal of Biblical Literature*, n° 50, 1931.

Bray, Gerald, *Biblical Interpretation Past and Present*, Downers Grove, Intervarsity Press, 1996.

_____, *Creeds, Councils and Christ: Did the Early Christians Misrepresent Jesus?* [1984], Fearn, Ross-Shire, Mentor, 1997.

Brettler, Marc, « Rendsburg's The Redaction of Genesis », *The Jewish Quarterly Review* 78 (juillet-octobre 1987).

Bruce, F. F., *The Canon of Scripture*, Downers Grove, Ill., Intervarsiy Press, 1988.

Callicott, J. Baird, « Genesis Revisited: Murian Musings on the Lynn White, Jr. Debate », *Environmental History Review 14* [printemps-été 1990].

Calvin, Jean, *Commentaries on the Book of the Prophet Jeremiah and the Lamentations*, John Owen, trad., Grand Rapids, Baker, 1989, vol. 4.

Calvin, Jean, *Institutes of the Christian Religion*, John T. McNeill, éd., Lewis Battles Ford, trad., Philadelphia, Penn., Westminster Press, 1940.

Cate, Robert, *How to Interpret the Bible*, Nashville, Broadman, 1983.

Catechism of the Catholic Church

Chafer, Lewis Sperry, *Systematic Theology*, Grand Rapids, Mich., Kregel, 1993.

Charles, R. H., « A New Translation of the Book of Jubilees. Part I », *The Jewish Quarterly Review 6*, octobre 1893.

Charnock, Stephen, *Discourses Upon The Existence and Attributes of God*, Grand Rapids, Mich., Baker Book House, 1993.

Clement of Alexandria, « Miscellanies 1:28 », dans *The Ante-Nicene Fathers* [réimpr. 1885], édité par Alexander Roberts et James Donaldson, Grand Rapids, Eerdmans, 1989, vol. 2.

Cone, Christopher, *The Promises of God: A Bible Survey*, Arlington, Tex., Exegetica, 2005.

———, « Presuppositional Dispensationalism », dans *The Conservative Theological Journal*, 10/29 (Mai/Juin 2006).

____, « Considering Higher Criticism: The Relationship of Authenticity to Authority », dans *Journal of Dispensational Theology*, vol. 16, n° 47 (Avril 2012).

Couch, Mal, éd., *An Introduction to Classical Evangelical Hermeneutics*, Grand Rapids, Mich., Kregel, 2000.

Darwin, Charles, *The Voyage of the Beagle*, édité par Charles Eliot, New York, PF Collier and Sons, 1909.

____, *The Descent of Man* [réimpr. 1871], New Jersey, Princeton University Press, 1981.

____, *The Origin of Species* [réimpr. 1859], New York, Modern Library, 1993.

Darwin, Erasmus, *Zoonimia*, New York, AMS Press, 1974, vol. 2.

Davidson, A.B., *Theology of the Old Testament*, Edinburgh, 1904.

De Beer, E.S., éd., *The Correspondence of John Locke*, 8 vol., Oxford, Clarendon Press, 1979, 8 vol.

Diprose, Ronald, *Israel and the Church, The Origin and Effects of Replacement Theology*, Waynesboro, Géorgie, Authentic Media, 2004.

Ehlert, Arnold, *A Bibliography of Dispensationalism*, Th.D., Dallas Theological Seminary, novembre 1945.

Enns, Paul, *Moody Handbook of Theology*, Chicago, Ill., Moody Press, 1989.

Erickson, Millard, *Christian* Theology, Grand Rapids, Mich., Baker, 1983.

Fee, Gordon, *New Testament Exegesis, A Handbook For Students and* Pastors, Philadelphia, Penns., Westminster, 1983.

Feinberg, John S, « Systems of Discontinuity », dans *Continuity and Discontinuity: Perspectives on the Relationship Between the Old and New Testaments*, éd., John S. Feinberg, Wheaton, Ill., Crossway, 1988.

Feldman, Louis, H., « Josephus' Portrait of Moses », *The Jewish Quarterly Review* 82 (janvier-avril 1992).

Frame, John, *Apologetics to the Glory of God*, Philipsburg, N. J., Presbyterian and Reformed, 1994.

Freeman, Kathleen, *Ancilla to the Pre-Socratic Philosophers* [réimpr., 1952], Cambridge, Harvard Univ Pr., 1983.

Freud, Sigmund, « The Question of Weltanschauung », dans *New Introductory Lectures on Psycho-Analysis*, New York, Norton, 1965.

_____, « A Philosophy of Life », dans *New Introductory Lectures on Psycho-Analysis*, New York, Norton, 1965.

Friere, Paulo, *Pedagogy of the Oppressed*, New York, Continuum, 2002.

Fruchtenbaum, Arnold, *Israelology*, Tustin, Calif., Ariel Ministries, 1989.

_____, *Biblical Lovemaking*, Tustin, Calif., Ariel Ministries Press, 1995.

_____, *Footsteps of the Messiah*, San Antonio, Ariel Press, 2004.

Gaebelein, A.C., « The Dispensations », *Our Hope* 37 (décembre 1930).

_____, *The Annotated Bible Volume V Daniel to Malachi*, New York, Our Hope, s. d.

Geisler, Norman L., *Systematic Theology*, Bloomington, Minn., Bethany House, 2002.

_____, *Inerrancy*, Grand Rapids, Mich., 1980.

_____, et William Nix, *A General Introduction to the Bible*, Chicago, Moody, 1986.

Gentry Jr., Kenneth, *Postmillennialism: Wishful Thinking Or Certain Hope?*, voir < www.cmfnow.com/articles/pt568.htm > (s. d.).

Gerstner, John, *Wrongly Dividing The Word Of Truth*, Morgan, Penn., Sole Deo Gloria, 2000.

Gould, Steven Jay, *Rocks of Ages*, New York, Ballantine, 1999.

Grant, Robert et Tracy, David, *A Short History of the Interpretation of the Bible*, Philadelphia, Fortress, 1985.

Grudem, Wayne, *Systematic Theology*, Grand Rapids, Mich., Intervarsity Press, 1994.

Hamilton, Floyd, *The Basis of Christian Faith*, New York, Harper and Row, 1964.

Hayes, P. Zachary, *The General Doctrine of Creation in the Thirteenth Century*, Germany, Verlag Ferdinand Schoningh, 1964.

Henry, Matthew, *Commentary on the Whole Bible*, Grand Rapids, Zondervan, 1961.

Hobbes, Thomas, *Leviathan*, Richard Tuck, éd., Cambridge, Mass., Cambridge University Press, 1996.

Hodge, Charles, *Systematic Theology*, Peabody, Mass., Hendrickson, 2001.

Hodges, Zane et Farstad, Arthur, *The Greek New Testament According to the Majority* Text, 2ᵉ éd., Nashville, Tenn., Thomas Nelson, 1985.

Ironside, H. A., *Wrongly Dividing the Word of Truth*, 4ᵉ éd., Neptune, N. J., Loizeaux Brothers, 1989.

———, *Proverbs and The Song of Solomon*, Nepture, N. J., Loizeaux Brothers, 1989.

Jacob, Benno and Hirsch, Emil, « Genesis, The Book of », The Jewish Encyclopedia, 1912, < http://www.jewishencyclopedia.com/articles/6580-genesis-the-book-of > (page consultée le 30 janvier 2010).

Jamieson, R., A. R. Fausset, et D. Brown. *Bible Commentary*, Peabody, Mass., Hendrickson, 2002.

Johnson, Elliott. *Expository Hermeneutics: An Introduction*, Grand Rapids, Mich., Academie, 1990.

Johnson, Marshall D., *Making Sense of the Bible*, Grand Rapids, Eerdmans, 2002.

Josephus, Flavius, *The Works of Josephus*, trad. William Whiston, Peabody, Mass., Hendrickson, 1987.

Keil, C. F., F. Deilitzsch, *Commentary on the Old Testament: Ezekiel and Daniel*, Peabody, Mass., Hendrickson, 2001.

———, *Commentary on the Old Testament, Ecclesiastes and Song of Solomon*, Peabody, Mass., Hendrickson, 1989.

Kik, J. Marcellus. *An Eschatology of Victory*, Nutley, N. J., Presbyterian and Reformed, 1975.

Knudsen, Robert, « Progressive and Regressive Tendencies in Christian Apologetics », dans E. R. Geehan, éd., *Jerusalem and Athens: Critical Discussions on the Theology and Apologetics of Cornelius Van Til*, Philipsburg, N. J., Presbyterian and Reformed Publishing, 1980, p. 275-298.

Kuyper, Abraham, *Principles of Sacred Theology*, Grand Rapids, Baker Book, 1980.

_____, *The Work of the Holy* Spirit, Grand Rapids, Eerdmans, 1975.

Ladd, George E., « Historic Premillennialism », dans *The Meaning of the Millennium: Four Views*, Robert G. Clouse, éd., Downers Grove, Ill., Intervarsity Press, 1977, p. 17-40.

LaSor, Hubbard, et Bush, *Old Testament* Survey, Grand Rapids, Eerdmans, 1982.

Leupold, H. C. *Exposition of Genesis* [réimpr.1942], Grand Rapids, Baker Book House, 1987.

Lewontin, Richard, « Billions and Billions of Demons », *New York Review of Books*, 9 janvier, 1997.

Lin, Timothy, *Genesis: A Biblical Theology*, 4ᵉ éd., Carmel, Ind., Biblical Studies Ministries International, 2002.

Little, C.H., *Explanation of the Book of Revelation*, St. Louis, Concordia, 1950.

Lockhart, Clinton, *Principles of Interpretation*, Delight, Ark., Gospel Light, 1915.

Maimonedes, Moses, Moses Maimonides, *Commentary on the Mishnah, Tractate Sanhedrin*, trad., Fred Rosner, New York, Sepher-Hermon Press, 1981.

Marshall, John, *John Locke: Resistance, Religion and* Responsibility, Cambridge, Mass., Cambridge University Press, 1994.

Martyr, Justin, « Dialogue with Trypho, Chapter XC », dans *The Ante-Nicene Fathers* [réimpr. 1885], édité par Alexander Roberts et James Donaldson, Grand Rapids, Eerdmans, 1989.

Mazar, Benjamin, « The Historical Background of the Book of Genesis », *Journal of Near Eastern Studies* 28 (avril 1969).

McDowell, Josh, *Evidence That Demands a Verdict*, San Bernadino, Calif., Here's Life Publishers, 1979.

Minear, Paul S., « How Objective Is Biblical Criticism », *Journal of Bible and Religion* 9 [novembre 1941].

Morris, Henry, M., *The Genesis Record: A Scientific and Devotional Commentary on the Book of* Beginnings, Grand Rapids, Baker, 1976.

Myra, Harold, « Ken Taylor: God's Voice in the Vernacular », *Christianity Today*, 5 octobre, 1979.

Noble, Paul, *The Canonical Approach: A Critical Reconstruction of the Hermeneutics of Brevard S. Childs*, New York, EJ Brill, 1995.

Ott, Craig, Harold A. Netland, éd., *Globalizing* Theology, Grand Rapids, Mich., Baker Books, 2006.

Pascal, Blaise, *Thoughts*, New York, PF Collier and Son, Co., 1910.

Pentecost, J. Dwight, *Things to* Come, Grand Rapids, Mich., Zondervan, 1958.

Peters, George, *The Theocratic Kingdom*, Grand Rapids, Mich., Kregel, 1972, vol. 1.

Philips, D. Z., *Faith After Foundationalism*, London, Routledge, 1988.

Philo, *The Works of Philo*, trad. C. D. Yonge, Peabody, Mass., Hendrickson, 1993.

Pinnock, Clark, *Biblical Revelation*, Chicago, Moody Press, 1971.

Qur'an

Ramm, Bernard, *Protestant Biblical* Interpretation, Grand Rapids, Baker Book House, 1995.

Rendsburg, Gary A., *The Redaction of* Genesis, Winona Lake, Ind., Eisenbraun, 1986.

Rushdoony, Rousas John, « The One and Many Problem – the Contribution of Van Til », dans E. R. Geehan, éd., *Jerusalem and* Athens, Philipsburg, N. J., Presbyterian and Reformed, 1980, p. 339-348.

Ryrie, Charles, *Basic Theology*, Wheaton, Ill., Victor Books, 1986.

———, *Dispensationalism Today*, Chicago, Ill., Moody Press, 1965.

———, *Dispensationalism*, éd. révisée et augmentée, Chicago, Ill., Moody Press, 1995.

———, *The Basis of the Premillennial Faith*, Neptune, N. J., Loizeaux Brothers, 1953.

Sagan, Carl, *The* Cosmos, N. Y., Ballantine, 1980.

Saucy, Robert, *The Case for Progressive* Dispensationalism, Grand Rapids, Zondervan, 1993.

Schaeffer, Francis, *The Complete Works of Francis Schaeffer*, Wheaton, Ill., Crossway Books, 1982.

Schreiner, Thomas, *Interpreting the Pauline Epistles*, Grand Rapids, Mich., Baker Books, 1990.

Scofield, C. I., *The Biggest Failure of the Church Age*, voir < http://www.biblebelievers.com/scofield/scofield_church-age.html >, s. d.

———, *La Bible de reference Scofield*, 1917.

———, *Rightly Dividing the Word of Truth*, New York, Loizeaux Brothers, Inc., 1896.

———, *Scofield Bible Correspondence Course Volume I Introduction to the Scriptures*, Chicago, Moody Bible Institute, 1959.

Shedd, W. G. T., *Dogmatic Theology*, Nashville, Tenn., Thomas Nelson, 1980, vol. 1.

Shockley, Paul, « The Postmodern Theory of Probability on Evangelical Hermeneutics », *Conservative Theological Journal*, 4/11 (Mars 2000), p. 65-82.

Sire, James, *The Universe Next Door*, Downers Grove, Ill., InterVarsity Press, 1988.

Simpson, D. P., *Cassell's Latin Dictionary*, New York, MacMillan Publishing Co., 1959.

Smith, George, *Atheism: The Case Against God*, New York, Promotheus Books, 1989.

Soulen, Richard. *Handbook of Biblical Criticism*, 2ᵉ éd., Atlanta, Géorgie, John Knox Press, 1981.

Stallard, Mike, *Literal Hermeneutics, Theological Method, and the Essence of Dispensationalism*, non publié, présenté en 1998 au PreTrib Study Group.

_____, *The Theological Method of AC Gaebelein*, Ph. D., Dallas Theological Seminary, 1992.

Stam, Cornelius, *Things That Differ*, Chicago, Ill., Berean, Bible Society, 1959.

Strong, A.H. *Systematic Theology*. Philadelphia, Judson

Press, 1947.

Swindoll, Charles, Roy Zuck, éd., *Understanding Christian Theology*, Nashville, Nelson, 2003.

Tan, Paul Lee, *The Interpretation of Prophecy*, Dallas, Bible Communications, Inc., 1993.

Tate, J., « On the History of Allegorism », *Classical Quarterly* 28, 1934, p. 105-114.

Taylor, John, *Ezekiel*, Downers Grove, Ill., Intervarsity Press, 1969.

Taylor, W. R., « Biblical Criticism and Modern Faith », *The Journal of Religion* 23 (octobre 1943).

Terry, Milton, *Biblical Hermeneutics*, Grand Rapids, Zondervan, 1976.

« The Great Debate: Does God Exist? », Dr Greg Bahnsen contre Dr Gordon Stein à l'Université de Californie, Irvine, 1985.

Torrey, R. A., *You and Your Bible*, Westwood, N. J., Revell, 1958.

Toussaint, Stanley, *Behold the King*, Portland, Oreg., Multnomah Press, 1980.

Traina, Robert, *Methodical Bible Study A New Approach to Hermeneutics*, Grand Rapids, Mich., Francis Asbury Press, 1985.

Trigg, Joseph W., *Origen*, London, SCM Press, 1983.

Usher, Robin, Richard Edwards, *Postmodernism and Education*. New York, Rutledge, 1994.

Vanhoozer, Kevin J., « One Rule to Rule Them All », Craig Ott et Harold A. Netland, éd., *Globalizing* Theology, Grand Rapids, Mich., Baker Books, 2006, p. 85-126.

Van Til, Cornelius, *Christian Apologetics*, Philipsburg, N. J., Presbyterian and Reformed, 2003.

———, *A Christian Theory of Knowledge*, Philipsburg, N. J., Presbyterian and Reformed, 1969.

———, *Why I Believe in God*, Philadelphia, Presbyterian and Reformed, s. d.

_____, *The Defense of the Christian Faith*, Phillipsburg, N. J., Presbyterian and Reformed Publishing, 1967.

_____, *An Introduction to Systematic Theology*, Philipsburg, N. J., Presbyterian and Reformed, 1974.

Virkler, Henry, *Hermeneutics*, Grand Rapids, Baker Book, 1981.

Wallis, Louis, « The Paradox of Modern Biblical Criticism », *The Biblical World*, n° 52 (juillet 1918).

Waltke, Bruce, « A Canonical Process Approach to the Psalms », dans *Tradition and Testament*, John Feinberg et Paul Feinberg, éd., Chicago, Ill., Moody Press, 1981, p. 3-18.

Walvoord, John, *The Millennial Kingdom*, Grand Rapids, Mich., Academie, 1959.

_____, *The Prophecy Knowledge Handbook*, Dallas, Dallas Seminary Press, 1990.

_____, *Matthew: Thy Kingdom Come*, Chicago, Moody Press, 1974.

Warfield, B. B., *The Works of Benjamin Warfield Vol. 1, Revelation and* Inspiration, Grand Rapids, Baker Book House, 2003.

Webb, William J., *Slaves, Women and Homosexuals*, Downers Grove, InterVarsity Press, 2001.

Westcot, B. F., F. J. A. Hort, *Introduction to the New Testament in the Original Greek*, Peabody, Mass., Hendrickson, 1988.

Wenham, John. from Norman Giesler, *Inerrancy*.

Grand Rapids, MI: Zondervan, 1980.

Westminster Confession et *Westminster Shorter Catechism*

Whitcomb, John C., « Contemporary Apologetics and Christian Faith, Part 1 », *Bibliotheca Sacra* 134 (avril-juin 1977), p. 99-106.

———, Henry Morris, *The Genesis Flood*, Grand Rapids, Baker Book House, 1961.

White, James Emery, *What Is Truth?*, Nashville, Broadman and Holman, 1994.

White, Lynn, « The Historical Roots of Our Ecological Crisis », *Science* 155 (10 mars 1967), p. 1203-1207.

Willis, Wesley R., John R. Master, et Charles C.

Ryrie, éd., *Issues in Dispensationalism*, Chicago, Ill., Moody Press, 1994.

Zacharias, Ravi, *Can Man Live Without God*, Word Publishing, 1994.

« **Publications Chrétiennes inc.** » est une maison d'édition québécoise fondée en 1958. Sa mission est d'éditer ou de diffuser la Bible ainsi que des livres et brochures qui en exposent l'enseignement, qui en démontrent l'actualité et la pertinence, et qui encouragent la croissance spirituelle en Jésus-Christ.

Pour notre catalogue complet :
www.publicationschretiennes.com

Publications Chrétiennes inc.
230, rue Lupien, Trois-Rivières, Québec, CANADA – G8T 6W4
Tél. (sans frais) : 1-866-378-4023, Téléc. : 819-378-4061
commandes@pubchret.org

www.ingramcontent.com/pod-product-compliance
Lightning Source LLC
Chambersburg PA
CBHW071655090426
42738CB00009B/1529